채용 트렌드
2026

당신이 놓쳤던 취업 & 채용 트렌드 국내 및 세계 전망

채용 트렌드 2026

초판 1쇄 인쇄 2025년 10월 15일
초판 1쇄 발행 2025년 10월 22일

지은이 윤영돈

발행인 장상진
발행처 경향미디어
등록번호 제313-2002-477호
등록일자 2002년 1월 31일

주소 서울시 영등포구 양평동 2가 37-1번지 동아프라임밸리 507-508호
전화 1644-5613 | **팩스** 02) 304-5613

ⓒ 윤영돈

ISBN 978-89-6518-349-5 03320

· 값은 표지에 있습니다.
· 파본은 구입하신 서점에서 바꿔드립니다.

당신이 놓쳤던 취업 & 채용 트렌드
국내 및 세계 전망

채용 트렌드 2026

| 윤영돈 지음 |

경향미디어

추천사

이 책은 '컬처핏'을 넘어 '팀핏'의 시대가 도래했음을 명확히 보여 준다. 조직문화에 적합한 인재인가를 넘어 합류하게 될 팀의 분위기, 일하는 방식, 팀 리더 및 팀원들과의 케미를 살펴봐야 하는 시대가 온 것이다. 이 책은 트렌드에 맞추어 채용 실무자들이 어떤 방식과 전략을 가지고 인재 확보를 해 나가야 할지에 대한 성공 전략까지 담고 있다.

『채용 트렌드』 시리즈는 채용을 넘어 전반적인 HR 업무에 많은 도움과 인사이트를 제공해 준다. 채용이 조직의 시작점인 만큼 결국 한 해의 채용 관련 키워드 혹은 가장 중요한 요소가 무엇인지 파악하며 업무에 선제적으로 대응할 수 있다. 이 책은 기존의 채용 프로세스와 인재상을 새롭게 바라보게 하는 관점을 제공하고, 채용이 기업을 변화시키는 가장 어렵지만 동시에 가장 효과적인 수단임을 일깨워 준다. 나는 현업에도 적극적으로 적용하고 있다. 경영인과 인사 담당자뿐만 아니라 이직을 준비하는 직장인들에게도 자신 있게 권하고 싶은 책이다.

- 임소연 | 이랜드월드 피플실

불확실한 미래에서 조직의 가장 확실한 성과는 팀의 주도적인 활약에서 비롯한다. 결국 채용은 각 팀의 역량을 끌어올리고 변화시키는 가장 중요한 수단이며, 팀에 새로운 팀원이 합류하는 여정이야말로 채용의 본질이다. 이 책은 이러한 맥락에서 불확실한 시대를 마주하는 채용담당자에게 명확한 역할과 방향을 제시한다.

- 정준호 | LG이노텍 인재확보팀장

예측가능성을 통해 실패를 최소화하는 게 익숙한 MZ세대와 회사 내 조직이 탈중앙화되면서 팀에 따라 개성이 다양해지고 있다. 팀과 후보자가 입사 전에 잘 얼라인된다면 입사 후 몰입하게 되고 좋은 성과를 내게 될 것이다. 이러한 트렌드를 잘 대응하기 위해 2026 채용의 주요 키워드인 '팀핏'에 주목해야 한다.

- 박희원 | 한화시스템 인재확보팀장

AI가 모든 것을 바꾸는 시대이다. 그중에서도 일자리에 미치는 영향은 가히 쓰나미급이라 할 수 있다. 이럴 때일수록 최고 전문가의 지혜와 통찰에 주목할 필요가 있다. 자타가 공인하는 채용 분야 국내 최고 전문가 윤영돈 소장이 전하는 이 책이 채용 담당자, 그리고 취업 준비생 모두에게 최상의 길잡이가 될 것이라 확신한다.

- 조영탁 | 휴넷 대표이사

난 채용에 관심이 많아 오래 전『채용이 전부다』란 책을 썼다. 이어 면접관을 위한『면접의 기술』이란 책도 썼다. 하지만 더 이상 공부를 하지 않았는데 저자는 꾸준히 인사와 채용으로 한 우물을 몇 년째 파고 있다. 특히 AI가 채용을 바꿀 것인가에 대한 통찰을 갖고 있는데 이 책에는 그런 모든 것이 담겨 있다. 경영에 채용만큼 중요한 건 없다. 제대로 된 한 사람이 기업을 살릴 수도 있고, 엉뚱한 사람 하나가 국가를 망칠 수도 있다. 이 책으로 여러분의 사람 보는 눈이 한 단계 업그레이드되길 기원한다.

- 한근태 | 한스컨설팅 대표, 『채용이 전부다』 저자

AI와 로봇의 시대에도 여전히 사람은 사람과 어울려 살아가야 한다. 나는 이 책에서 인문과 기술, 조직과 개인의 교차점을 사유해 온 내 여정이 겹쳐 보였다. 책장을 덮고 나면 채용이란 결국 팀이라는 작은 우주를 완성하는 창조 행위임을 실감하게 될 것이다. 변화의 물결 위에서 조직을 이끄는 리더, 커리어를 설계하는 개인 모두에게 이 책이 길잡이가 되길 기대한다.

- 김상균 | 인지과학자, 경희대 경영대학원 AI비즈니스전공 주임교수

산업과 기업의 변화를 가장 잘 드러내는 것 중 하나가 '인재상'과 '조직문화' 트렌드의 변화다. 이 책은 '취업 & 채용'의 프리즘을 통해 최신의 산업과 기업의 이슈와 변화를 아주 구체적이고 흥미롭게 보여 준다. 여럿이 함께 토론하며 읽기에도 아주 좋다.

- 김용섭 | 트렌드 분석가, 『라이프 트렌드 2026』 저자

기업에게 브랜딩은 매우 중요하며 내부 브랜딩은 외부 브랜딩에 앞서 이루어져야 하는 활동이다. 채용 활동 자체가 브랜딩 활동의 일환이다. 이 책은 채용할 때 유의할 점 등에 대해 잘 설명하고 있다. 특히 팀핏이라는 개념에 대해 자세히 설명하며 채용 시 팀과의 핏을 맞추는 게 왜 중

요한지를 잘 설명하고 있으므로 기업 채용 담당자들에게 일독을 권한다.

- 김상률 | 브랜드경험박사, 숭실대 중소기업대학원 브랜드관리 겸임교수

국내 스포츠계에서는 이미 오래전부터 좋은 선수들을 TRM 방식으로 뽑아 왔는데, 최근 들어서 기업들도 인재를 TRM 방식으로 채용하고 있다. 좋은 인재를 뽑아야 한다는 당위성은 다들 알고 있지만 어떻게 뽑아야 할지를 모른다. 이 책은 이를 일정 부분 해결해 주는 보고이다.

- 최희암 | 농구계의 레전드 감독, 고려용접봉 부회장

DX에서 TX로의 전환이라는 패러다임 변화 속에서 기업의 경쟁력은 결국 사람이다. 이제 시대 변화에 맞도록 새로운 인재상의 재정립이 필요하다. 이 책은 단순한 채용을 넘어 팀핏과 함께 성장할 수 있는 인재의 중요성을 명확히 짚어 준다. 미래를 준비하는 모든 분이 반드시 읽어야 할 책이다.

- 윤종만 | 제이엠커리어 대표

AI 시대는 역설적으로 기술을 넘어 가장 인간적인 것, 즉 타인과의 깊은 공감과 협력, 무에서 유를 창조하는 상상력과 창의성, 그리고 도덕적 책임감 같은 것들의 중요성을 재발견하게 한다. 이는 좋은 팀원이 되기 위한 조건과 정확히 일치한다. 저자는 단순한 채용 트렌드를 넘어 시대의 요청인 '팀핏'을 놀라운 통찰과 혜안으로 펼쳐 보인다. 동시대를 사는 모든 이에게 일독을 권하지 않을 수 없다.

- 이창준 | (사)한국조직경영개발학회 회장, 구루피플스 (주)아그막 대표

프롤로그

역량이 아니라
스킬로 뽑아야 하는 이유

채용은 팀을 바꿀 수 있는 절호의 찬스

채용은 단순히 조직의 빈자리를 기계적으로 채우는 일이 아니다. 채용은 팀원을 바꿀 수 있는 기회다. 조직은 팀 위주로 바뀌고 있다. 팀은 기계가 아니라 살아 있는 유기체다. 마이클 조던(Michael Jordan)은 "재능은 경기를 이기게 하지만 팀워크와 지성은 챔피언을 만든다."라고 했다. 천재 1명의 역량만으로는 챔피언이 될 수 없으며, 팀 전체의 지성과 협력 체계가 함께 작동할 때 비로소 우승을 쟁취할 수 있다. 단순한 개인의 활약보다 팀 기반 전략이 효과적이다. 팀원을 억지로 뽑아서 일을 시킬 수 없다. 심지어 팀장 직위를 거부하는 흐름도 나타나고 있다. 이제는 승진을 거부할 권리까지 필요하다는 공감대가 형성되고 있다.

Z세대 직장인 사이에서 '의도적 언보싱(Conscious Unbossing)' 트렌드가 확산하고 있다. 의도적 언보싱이란 관리자로 승진하는 것을 최대한 늦추거나 피하려는 경향을 의미한다. 요즘 인사담당자도 '만년 차장'을 보는 눈이 달라졌다는 것을 체감하고 있다. 워라벨을 추구하는 사람들이 늘면서 승진에 대한 욕심이 사그라진 것이다. Z세대는 직장 내에서의 '성공'보다 개인 역량의 '성장'에 더 관심이 많다.

잘 뽑은 1명이 팀 분위기를 살린다

팀이 살아야 조직도 살아난다. 팀 구성원을 뽑는 순간은 팀의 성과와 문화를 바꿀 수 있는 '결정적 기회(Decisive Opportunity)'다. 채용할 때 개인주의를 넘어서 이기주의가 넘치는 사람을 걸러내야 한다. 특히 숟가락만 얹고자 하는 얄팍한 '무임승차자(Free-rider)'를 만나지 않으려면 사전에 '프리스크린(Pre-screen)'해야 할 필요가 있다. 면접 이전에 적합하지 않은 인재를 식별해야 비용을 줄일 수 있다.

잘 뽑은 인재 1명이 팀 분위기를 살린다. 1명의 역량, 태도, 가치관은 팀 전체 분위기와 성과에 큰 파급 효과를 일으킨다. 잘 뽑은 리더가 팀핏을 리드하고 문제 해결의 방향을 제시할 수 있다. 반대로 잘못 뽑은 인재 1명이 조직 전체에 부정적인 영향을 미칠 수 있으며, 심지어 기준 없이 뽑은 인재는 팀의 동력을 떨어뜨리고 갈등의 불씨가 되기도 한다.

도대체 팀핏이란 무엇인가?

'팀핏'이란 원래 '개인-팀 적합성(Person-team Fit)'을 의미하며, 지원자가 배치될 팀의 업무 스타일, 소통 방식, 가치관, 협업 태도, 갈등 대응 방식

등이 지원자와 얼마나 잘 맞는지 평가하는 개념이다. 기술적인 능력뿐만 아니라 팀 문화와 얼마나 잘 맞는지도 중요한 채용 기준으로 고려하는 추세다. 같은 조직이라도 팀마다 문화가 다르기 때문에 팀 단위의 궁합이 조직 내 정착과 성과에 더 결정적이다. 특히 짧은 시간 안에 적합한 인재를 선발해야 하는 채용 과정에서는 미세한 적합성 판단이 매우 섬세하고 전략적이어야 한다. 단순히 '좋은 사람'을 뽑는 것이 아니라 '팀에 맞는 사람'을 선별해야 한다는 인식이 확산되고 있다. 조직은 점차 팀 중심으로 채용이 바뀌고 있다.

'팀 빌런(Team Villain)'은 팀장의 선의를 악용한다. 팀에 불화가 생겼을 때 온전히 팀장의 몫이라고 생각하기 때문이다. 팀 내 빌런이 존재한다면 더 이상 함께 나아갈 수 없다. 빌런은 데드라인을 지키지 않고 핑계만 댄다. 빌런은 팀 자체를 흔들어 버린다. 팀에서 빌런을 반드시 제거해야 한다. 팀원의 해고는 '채용의 실수'라고 인정할 때 '채용의 교훈'이 된다. 채용은 인사팀만의 일이 아니라 조직 전체의 전략적 선택이자 책임이어야 한다. '누구를 뽑느냐?'는 곧 '팀의 미래를 결정할 것인가?'의 문제다.

팀의 DNA를 바꾸고 싶다면 채용부터 바꿔야 한다. 그만큼 채용은 인재의 변화에 대한 시작점이다. 최근 기업은 조직문화에 부합하는 인재뿐 아니라 팀 단위의 인재상에 맞는 사람을 선발하고 있는 분위기다. '조직문화 적합성(Organizational Culture Fit)'보다 '팀 적합성(Team Fit)'이 더 실질적인 성과로 이어진다는 인식이 확산되고 있기 때문이다. 채용 과정에서도 팀(Team)과의 핏(Fit)을 맞추기 위한 다양한 노력이 이뤄질 전망이다.

생성형 AI가 노동 시장에 미치는 영향

과연 AI(Artificial Intelligence)가 일자리를 빼앗을까? AI가 조금씩 사무실 일을 대체하더니 일상생활뿐 아니라 업무 공간 전반으로 빠르게 잠식하고 있다. 이런 변화 속에서 사람들은 '시대에 뒤처질지도 모른다.'는 불안, 즉 '포보(FOBO : Fear of Becoming Obsolete)'를 느끼기 시작했다. 이는 단순한 기우가 아니다. 'AI로 인해 일자리가 줄어들 것'이라는 우려는 점차 현실이 되어 가고 있다.

세계경제포럼(WEF)은 「The Future of Jobs Report 2025」 보고서에서 "전 세계 고용주 41%가 AI 도입에 따라 인력 감축을 계획하고 있으며, 기술 변화가 노동 시장 구조를 근본적으로 재편하고 있다."고 분석했다. 이런 조사에 참여한 전 세계 수백 개 기업 가운데 77%는 2025~30년 기존 직원들이 AI와 함께 일을 더 잘할 수 있도록 재교육 등을 할 계획이라고 답했다. 생성형 AI와 같은 기술이 일자리에 미치는 주요 영향은 완전한 대체보다 '인간-기계 협업(Human-machine Collaboration)'을 통해 인간의 기술을 '증강(Augmentation)'할 수 있는 잠재력에 있다고 진단했다.

미국 펜실베이니아 대학교 와튼스쿨 이선 몰릭 부교수는 "과거 자동화의 위협은 힘이 들고, 더럽고, 반복적인 작업을 겨냥했다. 이제는 가장 높은 수입을 올리는 창의적인 직군을 목표로 하고 있다."고 밝혔다. 특히 그는 "카피라이팅이나 문서 번역·작성, 법률 보조와 같은 일은 특히 AI로 대체될 위험에 처해 있다."고 덧붙였다. 영국 싱크탱크 공공정책연구소(IPPR)에 따르면, 현재 영국 노동 시장에서 지식 노동이 차지하는 비율은 약 50%이며, 그중 70%의 업무가 생성형 AI에 의해 대체되거나 큰 변화를 겪을 가능성이 있다.

대체불가능한 직업은 무엇인가? AI가 대체하지 못하는 일자리가 부각되고 있다. 언제 우리 직업이 사라질지도 모른다. "화이트칼라 직원의 미래는 우버 운전기사보다 더 위협받고 있다. 아직 자율주행차는 없지만 AI는 보고서를 쓸 수 있기 때문입니다."「로봇의 지배 : 인공지능이 모든 것을 바꿀 방법」의 저자인 마틴 포드가 말했다. 로봇이나 인공지능(AI)이 대체하기 어려운 직업들은 인간의 감정적 교류, 창의성, 복잡한 문제 해결 능력 등이 요구되는 분야이다.

'AI의 대부'로 불리는 노벨 물리학상 수상자 제프리 힌튼 토론토대 교수는 "AI 도구 발전으로 1명이 과거 10명이 하던 일을 수행할 수 있게 되면서 대규모 해고가 불가피해지고 있다."고 경고했다. 그는 반복적인 사무 업무를 맡는 직종, 특히 콜센터나 법률사무소와 같은 분야는 AI 자동화로 가장 먼저 대체될 위험이 크다고 지적했다. 힌튼 교수는 이러한 변화에 대비해 신속한 재교육과 소득 보장에 대한 진지한 논의가 필요하다고 강조했다. 특히 "AI가 사람의 손기술을 따라잡으려면 오랜 시간이 걸린다."며 배관공, 전기기사처럼 정교한 손작업이 필요한 기술직을 유망 직종으로 꼽았다.

실제로 그는 한 부모에게 "자녀에게 배관 기술을 배우게 하라."고 조언한 바 있으며, 로봇이 아직 사람의 손재주를 대체하기 어렵다는 점을 근거로 들었다. 이러한 직업들은 감정적 교감과 공감 능력이 필요하며, 창의성과 독창성을 바탕으로 새로운 아이디어를 창출하고, 복잡한 상황에서 종합적인 판단과 문제 해결 능력을 요구한다.

팀원을 뽑으려면 AI로 작업할 수 없음을 증명해야 한다

토비 뤼트케 쇼피파이 CEO는 "팀 업무에 추가 인원을 요청하려면 AI를 활용해 작업을 수행할 수 없는 이유를 증명해야 한다."고 말했다. 다른 일부 CEO들도 직원들에게 자신의 업무를 AI로 대체할 수 없는 이유 등 경쟁력을 직접 입증하도록 요구하는 것으로 전해졌다. 순다르 피차이 구글 CEO는 "AI가 구글 신규 코드의 25% 이상을 작성한다."고 말했고, 사티아 나델라 MS CEO는 "MS 내부 코드 20~30%는 이미 AI가 작성하고 있다."고 말했다.

AI 리터러시(Literacy)는 채용에서 점점 더 중요한 역량으로 부각되고 있다. 단순히 AI를 이해하는 것을 넘어서 AI와 '일하는 방식'이 바뀌는 시대에 적응하고 협업할 수 있는 능력이 되기 때문이다. AI 리터러시는 더 이상 특정 직무나 기술직군에만 필요한 역량이 아니다. 마케터, 기획자, 교육자, 행정담당자 등 모든 분야에서 AI를 일의 일부로 받아들이는 능력이 요구되고 있다.

빠르게 변화하는 업무 환경에서는 AI를 통해 반복 업무를 자동화하고, 창의적이며 유연한 작업 설계 능력이 중요해지고 있다. 이는 단순 기술 숙련도 이상의 디지털 적응력과 협업 중심 사고방식이 요구된다는 것을 뜻한다. 결국 AI 리터러시는 기술 자체보다 일의 방식과 사고 구조를 변화시키는 능력이다. 채용 현장에서도 이제는 'AI를 얼마나 잘 이해하느냐?'보다 'AI를 얼마나 전략적으로 활용할 수 있느냐?'가 인재 판단의 기준이 되고 있다.

중간관리자의 실종, 대평탄화 시대

요즘 AI가 주로 콜센터나 사무보조 등 단순 업무 중심으로 일자리를 대체해 왔지만, 이제는 중간관리자(Middle Management)까지 대체 범위가 확대되고 있다. AI로 의사결정·보고 체계 자동화가 가능해지면서 '중간에서 판단만 하던 관리자'의 역할은 줄어들 수밖에 없다. 최근 2만 2,000명을 감원한 인텔의 목표 중 하나도 중간관리자를 줄여 조직을 수평적으로 전환하는 것이었다.

립부 탄(Lip-Bu Tan) 인텔 CEO는 "조직의 복잡성을 제거하고, 엔지니어에게 더 많은 권한을 주기 위해 관리 계층을 줄이고 있다."고 말했다. 에이미 후드 MS CFO도 "고성과 팀을 만들고, 민첩성을 높이기 위해 관리자 수를 줄이고 있다."고 말했다.

AI가 이제 중간관리자의 실종을 부르고 있다. 이런 흐름이 기업들의 비효율적인 부분을 줄이고, 업무 구조를 간소화하며, 비용을 절감하기 위해 중간관리자를 해고하는 현상을 설명하기 위해 '대평탄화(The Great Flattening)' 시대로 명명되고 있다. 하지만 한국 기업 현실에서는 중간관리자가 직원과 고위 경영진 사이의 핵심 연결고리이다. 이 중간관리자들이 과도한 업무와 정서적 피로가 누적되어 번아웃 상태에 빠지는 경우가 많다. 만약 이들이 조직을 떠나게 되면 단순한 공백이 아니라 조직 전체의 중간 연결고리, 문화 유지, 전략 실행이 함께 무너질 수 있다.

영입은 팀원을 탄생시키는 여정이다

이제 채용(採用)에서 영입(迎入)으로 바뀌고 있다. 영입이란 어떤 사람을 팀의 일원으로 모셔 오는 과정이다. 팀에 어떤 사람이 들어오는가에 따라 팀의 성과가 달라진다. 고용 시장은 점점 '미스매칭(Mis-matching)'이 심해지고 있다. 어떤 회사에 다니는가도 중요하지만 어떤 팀에서 함께 일하느냐가 더 중요하다.

미국 빅테크의 'S(최상위)급' 인재 영입 전쟁이 고조되고 있다. 거액을 제시하며 인재를 빨아들이고 있는 메타가 이번에는 인공지능(AI) 음성 기술 개발 스타트업을 인수하며 그곳의 직원을 그대로 흡수했다. 구글도 AI 코딩 스타트업의 최고경영자(CEO)와 주요 엔지니어들을 영입했다. 거액이 들더라도 'S급 인재'를 영입해야 AI 개발 과정에서 발생하는 시행착오를 획기적으로 줄일 수 있다고 판단한 빅테크들의 인재 확보 경쟁은 앞으로도 이어질 전망이다.

채용은 양보다 질이 중요해진다

최근 기업들은 자금 운용의 어려움과 투자 축소로 인해 채용 규모를 줄이거나 소극적 채용 기조로 전환하고 있다. 퇴직률은 높아지고 인력 감축과 재배치, 구조조정 등으로 인한 인적 구성의 변동성도 커지고 있는 상황이다. 이런 환경에서 기업은 더 이상 '많이 뽑는 것'이 아니라 '정말 필요한 핵심 인재를 신중히 선별하는 것'으로 채용 전략을 전환하고 있다. 채용의 핵심은 인재의 숫자보다 질 높은 인재를 적재적소에 배치하고, 평균 이하의 인재는 과감히 배제하는 방식에 있다.

인재 밀도가 중요한 이유는 뛰어난 인재들이 자연스럽게 모일 때 혁신의 불꽃이 튀기 때문이다. 놀라운 변화는 혼자가 아니라 팀으로 함께할 때 비로소 시너지가 폭발적으로 터져 나온다. 대표적인 사례가 구글의 '트랜스포머(Transformer)' 기술이다. 2017년 구글 연구원 8명이 발표한 논문

「Attention is all you need」는 AI가 문장의 맥락을 이해할 수 있도록 만든 결정적 전환점이었다.

이 기술은 훗날 챗GPT와 딥시크를 포함한 모든 생성형 AI의 기반이 되었다. 놀라운 점은 이 혁신이 계획된 프로젝트가 아니라 같은 회사 안에서의 우연한 만남과 자유로운 대화에서 시작되었다는 사실이다. 어느 날 구글 연구원 야콥 우스코라이트(Jakob Uszkoreit)는 사내 카페에서 다른 팀 엔지니어 일리아 폴로수킨(Illia Polosukhin)과 점심을 먹던 중 검색 응답 속도에 대한 폴로수킨의 불만을 듣고 자신이 품고 있던 아이디어를 공유했다.

여기에 자발적으로 합류한 몇몇 연구자가 열띤 논의를 벌이던 순간, 그 앞 복도를 지나가던 베테랑 과학자 노암 샤지어(Noam Shazeer)가 "와우~ 정말 좋은 아이디어야."라고 감탄하며 프로젝트에 합류해 직접 코딩을 맡으며 팀에 힘을 보탰고, 결국 수개월 만에 AI 역사를 바꿀 논문이 완성되었다.

아쉽게도 구글 연구진 논문은 발표됐지만 트랜스포머가 순식간에 전 세계를 장악하지는 않았다. 구글 대신 '오픈AI'라는 스타트업이 훨씬 더 빠르게 뛰어들었다. 그 결과 최초의 GPT 제품이 탄생했다. 오픈AI의 CEO 샘 올트먼은 "트랜스포머 논문이 나왔을 때 구글의 누구도 그 의미를 깨닫지 못했던 것 같다."고 말했다. 관료주의에서는 혁신이 나오기 어렵기 때문에 '혁신 중심의 놀이터'가 되어야 한다.

예전에는 대규모 공채였다면, 이제는 소수정예를 뽑는 핀셋 채용으로 바뀌고 있다. 채용에서 중요한 것은 속도보다 밀도, 즉 조직 안에 있는 '인재의 농도'를 얼마나 높일 수 있는가이다. '적게 뽑고, 강하게 운용'하는 고성과 조직 전략으로의 전환이 가속화되고 있다. 이른바 인재 밀도(Talent Density)를 높이는 전략이 필요한 시기다. 인재 밀도 전략은 적은 수의 인원이라도 높은 몰입도와 역량을 발휘할 수 있도록 하는 고성능 조직의 핵심이다. 이를 위해서는 뽑는 순간부터 더 정밀하고 전략적인 접근이 필요하다.

기업이 인재를 뽑는 것이 아니라 인재가 기업을 선택하는 시대다. 기업 역시 이 여정을 단순한 '인력 충원'이 아니라 적재적소의 스킬을 가진 인재를 정밀하게 배치하는 전략적 여정으로 바라보아야 한다. 결국 채용의 최종 결정권은 점차 기업의 손에서 벗어나 자기 스킬을 제대로 설계한 인재의 손으로 넘어가고 있다.

이제 DX에서 TX로 인재 경험 고도화의 시대다

조직의 관점에서 보면, 채용은 출발점이다. 조직은 '누구를 뽑을까?'보다 '왜, 어떤 기준과 방식으로 뽑을까?'를 먼저 정해야 한다.

① '탤런트 애퀴지션(Talent Acquisition)'을 통해 직무 요건과 조직문화에 부합하는 인재를 전략적으로 확보하고 설계하는 것이 중요해지고 있다. 좋은 인재를 뽑았다면, 그 다음은 그 사람이 어디서 가장 잘 빛날 수 있을지를 고민해야 한다.

② '탤런트 모빌리티(Talent Mobility)'는 확보된 인재를 조직 내 다양한 부서나 역할에 적재적소로 배치함으로써 성과를 극대화하고 역량을 유연하게 활용하는 전략이다.

③ '탤런트 디벨로프먼트(Talent Development)'는 장기적 관점에서 교육과 코칭, 도전적 과제를 통해 구성원의 스킬과 커리어를 체계적으로 성장시킬 수 있는 여정까지 포함되어야 한다. 그렇기에 이제 채용 평가가 달라져야 한다. 팀에 얼마나 기여할 수 있을지, 협업 역량은 어떤지, 이 모

든 것을 입체적으로 보는 채용 방식으로 진화해야 한다.

디지털 전환(DX, Digital Transformation)을 넘어 인재 경험 전환(TX, Talent Experience Transformation)의 중요성이 커지고 있다. 디지털 전환보다 중요한 것은 인재 경험을 어떻게 설계할 것인가이다. 이러한 고도화된 전략에 발맞춰 채용 단계에서도 단순한 평가를 넘어 지원자의 실질적인 팀 기여도와 협업 역량을 판단할 수 있는 평가 방식이 강화될 전망이다.

당신의 커리어 오너십은 어디에 있는가?

조직은 이제 단순히 '빈자리를 채울 사람'을 뽑지 않는다. 자기주도적 경력 개발이 핵심이 되면서 개인의 고유한 정체성과 강점이 커리어 전반에 녹아드는 '커리어 오너십(Career Ownership)'이 중요해졌다. 커리어 오너십이란 조직에 소속되어 있든, 개인으로 일하든 상관없이 스스로 주도권을 가지고 자신의 고유성을 일의 방식에 반영하는 태도를 말한다. 이는 기존의 직무 중심 경력과는 명확히 구별된다. 오늘날 조직이 원하는 인재는 단순히 '무엇을 했는가?'로 평가되지 않는다. 그보다는 '왜 그렇게 일해 왔는가?', 즉 자신만의 동기와 방식에 대한 성찰을 통해 팀 안에서 독보적인 존재감을 발휘하고 시너지를 만들어 내는 사람이다.

최근 채용의 흐름은 지원자가 다른 사람과 어떻게 차별화되는지, 어떤 고유함을 지니고 있는지에 주목한다. 채용은 단순한 선발 절차가 아니라 전략이며, 동시에 커리어 디자인의 일부다. 따라서 인재 전략의 고도화는 곧 채용 여정의 고도화를 요구한다. 이제는 역량과 가치가 단순히 조직에 맞는지 여부를 넘어 그 사람이 얼마나 확장 가능성을 지니고 있는지를 판단하는 시대로 전환되고 있다.

핵심은 '누구를 뽑을 것인가?'보다 '그 인재를 어디에 어떻게 배치할 것인가?'에 대한 전략적 안목이다. 특히 세대별 가치관이 다양해진 현재, 같은 조건과 기회를 주어도 몰입도, 태도, 결과가 달라진다. 채용담당자는 단순한 선발자를 넘어 불확실성을 줄이고 가능성을 설계하는 전략적 채용 설계자로 변화해야 한다. 지금 필요한 인재 연결의 기준은 '조직 적합성'이 아니라 '팀 최적화'이다.

이제 팀핏 시대가 온다

『채용 트렌드 2024』에서 '컬처핏(Culture Fit)'은 주요 키워드로 주목받았고, 최근 발간된 『트렌드 코리아 2025』에서도 컬처핏이 다시 등장하며 그 중요성이 재확인되었다. 『채용 트렌드 2025』에서는 한 걸음 더 나아가 '모티베이션핏(Motivation Fit)'이라는 개념을 통해 구직자의 내면적 동기와 조직의 채용 철학 간 정합성을 강조했고, 이는 채용문화의 변화를 이끄는 데 일조했다고 자부한다. 이번 『채용 트렌드 2026』에서 주목한 키워드는 바로 '팀핏(Team Fit)'이다.

팀핏은 단순히 '조직문화'라는 적합성을 좁혀서 실제 일하게 될 '팀'과의 궁합을 중심에 둔다. 팀워크, 커뮤니케이션 방식, 리더십 스타일, 그리고 문제 해결 방식까지 이제 채용은 더 미세한 단위에서의 정합성을 요구하고 있다. 같은 조직이라고 해도 팀마다 문화는 다르고 맞는 사람이 따로 있다. 이제는 '회사가 원하는 인재'가 아니라 '팀에 잘 맞는 사람'을 찾는 전략이 필요하다.

필자가 『채용 트렌드』 시리즈를 집필한 지 어느덧 7년째다. '채용은 잡무(雜務)'로 취급하는 시선도 존재하지만, '인사(人事)가 만사(萬事)'라는 말처럼 채용은 조직의 성패를 좌우하는 전략적 업무다. '의인물용 용인물의(疑人勿用 用人勿疑)'는 '의심스러운 사람은 쓰지 말고, 썼으면 의심하지 말라.'는 의미다. 이 글은 삼성의 창업자 이병철 회장의 인재경영 철학으로 유명한 말이다. '일근천하무난사(一勤天下無難事)'는 '부지런만 하면 세상에 어려운 일이 없다.'는 의미다. 이 글은 현대의 창업자 정주영 회장의 좌우명으로 그는 나무판에 새겨 걸어 놓고 나태해지지 않으려 되새기곤 했다.

LG의 구인회 초대 회장은 생전에 "처음부터 잘되는 일은 없다. 인화단결로 난관을 극복해야 한다."며 구성원들의 응집력 있는 단합의 중요성을 강조했다. 인화단결(人和團結) 정신은 LG의 기업문화와 경영 방식에 깊이 뿌리내려 있다. 채용은 단순히 사람을 뽑는 것이 아니라 적재적소(適材適所)에 인재를 배치하고 팀의 시너지를 증폭시키는 과정이다.

2025년 『채용 트렌드』 시리즈 저자로 인생에서 가장 많은 강연을 했다. 현대자동차, LG생활건강 등 대기업에도 출강했고, 메인강사로 원티드, 리멤버, 에이치닷 팟캐스트 유튜브에 출연하기도 했다. 직업상담사, 진로 및 취업 교수, 강사 등 다양한 채용 트렌드를 궁금해하는 사람들을 만났다. 20년 동안 활동했던 (사)한국강사협회에서 제 249호 명강사로 선정되었다. 지난 7년간 수많은 기업의 인사담당자, 취업준비생들과 만나며 현장의 생생한 목소리를 경청하고, 채용문화의 방향을 제시하는 역할을 해 왔다.

이번 '팀핏' 키워드는 그런 현장의 흐름에서 도출된 개념이다. 이제 조직에서 팀워크가 중요한 시대이다. 각자도생(各自圖生)의 시대, 혼자 일하는 사람이 많아지는 경향으로 인해 더욱더 팀워크가 중요해질 전망이다. 점차 팀 시너지를 내는 사람, 진짜 '팀에서 함께 일할 사람'을 찾고 있다. 『채용 트렌드 2026』의 부제는 '이제 컬처핏보다 팀핏 시대가 온다!'이다. 그동안 채용에서 강조되어 온 컬처핏은 거시적인 조직문화에 초점을 맞춰 왔다. 하지만 이제 채용의 초점은 더 작은 단위인 '팀'이라는 실질적 생활 단위로 옮겨 가고 있다. '팀핏'은 지원자가 배치될 팀의 협업 방식, 커뮤니케이션 속도, 리더의 리딩 스타일, 팀 분위기 등과의 적합성(適合性)을 평가하는 개념이다.

아무리 혼자 일을 잘하더라도 팀에 맞지 않으면 소용없다. 같은 조직이라도 팀마다 문화가 다르고 팀에 맞는 사람이 따로 있다. 지원자의 직무 능력만큼 중요한 것이 바로 '이 팀에서 함께 일할 수 있는가?'이다. 이 질문에 대한 조직의 대답이 명확하지 않다면 입사 후 갈등·이탈 가능성은 높아질 수밖에 없다.

특히 팀 단위의 적합성은 구성원의 몰입도와 지속가능성, 팀 내 리텐션(Retention)과 직접적으로 연결된다. 지원자가 아무리 능력 있고 동기가 높아도 팀의 방식과 충돌하거나 분위기에 녹아들지 못한다면 성과는 제한될 수밖에 없다. 결국 '좋은 인재'보다 더 중요한 것은 '팀과 잘 맞는 인재(Right Team Fit)'다.

앞으로 채용은 능력 있는 개인을 선발하는 것에서 나아가 팀과 리듬이 맞는 사람을 연결하는 일이 되어야 한다. 지원자 역시 '나는 어떤 팀에 잘 맞을까?'를 자문해야 하고, 기업은 이제 어떤 사람이 팀에 맞는지 확인해야 하는 전략적 인사이트를 가져야 한다. 2026년은 팀핏의 시대, 사람을 뽑는 것이 아니라 팀을 서로 완성해 가는 여정이다.

"과거 팀 프로젝트에서 사람 때문에 실패했던 사례가 있나요?" 엔비디아 CEO 젠슨 황이 면접을 볼 때 던지는 질문이다. 이 질문은 팀워크와 협업 태도, 리더십 잠재력을 엿보는 것이다. "가장 좋아하는 것이 무엇입니까?"도 묻는다. 결국 확실한 자기만의 취향이 있는 사람이 뽑힌다. "당신의 가장 큰 실패는 무엇이었나요?"라는 질문을 하고, "어떻게 대응했는가?"도 던진다. 역경을 잘 극복한 이후 오히려 더 단단해진 사람을 원하기 때문이다.

어려움을 겪었을 때 이를 극복하고 다시 일어서는 능력을 '경력탄력성(Career Resilience)'이라고 부른다. 자기인식, 변화 수용성, 위험 감수성, 네트워킹 활용 등이 경력 전환에서의 회복력을 높이는 데 중요한 역할을 한다. 경력탄력성은 개인의 심리적 자원, 사회적 지지, 그리고 적극적인 경력 개발에 의해 강화될 수 있다.

『채용 트렌드 2026』에서 제시한 10가지 키워드는 팀핏 시대, 스킬 기반 채용, 면접 피드백, AI 리터러시, 컬처애드, 풀스택 인재, 커리어 오너십, 인재 밀도 전략, 크로스 스킬링 확산, 시니어 크래프팅이다. 10가지 키워드를 종합해 보면 채용 트렌드를 관통하는 흐름은 바로 '팀핏'이다. 채용은 조직문화에서 팀으로 디테일하게 변화하고 있다. 이제 팀에서 '팀핏'이 채용의 관건이 될 전망이다. 모든 채용 프로세스에는 채용의 본질에서 팀핏 매칭이 포함될 수밖에 없다. 2026년 채용 트렌드는 '팀핏'이다.

솔로플레이보다 팀워크가 중요한 시대다. 조직의 규모가 커지다 보면 부정적인 태도를 보이는 구성원, 즉 빌런이 생기기 마련이다. 팀 빌런은 뒤에서 험담하거나, 자신의 기분에 따라 호통을 치며 상대를 위협한다. 무례한 태도로 짜증을 섞어 부정적 감정을 전이시킨다. 유언비어를 퍼뜨려 갈등을 일으키고 조직을 병들게 한다. 채용할 때 팀 빌런을 걸러내야 한다. 신속하고 단호하게 조치하여 팀핏이 맞지 않는 구성원이 조직에 들어오지 못하도록 차단해야 한다.

팀에서 함께 성장하는 여정

과거 채용은 '누가 일을 잘하느냐?'를 묻는 과정이었다면, 이제는 '누가 팀과 함께 성장할 수 있는가?'를 찾는 여정으로 진화하고 있다. 이 변화 속에서 초핵심 인재는 단순한 고성과자가 아닌, 조직 내 팀원들과 협업하며 시너지를 낼 수 있는 인재를 의미한다.

팀핏 인터뷰에서는 이렇게 묻는다. "새로운 팀에 들어갔을 때 어떻게 적응했는가?", "어려운 사람을 어떻게 다뤄 보았는가?", "성과 높은 팀과 그렇지 못한 팀의 차이는 무엇이라고 보는가?"

이 질문들의 핵심은 단 하나이다. 혼자 일 잘하는 사람이 아니라 '함께' 일 잘하는 사람인가? 당신이 이전 팀에서 겪었던 불편한 경험, 의견 충돌, 관계의 마찰 속에서 스스로 어떤 태도를 가졌고, 무엇을 배웠는지를 묻는다. 이는 지금 팀과 당신이 맞을 수 있는지를 살펴보는 것이다. 협업에 적응하지 못한 인재는 시간이 지나며 이탈하거나 갈등을 남긴다. 반대로 팀핏이 잘 맞는 사람은 성과 이상의 시너지를 만들어 낸다.

사람을 뽑는다는 것은 한 사람의 커리어 여정을 함께 디자인하는 일이다. 입사에서 퇴사까지, 그 안에 담긴 경험의 질이 조직의 브랜드로 남는다. 조직이 채용을 통해 기대하는 인재는 줄어들고 있지만, 그 1명이 조직에 미치는 영향력은 더욱 커지고 있다.

하지만 때로는 너무 익숙한 사람들만 곁에 두려는 경향을 보인다. 기존 구성원과 지나치게 유사한 사람만 선발하면서 동질성의 벽이 생긴다. 조직은 그 벽을 넘어서야 한다. '컬처애드(Culture Add)'란 말은 단순히 문화에 잘 어울리는 사람을 넘어 조직에 새로운 시각과 언어를 더할 수 있는 존재를 의미한다. 조직이 '같음'이 아닌 '다름'을 설계의 일부로 받아들일 때 '컬처애드'는 변화의 방아쇠가 된다.

다양성은 그 자체로 전략이 될 수 있다. 지금은 한 가지 역할에 매몰된 인재보다 문제를 처음부터 끝까지 통합적으로 다룰 수 있는 풀스택 인재가 빛나는 시대다. 그들은 혼자서도 팀처럼 일하고, 전략부터 실행까지를 연결하는 다리 역할을 한다. 이들이 가진 역량의 핵심은 '폭넓음'이 아니라 '연결'에 있다. 기획과 데이터, 기술과 사용자 경험, 커뮤니케이션과 분석이 이들에게는 따로 존재하지 않는다.

크로스 스킬링은 직무를 넘나드는 연결을 가능하게 만든다. 디자이너가 고객 리서치를 수행하고, 마케터가 데이터를 읽으며, 개발자가 사용자의 심리를 이해하는 구조로 고정된 역할이 아니라 유연한 확장이 핵심이다. 유연한 팀일수록 자율성이 높고 자율성은 성과로 이어진다.

'시니어 크래프팅(Senior Crafting)'은 중·장년층 인력이 자신의 직업에서 더 강한 목적의식, 의미, 몰입, 탄력성, 열정을 끌어내기 위해 스스로 능동적으로 재조정하는 경력 활동을 가리킨다. 퇴직할 때 준비해서는 늦다. 자신의 삶과 일의 의미를 스스로 설계하고 능동적인 행동들이 모일 때 변화가 일어난다. 동료나 상사, 고객들과 더 강한 관계 맺기, 자신이 하루 종일 하는 일의 목적 자체에 대해 새로운 시각 가지기 등이 있다.

단절된 경력은 효능감을 떨어뜨린다. 리턴십(Returnship)은 단절된 시간의 가치를 회복하는 구조대. 육아, 간병, 전직, 쉼 등 어떤 이유로든 멈춰 있었던 인재에게 새로운 여정으로 건너가는 다리를 놓아 주는 디딤돌이다. 리턴십을 통해 조직은 더 넓고 깊은 인재풀을 확보하고, 사람은 삶과 일을 통합하는 두 번째 기회를 얻는다.

이번 『채용 트렌드 2026』은 행운의 숫자인 7번째 책이라 더욱 애정이

간다. 각계의 리더와 인사담당자의 안목에 변화를 주어 팀원의 경쟁력을 한 단계 성장시키는 데 디딤돌이 되기를 바란다. 아울러 새로운 일을 탐색하는 직장인이나 취업에 뛰어든 젊은이들이 자신에게 맞는 일자리를 찾을 때나 직업상담사, 취업담당자 교육자들에게 길라잡이로서 조금이나마 도움이 되길 바란다.

2025년
윤코치연구소장 윤영돈

차례

추천사 _ 4

프롤로그 역량이 아니라 스킬로 뽑아야 하는 이유 _ 8

PART 1
WHY : 채용은 팀을 이끄는 리더를 발굴하는 순간이다 _ 29

PART 2
WHAT : 일하는 동기의 변화, 채용 트렌드 10대 키워드 _ 57

01. 팀핏 시대
이제 컬처핏에서 팀핏으로 인재를 뽑는다 _ 59

02. 스킬 기반 채용
학벌보다 당장 쓸 수 있는 스킬이 채용 기준이 된다 _ 87

03. 면접 피드백
채용 브랜딩의 종착점이자 다음 단계 의사결정을 연결하는 '면접 피드백'이 바뀌고 있다 _ 105

04. AI 리터러시
'디지털 리터러시'가 아닌, 모든 직무에 'AI 리터러시'의 시대가 온다 _ 125

05. 컬처애드
비슷한 사람보다 조직에 새로운 가치를 더할 인재를 뽑는다 _ 145

06. 풀스택 인재
한 우물보다 여러 강을 건너는 사람, '풀스택 인재'가 강하다 _ 165

07. 커리어 오너십
이제 일은 바뀌어도 커리어의 주도권은 내 손에 있다 _ 181

08. 인재 밀도 전략
이제 인재의 '양적 확보'가 아니라 '질적 우위'를 확보하는 전략이 주목받고 있다 _ 199

09. 크로스 스킬링 확산
다른 직무의 역량을 학습하고 이를 실무에 통합하는 다기능화 전략으로 바뀐다 _ 225

10. 시니어 크래프팅
퇴직이 아닌 전환, 인생 후반부의 새로운 가능성을 열다 _ 251

PART 3

HOW : 지금 당장 어떻게 할 것인가? _ 275

부록 팀핏 인터뷰 질문 _ 316

PART 1

WHY
채용은 팀을 이끄는 리더를 발굴하는 순간이다

나는 시간의 75%는
핵심 인재를 찾고, 배치하고, 보상하는 데 썼다.
- 잭 웰치(Jack Welch)

▶▶▶▶

 2026년 채용 트렌드는 '팀핏' 시대의 본격적인 전환점을 맞고 있다. 어도비, 애플 등 글로벌 기업들은 단지 유능한 개인보다 조직 철학에 공감하고 팀과 함께 성장할 수 있는 사람, 즉 팀 중심의 적합성을 중시한다. 그동안 채용에서 컬처핏이 중요했다면 요즘에는 팀핏이 중요해지고 있다. 훌륭한 인재를 채용하기 위해서 투자하는 시간만큼 값진 것이 없다.
 과거의 채용이 조직에 들어오는 '사람을 뽑는 통과의례'였다면 최근의 채용은 지원자가 합격 여부를 떠나 '조직문화를 온몸으로 경험하는 장'이 되고 있다. 탁월한 인재를 채용하려면 장기간에 걸쳐 적재적소 전략을 짜야 하고 실행 계획을 세워야 한다. 넓게 컬처핏을 보고 인재를 채용하면 문제점은 무엇인가?
 필자는 『채용 트렌드 2024』에서 다루었던 '컬처핏'이라는 키워드가 많은 신문과 방송, 채용 업체에서 널리 퍼졌다는 것에 자부심을 느낀다. 대한민국 정부에서는 주로 'NCS(국가직무능력표준, National Competency Standards)'를 활용해서 주로 '직무적합성(Job Fit)'만 중요하게 살펴보았다. 점차 '조직적합성(Organization Fit)'을 추가해서 많이 활용했다. 많은 기업이 실무면접은 현업 팀장, 선임자 등이 참여하여 직무수행 관련 직무적합성을 확인하고, 임원면접은 조직적합성 여부 중심적으로 평가하고 있다.
 흔히 '컬처핏'과 '팀핏'을 유사한 개념으로 혼동하지만 채용의 관점에서 보면 이 둘은 분명한 차이를 지닌다. '컬처핏'은 개인이 조직 전체의 문화와 가치, 행동규범에 얼마나 잘 어울리는지를 평가하는 개념이다. 반면, '팀핏'은 개인이 특정 팀의 분위기, 업무 스타일, 협업 방식에 얼마나 잘 녹아드는지를 판단한다. 컬처핏은 주로 조직 차원의 정체성과 일체감 형성을 위한 기준이며, 팀핏은 실질적인 팀 퍼포먼스와 동료 간 호흡, 일하는 방식의 조화 여부를 살피는 지표다.

최근 채용에서는 두 기준이 모두 중요해졌지만, 특히 빠르게 변화하는 업무 환경에서는 팀 단위의 적응력과 실질적 시너지를 평가하는 팀핏의 비중이 더욱 높아지고 있다. 조직문화에 잘 맞는 인재라도 팀과의 궁합이 좋지 않다면 실질적 성과는 기대하기 어렵기 때문이다. 따라서 우수한 인재를 선발하기 위해서는 이제 조직 중심의 컬처핏을 넘어 현장 중심의 팀핏까지 함께 고려한 정교한 채용 전략이 필요하다.

세계적인 기업에서는 팀 중심의 적합성을 중시한다

"팀과 함께 일하는 것을 선호하나요?"

어도비(Adobe)는 디자인과 창의성을 기반으로 한 협업 문화를 갖고 있다. 이들은 "당신이 만든 아이디어가 팀의 아이디어로 바뀐 경험이 있는가?"를 묻는다. "혼자 일하는 것을 선호하나요? 아니면 팀과 함께 일하는 것을 선호하나요?" 면접관이 지원자의 디자인 협업 능력을 확인하기 위해 던지는 질문이다. 어도비는 '킥박스(Kickbox)' 프로그램처럼 아이디어는 넘치나 이를 구체화하지 못한 직원의 실험적 아이디어를 팀 단위로 발전시키는 문화를 조성한다. 창의성은 개인의 것처럼 보이지만, 어도비에서는 팀이 함께 발전시키는 구조가 더 중요하다. 단순한 실력보다 팀 내에서 창의력을 어떻게 주고받는가가 관건이다. 채용 단계에서도 아이디어를 팀과 함께 구체화해 본 경험을 중점적으로 평가한다.

면접관 1명이라도 반대하면 탈락? 애플 만장일치 합격 원칙

애플(Apple)은 개인이 이룬 뛰어난 성과보다 팀 안에서 갈등을 조율하고 문제를 해결해 본 경험을 더 높이 평가한다. 예를 들어, 소프트웨어 엔지니어의 경우, 전화 인터뷰와 코딩 과제를 제출하고 온사이트 인터뷰(On-site Interview)에서는 기술 면접에서 기술력, 행동 면접에서 협업과 소통 능력을 다양한 질문 공세를 통해 종합적으로 검증받는다.

이렇게 길고도 꼼꼼한 채용 전형은 단순히 실력만 보는 것이 아니라 애플이 원하는 인재를 가려내기 위한 필연적 여정에 팀의 일원으로 함께할 수 있는지를 판단하기 위해서이다. 애플은 마라톤의 완주처럼 인내심과 문제 해결력, 그리고 적응력까지 두루 살피는데, 이는 다양한 팀이 긴밀하게 조율하여 만들어 내는 결과물로 실현된다.

애플 채용 과정에서 가장 두드러지는 특징은 '모든 면접관 만장일치 합격' 원칙이다. 면접을 모두 마치면 애플 팀원들은 한자리에 모여 지원자에 대한 평가를 공유하고 토론한다. 이 자리에서 누구라도 고개를 갸웃하면 채용 결정은 보류된다. 심지어 한두 면접관이 의견을 유보하면 지원자를 다음 날 다시 불러 추가 면접을 진행하는 일도 있다. 이렇게 해서라도 팀 전체가 확신할 때까지 지원자를 검증한다.

이 원칙은 스티브 잡스 시절부터 이어져 온 전통으로 함께 일할 사람들이 모두 납득하고 열광할 인재만을 받아들이자는 것이다. 애플은 최고 수준의 완성도를 추구하며, 이는 개인의 장인정신이 팀 내 긴밀한 조율을 통해 성과로 연결되는 구조를 요구한다. 애플의 제품은 수많은 팀의 미세한 협업에서 나오는 결과이기 때문이다.

이처럼 '팀핏이 뛰어난 인재'는 조직 철학을 체화한 채 팀 안에서 자율성과 신뢰를 바탕으로 협업하며, 갈등 없이 빠르게 퍼포먼스를 낸다. 이제는 '팀이 뽑고 싶은 인재'를 찾는 시대다. 팀핏은 성과와 지속가능한 조직문화를 동시에 만드는 핵심 기준이다.

『채용 트렌드 2025』에서 제시한 10가지 키워드는 모티베이션핏 시대, 데이터 기반 채용, 롤플레이 면접, 탤런트 애퀴지션, 워라엔, 바운드리리스형 인재, 커리어 브랜딩, TRM(Talent Relationship Management) 확산, 360도 레퍼런스 체크, 미닝풀라이프 시대였다. 10가지 키워드를 종합해 보면 채용 트렌드를 관통하는 흐름은 바로 '모티베이션핏'이었다. 직무를 통해 얻을 수 있는 것에 대한 직원의 기대가 조직이 제공하는 것과 일치하는 정도를 직무적합성보다 동기적합성을 어떻게 맞추느냐가 중요해지고 있는 시대가 오고 있다.

2025년 채용 트렌드에서 가장 중요한 것은 '모티베이션핏 시대'다. 진짜 직원의 마음을 알기 어려운 시대다. 업무 능력도 중요하지만 이제 '모티베이션핏'이 채용의 관건이 될 전망이다. 기업들의 조직문화가 변함에 따라 채용문화도 변하고 있다. 이제 채용 트렌드는 Z세대가 조직에 어떻게 안착할 수 있는지 깊은 고민에 빠졌다.

01
직무만족도를 고려한 동기부여 적합성으로 인재를 뽑는 '모티베이션핏' 시대

#모티베이션핏 #잡핏 #컬처핏
#동기부여적합성 #모티베이션핏인터뷰

2025년 채용 트렌드 중에서 가장 많은 주목을 받은 키워드는 '모티베이션핏'이었다. '모티베이션핏(Motivational Fit)'이란 말 그대로 지원자의 개인적인 동기부여 요소가 특정 직무나 조직의 성과 목표나 문화와 부합하는 정도를 뜻한다. 요즘 MZ세대들은 자신이 이상적인 직업과 업무 현실이 잘 맞지 않으면 곧바로 이직을 한다. 퇴사자로 인해 팀은 혼란을 겪고 값비싼 교체 비용이 발생하게 된다.

'모티베이션핏 인터뷰(Motivational Fit Interview)'는 지원자가 만족하고 참여하고 헌신할 수 있도록 개인이 좋아하는 것과 직무에서 사용할 수 있는 것이 충분히 일치하는지 여부를 판단하는 빠르고 쉬운 방법이다. 채용담당자 입장에서는 단순히 직원들의 근무환경이나 급여만으로 동기부여를 할 것이 아니라 성취도나 일에 대한 책임감 부분에서도 접근해야 한다.

구성원들에게 '직접동기(Direct Motives)'는 즐거움, 의미, 성장 등 일과 개인의 가치, 신념과 매우 밀접한 관계를 가진다. '간접동기(Indirect Motives)'는 정서적 압박감, 경제적 압박감, 타성 등 외부요인에 관한 것이다. 동기가 맞지 않은 채용은 오히려 독이 된다. 마음에도 없는 업무는 성과로 이루어지지 않는다.

모티베이션핏을 확인하기 위해 지원자의 동기부여 요소가 특정 직무나 조직문화와 부합하는지 살펴본다. 직원의 직무 만족도, 생산성, 장기적인 기여도 등을 크게 향상시킬 수 있다. 일을 잘하는 사람을 뽑는 것도 중요하지만 동기부여에 적합한 인재를 뽑는 것이 더 강조될 전망이다.

02
개인의 촉에 의지하지 않는 '데이터 기반 채용'

#데이터 #채용 #Data-driven #Recruitment #HRAnalytics
#PeopleAnalytics #면접 #채용시장 #AI채용 #채용플랫폼

'데이터 기반 채용(Data-driven Recruitment)'이란 지속적으로 데이터를 수집하고 분석을 사용하여 정보에 입각한 채용 결정을 내리는 것을 말한다. '데이터 기반 채용'이라는 말은 단순히 사람이 하던 일을 자동화하는 차원을 넘어 데이터 기반으로 한 과학적 분석을 통해서 조직에 맞는 인재를 선발해 기업의 성과를 높인다는 것을 포함한다.

이 방법은 '직감'으로 하는 주관적인 판단에 의존하는 기존 채용 프로세스와 극명하게 대조된다. '직감'으로 하는 '직관적 사고(Intuitive Thinking)'에서 '데이터'로 하는 '분석적 사고(Analytical Thinking)'로의 대전환이 이루어지고 있다. 전통적으로 채용이 인간 중심 프로세스였다면 데이터 기반 채용은 빅데이터와 분석 도구의 통합으로 대변혁을 가져왔다.

세계적 기업들이 '데이터 기반 채용'으로 인재를 고른다. 이미 마이크로소프트, 구글 등 글로벌 조직에서는 'HR Analytics' 팀에서 'People Analytics' 팀으로 바뀌고 있다. 불안감이 커지는 국내 시장 상황에서 더 이상 개인의 직감이 아니라 현상에 대한 데이터 기반 의사결정이 요구되고 있다.

'데이터 기반 채용'은 정량화 가능한 지표와 증거 기반 통찰력을 바탕으로 후보자의 적합성을 평가하고 성과를 예측한다. 데이터 분석을 기반으로 지원자를 평가하고 관리자가 데이터에 기초한 결정을 내리도록 도움이 되는 통찰력을 제공할 수 있다. 채용 소요시간, 후보자 유입량, 후보자의 만족도, 오퍼 수락률, 채용 비용 등 많은 장점을 제공하는 '데이터 기반 채용'은 채용 트렌드에서 점점 중요해질 전망이다.

03
지식을 묻는 면접에서 바뀌는 '롤플레이 인터뷰'

#역할 #롤플레이 #면접 #면접관 #고객 #팀장
#일대일 #갈등상황 #역할수행 #역할연기

코로나19로 인해 '롤(Role)'이 바뀌었다. 아무리 디지털화되더라도 회사는 혼자 일하는 곳이 아닌 함께 일하는 곳이기 때문에 팀플레이를 하지 않으면 안 된다. '역할연기(役割演技)'가 아닌 '역할수행(役割遂行)'을 해야 한다. '롤플레이 인터뷰(Role Play Interview)'란 '특정 상황'을 제시하고, 지원자에게 역할이 주어지며, 그 특정 상황에서 지원자가 발휘하는 행동을 관찰, 기록, 평가하는 방식을 말한다. 팀플레이를 잘하는 사람이 결국 회사를 살리고 팀장과 팀원 간 팀플레이에서 성과를 낸다.

채용에서도 단순히 지식만을 물어보는 면접에서 시뮬레이션 면접으로 바뀌고 있다. 시뮬레이션 면접으로는 역할수행(RP : Role Play), 구두발표(OP : Oral Presentation), 집단토론(GD : Group Discussion), 서류함기법(IB : In-Basket)

등이 있다. '특정 상황'이란 실제 업무할 때 발생할 수 있는 문제 상황, 갈등 상황, 협상 상황 등을 제시한다.

RP 면접은 지원자와 면접관이 1:1로 하거나, 지원자끼리 수행하기도 하며, 전문연기자가 투입해서 수행하기도 한다. 대부분의 경우 RP 면접은 시나리오의 복잡성에 따라 30분~1시간 길이다. 일반적으로 RP 면접에서는 통상 지원자끼리 수행하는 경우가 많은데 상품 판매자와 고객의 역할을 서로 바꿔 가며 수행하고 이를 면접관이 관찰해서 평가한다.

기업들이 롤플레이 인터뷰를 하는 이유는 기존 면접으로는 더 이상 인재를 제대로 평가하기 어렵고, 함께 일하는 협업과 실력을 확인하는 과정으로 시뮬레이션 기법이 효율적이라는 판단에 따른 것이다. 점차 롤플레이 인터뷰가 널리 확산될 전망이다.

04
보편 인재가 아니라 개별 인재를 뽑는 '탤런트 애퀴지션'

#탤런트애퀴지션 #인재확보 #영입 #팀영입 #EVP #IVP
#자아서사 #인바운드채용 #아웃바운드채용

채용 시장의 트렌드가 변하고 있다. '보편 인재'가 아니라 '개별 인재'가 중요해진다. 기존에 힘을 발휘했던 조직문화에서 쪼개지고 융합되는 과정에서 초개인화된 탤런트가 있는 인재 확보가 중요해진다. 개인이 직장을 단기적으로 바꾸는 시대가 되면서 기업은 점차 '인재를 육성하는 것'보다 '인재를 영입하는 쪽'으로 급전환하고 있다.

채용(Recruitment)이 단기적으로 즉시 채워야 할 공석을 강조한다면, '탤런트 애퀴지션(Talent Acquisition)'은 조직이 장기적인 목표와 전략을 지원하기 위해 우수한 인재를 확보하고 유치하는 일련의 과정을 의미한다. 단순히 직원을 채용하는 것을 넘어 조직의 성장과 혁신을 주도할 수 있는 핵심 인재를 확보하는 것이 목표이다. 이는 장기적 비즈니스 요구에 기반을 둔 미래 인력 요구를 예측하는 지속적인 전략을 말한다.

최근 '인재육성팀'이나 '인재개발팀'이 '채용영입팀'이나 '인재영입팀'으로 바뀌고 있다. 예전에는 국내 기업들은 전통적으로 신입사원을 교육해 육성하겠다는 '빌드(Build)' 전략이었다면, 최근에는 글로벌 기업들처럼 준비된 사원을 바로 업무에 즉시 투입해 사용하는 '바이(Buy)' 전략에 의한 인재확보 방식으로 변화하고 있다. '바로(Borrow)' 전략은 인재를 확보하기 위해 고려해 볼 수 있는 또 다른 전략이다.

뛰어난 인재를 영입하기 위한 방법으로 기업 인수를 시행하는 것을 '애크하이어(acqhire)'라고 부른다. 이는 인수(Acquisition)와 고용(Hire)의 합성어다. '혼자 플레이하는 스타'보다 '함께 플레이하는 혜성(彗星)'이 필요한 시대다. 인재도 양보다 질이 중요한 시대로 '탤런트 애퀴지션(Talent Acquisition)' 시대가 올 전망이다. 탤런트 전략(Talent Strategy)에서 스킬 기반 인재 육성은 개인의 스킬과 역량에 초점을 맞춰 인재를 육성, 활용하는 접근이다. 전통적인 직무 중심 인사에서 벗어나, 조직에 필요한 스킬과 개인이 보유한 스킬을 매칭하고 개발하는 데 중점을 둔다. 급변하는 비즈니스 환경에서는 고정된 직무보다 전이 가능하고 유연하게 활용할 수 있는 스킬이 중요해졌다. 이를 위해 스킬 정의의 표준화, 개인 스킬 진단·분석, 스킬 기반 경력개발 체계, 유연한 인사 제도가 뒷받침되어야 하며, 직무 중심 사고에서 스킬 중심 사고로의 전환이 필요하다.

05
평생직장이 사라지고 인재 이동의 변화가 가속화되는 '커리어 모빌리티'

#커리어모빌리티 #경력이동 #커리어쿠셔닝 #환승이직 #삶의질
#MZ세대 #승진거부 #워라엔 #워라밸 #워크라이프 #엔리치먼트 #풍요로움

세계 최대 인재 개발 컨퍼런스 2024년 ATD에서 나온 주요 키워드 중에서 '커리어 모빌리티(Career Mobility)'가 주목받고 있다. 커리어 모빌리티란 '한 개인의 직무에 따른 경력의 흐름'으로 정의하고 인재 이동을 조직과 연계시켜 특정 조직 내·외간에 일어나는 현상이다. 기존의 종신고용, 연공서열 등 평생직장의 개념이 사라지고 '승진만이 회사에서 성공하는 방법'이라고 생각하던 고정관념도 사라졌다. 이미 '고용(Employment)'에서 '고용가능성(Employability)'의 사회로 전환하고 있다.

옛날처럼 '커리어 무브먼트(Career Movement)'라고 쓰지 않고 요즘 '커리어 모빌리티(Career Mobility)'라고 쓰는 이유가 있다. '커리어 무브먼트'가 단순히 특정한 시점에서의 직업적 변화에 초점을 맞춘다면, '커리어 모빌리티'는 경력 전반에 걸쳐 다양한 경로를 통해 성장하고 발전할 수 있는 능력에 초점을 두기 때문이다. 국내 직장인은 지금까지 직선적이고 단일한 커리어패스를 밟아 왔다.

평생직장, 평생직업이 무너지고 불확실성이 커지면서 '커리어 모빌리티'가 중요해지고 있다. 직무 간 경계를 넘나드는 경력 패턴이 늘어나면서 단일 직업에 머무르기보다는 다양한 직무 경험을 쌓아 경력을 다각화하는 것이 일반화되고 있다. 선형적 이동(Linear Career Path)이 아니라 비선형적 이동(Non-linear Career Path)으로 내부 이동을 장려함으로써 기업이 끊임없이 변화하는 비즈니스 환경에서 경험 조각을 맞출 수 있도록 도와준다. 점차 '커리어 모빌리티의 시대'가 도래할 전망이다.

06

경계가 허물어지는 시대에 경계를 넘나드는 '무경계형 인재'

#무경계 #바운드리리스 #무경계커리어
#무경계조직 #일의경계 #시공간경계

코로나 이후 기존 조직에서 직무의 경계가 무너지면서 융화되고 있는 '무경계(Boundaryless)형 인재상'이 주목받고 있다. 무경계형 인재란 경계에 얽매이지 않고, 유연하고 개방적인 사고방식을 가지며, 다양한 역할과 분야에서 뛰어난 역량을 발휘할 수 있는 인재를 의미한다. 산업간 경계가 허물어지는 빅블러(Big Blur) 현상, 무경계화(Boundaryless), 초연결사회(Hyper-connected Society) 등은 초고속 무선통신, 클라우드 네트워크 등 디지털 기술 발전으로 기계와 상품, 사람이 데이터로 연결되어 자율성과 상호작용이 가능해지는 것을 가리킨다.

'빅블러'는 빠른 사회적 변화로 인해 기존의 영역과 법칙이 무너지고 경계가 흐려지는 현상을 의미한다. '무경계화'는 '경계가 없는'이라는 뜻으로 최근 직무의 경계가 허물어지고 경계를 넘나들면서 다양한 직무가 융합되는 트렌드를 설명하는 용어다. 최근 우리가 알고 있는 모든 경계가 모호해지는 시대다. 기업(Company)·조직(Organization)·직장(Office)의 기존 경계가, 직무(Job)·업무(Work)·인력(Workforce)의 경계가 모호해지는 상황이다.

현재 일터(Workplace)의 개념은 기존의 물리적인 업무 현장이라는 개념보다 온·오프라인으로 일하는 모든 곳을 포괄하는 광의의 개념으로 발전되고 있다. 산업 간 경계가 허물어지고 서비스의 융합이 가속되는 무경계화 현상이 지속될 전망이다.

07
개인 홍보보다 자신의 정체성을 높이는 '페르소나 브랜딩'

#페르소나 #브랜딩 #페르소나브랜딩 #멀티페르소나 #채용브랜딩
#가면 #타깃브랜딩 #채용패러다임 #커리어브랜딩 #퍼스널브랜딩

최근 큰 줄기가 '퍼스널 브랜딩(Personal Branding)'에서 '커리어 브랜딩(Career Branding)'으로 변화했다. '퍼스널 브랜딩'이 개인의 라이프스타일 등 정체성과 이미지에 중점을 둔다면, '커리어 브랜딩'은 직업적 성취와 경력 발전에 중점을 두며, 이를 위해 전문성과 업무성과를 강조한다. 직무 경험, 직장 내 승진, 새로운 직업 기회 창출, 업계 내 영향력 증대 등 직업적인 요소에 중점을 둔다.

예를 들어, 오프라 윈프리(Oprah Winfrey)는 자신의 이름 자체를 브랜드로 만들어 감정적 연결과 개인적 스토리를 통해 대중과 소통했다. 반면, 셰릴 샌드버그(Sheryl Sandberg)는 페이스북의 최고운영책임자(COO)로서 자신의 전문적인 이미지와 리더로서의 역할과 경력 개발에 중점을 두었다. 오프라 윈프리의 퍼스널 브랜딩은 그녀를 사회적 영향력이 있는 인물로 만들었고, 셰릴 샌드버그의 커리어 브랜딩은 그녀를 업계의 리더가 되게 했다.

브랜드는 '고유한 개인(Unique Individual)'의 모습을 담고 있어야 한다. 페르소나는 단지 흉내 내는 것이 아니라 스스로 가장 자랑스러운 모습을 찾기 시작한다. 타깃 고객의 욕구, 가치관, 라이프스타일 등을 정확히 반영해야 한다. 다른 사람들과 구별해 낼 수 있는 '차별화(Differentiation)'에 신경 써야 한다. 페르소나 브랜딩은 웹사이트, 소셜 미디어, 광고, 고객 서비스 등 모든 채널에서 일관되게 유지되어야 하며, 인구통계적 특성뿐 아니라 감정적·심리적 측면도 반영해야 한다. 고객의 감정과 연결된 페르소나는 브랜드 충성도를 높이는 데 기여한다.

08
고객 관계를 하던 CRM에서 인재 관리하는 'TRM'으로 확산

#TRM #CRM #Talent
#인재관리 #채용전략

기업에 적합한 핵심 인재를 채용하는 것은 기업의 흥망성쇠와 관련이 있다. 고객과의 관계도 중요하지만 인재와의 관계도 중요해지고 있다. 'CRM(Customer Relationship Management)'이 '고객 관계 관리를 뜻하는 시스템'이라면, 'TRM(Talent Relationship Management)'은 '좋은 인재를 미리 찾고 관리하는 시스템'이다. CRM에서 TRM으로의 확산은 기업들이 고객

관계 관리만큼 인재와의 관계를 중요하게 여기기 시작했다는 신호이다. 다양한 채널과 플랫폼을 통해 채용이 이루어지면서 채용 프로세스의 복잡성이 증가되고 있다. 조직이 인재를 더욱 효과적으로 유치, 관리 및 개발하는 도구로 TRM을 활용하고 있다. 이제는 CRM을 넘어서 TRM까지 해야 하는 시대가 될 전망이다.

이미 리크루팅이 고도화된 해외에서는 'Talent CRM' 등으로 불리며 확산된 개념이다. 빠른 충원을 위해 진행됐던 과거의 소싱 방식과 달리 핵심 인재를 영입하기 위해 진화된 소싱 방식이다. 기업이 단순히 TO를 채우는 수동적인 목표가 아닌, 먼저 적극적으로 후보자와의 장기적이고 지속가능한 관계를 구축하는 확장된 '아웃바운드 채용(Outbound Recruiting)' 전략에 해당한다. 채용 공고를 게시하고 지원자를 받는 '인바운드 채용(Inbound Recruiting)'과 달리 많은 기업이 필요한 인재를 적시에 채용할 수 있다. TRM의 목표는 조직의 현재와 미래의 비즈니스 요구 사항을 충족할 수 있는 '인재 파이프라인(Talent Pipeline)'을 구축하는 것이다. 기업의 인재 확보를 위해서 TRM이 중요한 트렌드가 될 전망이다.

09

형식적 추천에서 전방위 레퍼런스 체크가 뜨는 '360도 레퍼런스 체크'

#레퍼런스체크 #평판조회
#360도레퍼런스체크 #비지정 #지정

요즘 기업은 상호 연결되어 '평판'이라는 꼬리표가 따라다닌다. 기업의 채용 형태가 기존 대규모 공개채용에서 수시채용으로 바뀌면서 평판조회가 합격을 결정하는 주요 요인으로 부상했다. 흔히 '레퍼런스 체크(Reference Check)'로 알려져 있다. 경력직 직원이 회사에 들어오기 전에 기존 직장에서 업무 능력이 어땠는지 확인하는 과정이다. '즉시 전력'을 선호하는 분위기에서 '중고 신입' 채용이 늘어나는 것도 한몫하고 있다.

평판조회 방식도 과거에는 뒷조사처럼 알음알음 진행됐는데 이제는 기업화된 전문 플랫폼 서비스까지 등장했다. 옛날에는 상사에게 물어보았다면 요즘은 동료나 부하 직원을 통해 '360도 레퍼런스 체크(360-Degree Reference Check)'를 하고 있다. '360도 레퍼런스 체크'는 상사, 동료, 부하 직원, 거래업체 직원 등 다양한 관점에서 팀 내 지원자의 행동과 역량을 깊이 확인할 수 있다. 최근 등장한 360도 레퍼런스 체크 방법은 후보자의 동료, 하위 직원, 상사, 고객 등 다양한 이해관계자의 피드백을 수집한다. 전화 또는 이메일로 하기도 하지만 온라인 플랫폼을 통해 자동화된 프로세스로 진화하면서 빠르고 효율적인 데이터 기반 분석을 제공한다.

전형 절차 중 필요시 지원자의 동의하에 평판조회가 이루어질 수 있다. 채용에서 경쟁이 심하다 보니 다수의 평가자로부터 피드백을 받음으로써 채용 과정에 투명성과 공정성을 획득할 수 있다. '360도 레퍼런스 체크'는 지원자에 대한 단일 관점보다 폭넓은 이해를 도모하고 조직 내에서의 성공적인 통합을 위한 중요 정보를 제공한다. 형식적인 추천이 아닌 전방위 레퍼런스 체크가 유용한 평가도구로 자리 잡을 전망이다.

평판조회 수요가 폭발하며 시장이 덩달아 커지고 있다. 레퍼런스 체크는 회사에서 경력직 채용 시 지원자의 업무 능력과 대인 관계 등을 이전이나 현재 직장 동료나 상사에게 확인하는 절차다. 회사 인사팀에서 직접 진행하기도 하고 대행업체에 맡기기도 한다. 기업들의 평판조회 수요가 증가함에 따라 평판 조회 서비스를 제공하는 스타트업들이 빠르게 성장하고 있다.

10
주체적인 삶을 지향하는 '미닝풀라이프 시대'

#의미있는삶 #워라엔 #워라밸
#삶의의미 #일의의미 #직업가치

의미 있는 삶이란 무엇일까? 이제 '성공한 삶'보다 자신의 삶에서 의미와 목적을 추구하는 '미닝풀라이프(Meaningful Life)' 시대다. 미닝풀라이프는 자신의 가치·열정·신념에 따라 사는 삶이며, 일과 삶의 풍요로움을 추구한다. 삶에 의미를 부여하는 요소는 사람마다 다르지만, 다른 사람과 긍정적인 관계를 맺고, 의미 있는 일을 찾아 추구하고, 사회와 세상에 기여하고, 기쁨과 성취감을 가져다주는 활동에 참여하고, 개인적인 성장과 발전에 대한 감각을 키우는 것이 공통적으로 포함된다.

아우슈비츠 수용소에 3년간 수감됐던 빅터 프랭클(Viktor Frankl)은 '의미 치료(Logotherapy)'의 창시자로서 인간의 가장 근본적인 동기가 삶의 의미를 찾는 것이라는 이론을 제시한 학자이다. 마틴 셀리그만(Martin Seligman)은 긍정심리학의 창시자 중 1명이며, '행복의 3가지 요소'인 즐거운 삶(Pleasant Life), 좋은 삶(Good Life), 의미 있는 삶(Meaningful Life)을 강조했다. 그는 이 3가지로 연결되는 거대한 삶의 흐름이 행복한 사람의 시그니처(Signature)라고 설명했다.

코로나19 팬데믹 이후 사람들의 일과 삶이 송두리째 바뀌었다. 재택근무를 하면서 일과 삶, 개인 생활과 직장 생활, 일과 쉼 간의 경계가 불분명해졌다. 일이 우리 삶을 파고들어 친구들이나 사회생활로부터 단절되는 현상도 나타났다. 일과 삶을 떼어 놓을 수 없는 것이라는 것을 몸소 체험했다. 손을 움직일수록 노화가 적어지고 삶의 질을 높일 것이다. 행복한 삶을 위해서는 '의미 있는 삶(Meaningful Life)'이 중요하다. 주체적인 삶을 지향하는 '미닝풀라이프 시대'가 온다.

채용 트렌드 2026 키워드 휠

PART 2에서는 2026년 '일하는 동기'의 변화에 따른 10가지 채용 트렌드 키워드를 다룰 것이다. 『채용 트렌드 2025』에서 다루었던 것은 배제하고, 2026년 채용 트렌드를 관통하는 10대 키워드를 뽑았다. 인사담당자, 취업교육전문가, 커리어코치, 헤드헌터, 전직전문가, HR전문가 등 다양한 사람으로 구성된 한국커리어코치협회 회원들에게 설문조사를 했고, 별도로 회의를 통해서 10개 키워드를 뽑았다.

2026 채용 트렌드는 어떻게 변화하고 있는가?

2020년대 초반 채용 시장에서 '조직문화 적합성'이 중요한 화두였다면, 2026년에는 '팀 적합성'이 핵심 경쟁력이 될 전망이다. 최근 5년간 재택, 유연근무, 협업툴의 확산으로 '일하는 방식'이 급격히 변화했다면, 이제는 다시 대면 중심의 팀워크가 주목받고 있다. 기업들은 성과를 내는 최적의 방식에 대해 다시 묻고 있으며, 그 답은 결국 '팀 분위기'와 '팀원 간

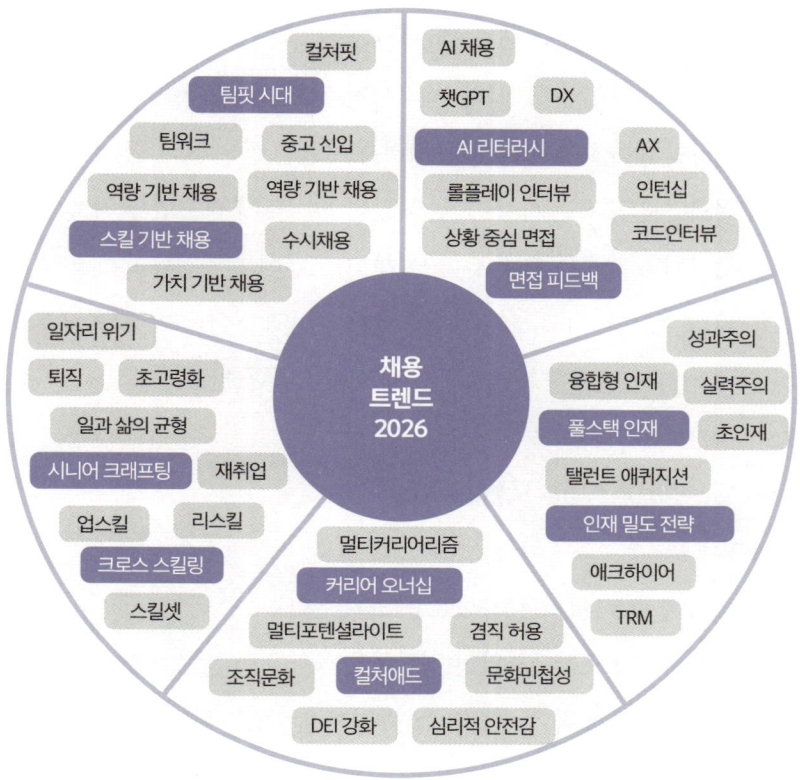

의 정서적 연결'에서 찾고 있다.

이제 리더는 단순한 지시자가 아니라 팀원의 사기를 끌어올리는 '분위기 메이커'가 되어야 한다. 협력이 잘되는 인재와 비협조적인 인재를 구분해 뽑아야 하며, 팀핏에 맞는 공간과 팀 분위기를 조성해야 한다. 기업들은 이제 단순히 '어떻게 일하느냐?'보다 '왜 이 일을 하는가?'에 주목하면서 일하는 본질로 돌아가고 있다. 결국 협력이 잘되는 지원자, 즉 '팀핏'이 높은 인재가 살아남는 시대다.

이제는 혼자 일을 잘하는 사람보다 함께 일을 잘하는 사람, 팀워크가 잘되는 사람이 채용된다. 2026년 채용의 패러다임은 '컬처핏 채용'에서 '팀핏 채용'으로 전환되고 있다. 따라서 팀 적합성이 높은 지원자가 합격할 가능성이 높아진다. 혼자 일을 잘하는 사람은 필요 없다. 함께 일을 해서 팀워크를 일으키는 사람이 뽑힌다. 팀핏이 맞지 않으면 결국 성과를 내지 못하거나 퇴사를 하게 된다. 이제 2026년에는 기업들의 채용 방식도 달라질 것이다. 이제 조직문화에 적합한 인재가 아니라 좀 더 세분화된 팀에 적합한 인재를 붙잡으려고 애쓴다.

2026년 10대 채용 트렌드 키워드

팀핏 시대

전통적 컬처핏보다 더 작은 팀핏으로 인재를 뽑는다

    기존의 채용은 조직문화와의 정합성을 중심으로 한 컬처핏 위주였다. 하지만 최근에는 조직 전체보다 '실제 함께 일할 팀'에 얼마나 잘 맞는가 하는 팀핏이 더 중요한 기준으로 떠오르고 있다. '팀핏(Team Fit)'이란 지원자와 그가 배치될 팀의 업무 스타일, 커뮤니케이션 방식, 가치관, 협업 태도, 갈등 대응 방식 등과의 정합성을 평가하는 개념이다.

    같은 조직이라도 팀마다 문화가 다르기 때문에 팀 단위의 궁합이 조직 내 정착과 성과에 더 결정적이다. 특히 짧은 시간 안에 적합한 인재를 선발해야 하는 채용 과정에서는 이 미세한 적합성 판단이 매우 섬세하고 전략적이어야 한다. 단순히 '좋은 사람'을 뽑는 것이 아니라 '팀에 맞는 사람'을 선별해야 한다는 인식이 확산되고 있다. 결국 팀 단위의 시너지는 구성원의 개별 강점이 어우러져 팀 전체 퍼포먼스를 끌어올릴 때 발휘된다. 조직은 점차 팀 중심으로 채용이 바뀌고 있다.

채용 트렌드 키워드의 변화

2020년	2021년	2022년	2023년	2024년	2025년	2026년
① 수시채용	① 상시채용	① 딥택트 채용	① 채용 브랜딩 시대	① 컬처핏 시대	① 모티베이션핏 시대	① 팀핏 시대
② 블라인드 채용	② 비대면 채용	② 메타버스 박람회	② 메타버스 면접	② 챗GPT 자기소개서	② 데이터 기반 채용	② 스킬 기반 채용
③ AI 면접	③ 화상 면접	③ 소셜 리크루팅	③ 스토리리빙	③ MZ세대 면접관	③ 롤플레이 인터뷰	③ 면접 피드백
④ 디지털 전환	④ 랜선 박람회	④ 리버스 인터뷰	④ 리버스 리크루트	④ 다이렉트 소싱	④ 탤런트 애퀴지션	④ AI 리터러시
⑤ 워라하	⑤ 워라인	⑤ 워러밸	⑤ 워라블	⑤ 웰니스	⑤ 커리어 모빌리티	⑤ 컬처애드
⑥ 긱 워커 급증	⑥ 멀티커리어리즘	⑥ 폴리매스형 인재	⑥ 멀티포텐셜라이트	⑥ 대체불가능한 인재	⑥ 무경계형 인재	⑥ 풀스택 인재
⑦ 밀레니얼 세대	⑦ Z세대 채용전략	⑦ 커리어 모자이크	⑦ 커리어 포트폴리오	⑦ 직원 리텐션 전략	⑦ 페르소나 브랜딩	⑦ 커리어 오너십
⑧ 애자일 확산	⑧ 헬릭스 경영 전략	⑧ ESG 경영과 채용	⑧ 워케이션 확산	⑧ DEI 채용	⑧ TRM 확산	⑧ 인재 밀도 전략
⑨ 젠더 감수성	⑨ 프라이빗 이코노미	⑨ 직원 경험 시대	⑨ 러닝어빌리티 시대	⑨ 마이크로코칭 확산	⑨ 365도 레퍼런스 체크	⑨ 크로스 스킬링 확산
⑩ 앙코르 시니어	⑩ 시니어 노마드	⑩ 시니어 시프트	⑩ 시니어 케어	⑩ 올드 시대	⑩ 마이닝풀라이프	⑩ 시니어 크래프팅

스킬 기반 채용

스펙이나 역량보다 당장 쓸 수 있는 스킬이 채용 기준이 된다

'스킬 기반 채용(Skill-Based Hiring)'은 학력·자격·직무경력에 의존하던 전통적 방식에서 벗어나, 직무 수행에 필요한 실제 역량(Skill Set)을 중심으로 인재를 선발하는 전략이다. 디지털 전환과 업무 유연화가 가속화되며, 이제는 실제 업무 수행 능력이 채용의 핵심 기준이 되고 있다. 전공이나 경력만으로는 실무 대응력을 예측하기 어렵기 때문에 기업은 직무에 요구되는 구체적인 기술 역량과 문제 해결 능력을 명확히 정의하고 이를 중심으로 평가한다.

예를 들어, 디지털 활용력, 데이터 분석력, 협업 능력, 복합 문제 해결력 등 '실전형 기술(Skill)'이 선발 기준으로 반영된다. 이는 결과적으로 학벌, 연차 중심의 채용 구조를 무너뜨리고, 능력 입증 중심의 포트폴리오 채용 문화를 확산시키고 있다.

스킬 중심 채용은 즉시성과 실용성 측면에서 강점이 있으며, 빠르게 변화하는 시장 환경에 유연하게 대응할 수 있다. 다만 지나치게 기능 중심에만 초점을 맞출 경우, 지원자의 전략적 성장 가능성이나 장기적 잠재력을 간과할 위험도 존재한다. 따라서 스킬 기반 채용은 당장의 역량과 장기 성장성 사이의 균형을 고려한 설계가 필요하다.

면접 피드백

'지원자를 위한 면접 피드백'이 차후 채용 브랜딩에 영향을 미친다

'면접 피드백(Interview Feedback)'은 면접을 마친 후 지원자에게 제공하는 사후 평가를 의미한다. 지원자 입장에서 면접 과정에 대한 세심한 피드백은 기업 이미지와 브랜딩에 큰 영향을 미친다. 피드백을 받은 지원자는 기업의 신뢰성과 전문성을 더 높게 평가하고, 재지원 의향이 커진다.

면접 피드백의 목적은 지원자에게 자신의 강점, 약점, 그리고 개선해야 할 부분에 대한 귀중한 통찰력을 제공한다. 긍정적인 피드백은 지원자의 기술적 역량, 의사소통 능력, 관련 경험 등 강점을 강조한다. 면접에서 지원자의 긍정적인 자질과 성과를 인정한다. 반면, 건설적인 피드백은 지원자의 면접 능력, 소프트 스킬, 직무 요건 충족 능력 등 개선이 필요한 부분에 초점을 맞춘다. 이러한 피드백은 지원자가 개선할 수 있는 구체적이고 실행 가능한 제안을 제공하고, 향후 면접에서 어떻게 성과를 향상시킬 수 있는지 이해하는 데 도움을 준다.

AI 리터러시

모든 직무에 AI 감각이 필요한 'AI 리터러시'의 시대가 온다

'AI 리터러시(AI Literacy)'는 단순히 인공지능 기술을 이해하는 수준을 넘어 AI를 도구로 활용하고, 협업 파트너로 삼을 수 있는 실무 감각과 문제 해결 능력을 의미한다. 요즘 챗GPT와 같은 생성형 AI의 확산은 업무 방식에 큰 변화를 가져오고 있다. 이제 기업은 '코딩을 할 줄 아는가?'보다 'AI를 얼마나 효율적으로 활용할 줄 아는가?'를 더 중요하게 묻는다.

AI 리터러시는 더 이상 특정 직무나 기술직군에만 필요한 역량이 아니다. 마케터, 기획자, 교육자, 행정담당자 등 모든 분야에서 AI를 일의 일부로 받아들이는 능력이 요구되고 있다. 빠르게 변화하는 업무 환경에서는 AI를 통해 반복 업무를 자동화하고, 창의적이며 유연한 작업 설계 능력이 중요해지고 있다. 이는 단순 기술 숙련도 이상의 디지털 적응력과 협업 중심 사고방식이 요구된다는 것을 뜻한다. 결국 AI 리터러시는 기술 자체보다 일의 방식과 사고 구조를 변화시키는 능력이다. 채용 현장에서도 이제는 'AI를 얼마나 잘 이해하느냐?'보다 'AI를 얼마나 전략적으로 활용할 수 있느냐?'가 인재 판단의 기준이 되고 있다.

컬처애드

잘 맞는 사람보다 새 바람을 불어넣는 사람(Culture Add)이 환영받는다

'컬처애드(Culture Add)'는 단순히 '조직문화에 적응하는 사람(Culture Fit)'을 찾는 데서 벗어나 조직에 새로운 자극과 변화를 더할 수 있는 다양성과 개성을 가진 인재를 의미한다. 이는 기존 구성원과 지나치게 유사한 사람만을 선발해 생기는 채용의 동질성 문제를 보완하기 위한 개념으로 조직의 창의성과 혁신을 장기적으로 확장시키는 인재 전략이다.

컬처애드는 조직 내부에 존재하지 않았던 사고방식, 배경, 경험, 관점을 가져와 새로운 시각으로 문제를 해석하고 해결 방식을 다양화할 수 있는 가능성을 열어 준다. 즉 조직이 현재의 문화에 안주하지 않고 의도적으로 '다름'을 받아들일 준비가 되어 있을 때 컬처애드는 변화의 촉진자 역할을 할 수 있다.

다만, 컬처애드를 효과적으로 정착시키기 위해서는 이질적 요소를 수용할 수 있는 유연한 문화적 기반이 필요하며, 조직 자체가 다양성을 단지 '장식'이 아닌 전략적 가치로 받아들이는 태도도 요구된다. 결국 컬처애드는 단순히 '잘 어울리는 사람'을 넘어서 '조직을 성장시킬 사람'을 선발하겠다는 진화된 채용 철학이다.

풀스택 인재

한 우물보다 여러 강을 건너는 사람, '풀스택 인재'가 강하다

'풀스택 인재(Full-Stack Talent)'란 단일 기술 영역에 국한하지 않고 기획, 실행, 소통, 데이터 분석, 기술 이해 등 여러 기능을 폭넓게 아우를 수 있는 융합형 인재를 말한다. 이들은 단순한 '멀티태스커(Multitasker)'가 아니라 문제를 처음부터 끝까지 통합적으로 이해하고 주도할 수 있는 사람이다. 특히 스타트업, 중소·중견기업, 프로젝트형 조직에서 이러한 인재에 대한 수요가 빠르게 증가하고 있다. 급변하는 환경 속에서 '혼자서도 팀처럼' 움직일 수 있는 역량은 민첩한 실행력과 비용 효율성을 동시에 제공하기 때문이다.

이들은 다양한 업무를 유기적으로 연결하고, 조직 내 협업 구조를 단순환하며 성장의 가속 페달 역할을 한다. 그러나 단점도 있다. 너무 넓기만 하고 깊이가 부족한 풀스택 인재는 전략적 판단이나 고도 기술 수행에서 한계를 드러낼 수 있다. 따라서 넓이와 깊이의 균형, 'T자형 역량(T-shaped Talent)'으로 발전하는 것이 이상적이다. 풀스택 인재는 단순히 많은 일을 할 줄 아는 사람이 아니라 전략적 시야와 실행력을 갖춘 '문제 해결형 인재'여야 한다.

커리어 오너십

단순히 맡은 일을 넘어 스스로 자신의 일처럼 책임지는 태도를 의미한다

'커리어 오너십(Career Ownership)'은 맡은 일을 넘어 '자신의 일'로 책임지는 태도다. 경력과 업무에 대한 주도권을 갖고, 스스로 기회를 만들며 책임지는 마인드셋이다. 기존의 평생직장이 전통적 보존을 거부하고 사라지는 추세에서 '본인은 스스로 책임을 져야 한다.'는 인식이 확산되고 있다. 평생고용의 붕괴, 성과주의의 확산, 연공서열, 내 안온함보다 목표 설정-성과-경력 관리-개인의 충돌이 강조되는 대립이 발생했다. 이제는 고용 안정성보다 평생역량을 유지하고 스스로 경력을 관리하는 능력이 생존의 핵심이 되었다.

스타트업의 성지 실리콘밸리에서 부각된 '프로덕트 오너(PO : Product Owner)'는 스타트업이 구성하는 각 프로젝트를 총괄하는 '미니 CEO'로 불린다. 아마존의 오너십 원칙은 단순히 맡은 일을 수행하는 수준을 넘어 회사 전체의 성공을 자신의 일처럼 생각하고 행동하는 태도를 의미한다. 이러한 태도는 '일의 주인'이 되는 것을 전제로 한다. 맡은 프로젝트나 직무의 최종 책임자로서 의사결정을 주도하고, 자신의 역량과 선택이 조직 전체 성과에 영향을 미친다는 인식을 갖는 것이다.

인재 밀도 전략

인재의 '양적 확보'가 아니라 '질적 우위'를 확보하는 전략이 주목받고 있다

'인재 밀도(Talent Density)'는 조직 내 고성과자가 차지하는 비중, 즉 1인당 성과 창출력을 의미한다. 단순히 인원을 늘리는 것이 아니라 각 구성원이 만들어 내는 가치의 질과 양을 극대화하는 데 초점을 맞춘다. 창의적 역할에서 최고 인재는 평균 인재보다 최소 10배 이상 뛰어난 성과를 낸다는 연구도 있다. 따라서 인재 밀도가 높은 조직일수록 생산성, 혁신성, 수익성이 압도적으로 높을 수밖에 없다. 핵심은 평균 이하 인재를 무분별하게 채용하지 않고, 자율성과 책임을 지닌 핵심 인재를 적재적소에 배치함으로써 조직 전체의 퍼포먼스를 끌어올리는 것이다.

이러한 전략은 단순히 '사람 수'를 채우는 것이 아니라 '한 사람의 영향력'에 집중하는 미래지향적 채용 방식이다. 인재 밀도를 높이면 단기 성과를 넘어 지속적인 혁신과 성과 유지가 가능하며, 이는 곧 기업 생존 가능성과 직결된다. 이를 위해서는 철저한 채용·관리·문화 설계가 필요하다. 특히 인재 파이프라인을 구축하여 필요한 직무와 역량에 맞는 인재를 사전에 발굴하고, 관계를 유지하며, 필요 시 즉시 투입할 수 있도록 준비하는 것이 중요하다. 결국 인재 밀도 전략은 채용–검증–관계 구축–성과 관리–책임 부여까지 이어지는 전사적 관리 체계를 통해 완성된다.

크로스 스킬링 확산

직무 간 경계를 넘나드는 다기능화 전략으로 바뀐다

'크로스 스킬링(Cross-Skilling)'은 자신의 전문 분야 외에도 인접 직무의 역량을 학습하고 실무에 통합할 수 있는 다기능화 전략을 의미한다. 예를 들어, 마케터가 데이터 분석을 익히고, 개발자가 사용자 경험(UX)을 이해하며, 디자이너가 고객 리서치를 수행하는 식으로 복합적인 역량을 갖춘 융합형 인재로 성장하는 방식이다.

이러한 크로스 스킬링은 특히 애자일(Agile), 헬릭스(Helix)형 조직에서 효과를 발휘하며, 역할의 고정이 아닌 유연한 역할 교대와 협업을 가능하게 만들어 준다. 조직은 더 이상 '무엇을 전공했는가?'보다 '어떤 영역까지 연결하고 해석할 수 있는가?'를 중요한 역량으로 보고 있다. 크로스 스킬을 가진 인재는 문제를 더 넓은 시야로 바라보고, 직무 간 장벽을 낮춰 부서 간 협업과 혁신을 가속화하는 연결자 역할을 할 수 있다. 결국 크로스 스킬링은 한 사람 안에 여러 역할을 유연하게 담는 것이자 미래형 인재로 성장하기 위한 필수 역량으로 자리 잡고 있다.

시니어 크래프팅

인생 후반부, 커리어와 삶을 재설계하는 전략이 뜬다

'시니어 크래프팅(Senior Crafting)'은 중·장년층이 자신의 경력, 기술, 삶의 자원을 재구성해 새로운 의미와 가치를 만들어 내는 전략적 활동을 의미한다. 이는 단순히 일의 유지가 아니라 인생 2막에서 자아실현과 사회적 기여를 함께 고려해 커리어와 삶을 재설계하는 과정이다. 기존의 '잡 크래프팅(Job Crafting)'이 직무·관계를 스스로 재정의하는 데 초점을 둔다면, '시니어 크래프팅'은 인생 후반부의 경력과 정체성을 새롭게 설계하는 데 중점을 둔다.

시니어 크래프팅은 직무 재설계, 경력 전환, 사회공헌형 활동, 자기계발 등 다양한 방식으로 나타난다. 예를 들어, 퇴직 후 봉사로 사회적 가치를 실현하거나, 멘토링·자문 활동으로 전문성을 전수하는 방식이 있다. 수명 연장이 보편화된 시대에는 퇴직을 끝이 아닌 새로운 출발로 바라보는 시각이 중요하다. 시니어 크래프팅은 개인에게는 자아실현과 건강한 노화를, 조직에는 지식 전수와 경험 자산화를 가능하게 하는 전략으로 주목받고 있다.

PART 2

WHAT
일하는 동기의 변화, 채용 트렌드 10대 키워드

01

팀핏 시대

이제 컬처핏에서 팀핏으로 인재를 뽑는다

#팀핏 #잡핏 #컬처핏
#팀적합성 #인터뷰

팀은 단순히 함께 일하는 사람들의 모임이 아니다.
팀은 서로를 신뢰하는 사람들의 집합이다.

- 사이먼 시넥(Simon Sinek)

01

팀핏 시대

소속감을 느끼지고 못하는 '대단절(大斷切)'의 시대가 온다

"이번에 들어온 팀원 어떻게 하죠?"

그 팀원은 채용할 때 열정적이고 업무 역량도 충분해 보였다. 하지만 1년이 지나도록 팀의 방향에 어긋난 주장을 고집하고, 같은 실수를 반복해 지적을 받아도 나아지지 않았다. 결국 팀 전체의 협업에 마찰이 생겨 내보낼 수밖에 없었다. 그 경험 이후 면접 단계에서 팀핏을 우선적으로 확인한다. 여러 번의 실패와 경험 끝에 알게 된 사실은 팀 적합성을 고려한 채용이야말로 팀의 심리적 안전감을 지키고 협력의 마찰을 줄이며 장기성과를 보장한다는 것이다.

MZ세대 사이에서 업무만족도가 저하되고 있다. 직장인이 자발적으로 퇴사하는 '대(大)퇴사(The Great Resignation)' 현상, 받은 임금만큼 일하고 최소한의 업무만 수행하겠다는 '조용한 퇴사(Quiet Quitting)'가 유행했다. 최근 직장인들이 현재 일하는 회사에 소속감을 느끼지 못하고 업무만족도가 저하되는 현상이 뚜렷하게 나타나면서 '대(大)단절(The Great Detachment)' 현상이 나타났다.

'혼자 일하는 사람'보다 '함께 협업하는 사람'을 뽑아라

컬처핏 vs 팀핏

	컬처핏(Culture Fit)	팀핏(Team Fit)
개념	조직 전체의 가치관, 미션, 행동규범과의 적합성	특정 팀의 분위기, 업무 스타일, 관계성과의 적합성
평가 대상	회사 차원의 문화와 일치 여부	팀 내 개별 멤버들과의 협업 궁합
중점 요소	가치관, 철학, 조직 분위기 적응력	커뮤니케이션 방식, 일하는 스타일, 팀 내 역할 분담
적용 범위	전체 조직 또는 본부 단위	팀 또는 파트 수준
평가 방식	인터뷰, 조직 가치 기반 질문, 문화적 시뮬레이션	팀 면접, 팀원과의 상호작용, 협업 상황 질문
예시 질문	"당신이 일하고 싶은 조직의 특징은 무엇인가요?"	"팀 갈등 상황에서 어떻게 대응하셨나요?"
리스크	지나치면 다양성 저해(문화 획일화)	지나치면 팀 내 편향/배타적 문화 고착화
활용 시기	채용 초기 단계에서 조직과의 정렬도 확인	최종 면접 또는 배치 결정 시 세부 적합성 확인

구글에서는 '혼자 일하기 좋아하는 사람'을 채용하지 않고, '성격이 원만하면서 독특한 관심과 재능을 가진 사람'을 채용하라고 권한다. 기업이 치열한 시장에서 생존하고 성과를 극대화하려면 개인의 능력만으로는 부족하다. 조직이 성과를 내기 위해 반드시 갖춰야 할 조건은 개인과 개인을 연결하는 팀워크이다. 아무리 뛰어난 인재가 모여 있어도 협업이 제대로 작동하지 않으면 그 조직은 위기를 피할 수 없다.

구글 '아리스토텔레스 프로젝트(Project Aristotle)'는 내부적으로 가장 성과가 좋은 팀의 공통점을 분석하기 위한 프로젝트다. "전체는 부분의 합보다 크다."는 말을 남긴 고대 그리스 철학자 아리스토텔레스에서 따온 것이다. 구글은 이 프로젝트에 심리학자, 사회학자, 통계학자, 조직행동 전문가 등을 포함한 전문가 그룹을 투입했다. 그리고 무려 4년 동안 수백 개의 팀을 분석하며 고성과 팀의 비밀을 파헤쳤다.

사람들은 구글이 '천재적인 리더'나 '전문성 높은 구성원'이 있는 팀을 가장 성공적이라 평가할 것으로 예상했다. 하지만 결과는 달랐다. 팀 성과를 결정짓는 가장 우선적인 요소는 '심리적 안전감(Psychological Safety)'이었다. '심리적 안전감'이란 팀 내에서 구성원이 자신의 생각이나 실수를 드러냈을 때 불이익이나 비난을 받지 않으리라는 믿음이다. 다시 말해, 구성원들은 자신의 존재를 숨기지 않고 드러낼 수 있는 '안전한 심리적 공간'이 보장되어야 아이디어를 제안하고, 질문하고, 때로는 반대 의견을 낼 수 있다.

『두려움 없는 조직』의 저자인 하버드 경영대학원 에이미 에드먼슨(Amy Edmondson) 교수는 '심리적 안전감'과 '고용 안정'은 전혀 다른 개념이라고 강조했다. 그는 "심리적 안전감이 있는 조직이라고 저성과자를 그대로 두고 보지는 않는다."라며 "그 대신 조직 내 심리적 안전감이 존재하면 저성과자들도 두려움 없이 자신의 성과를 향상시키기 위해 주변 사람들에게 도움을 요청할 것이고 이 과정에서 전체 조직의 성과가 높아질 수 있다."고 설명했다. 구성원 간에 서로의 의견을 경청하고, 도움이 필요한 순간 기꺼이 손을 내밀며, 실수를 탓하기보다 함께 복구하려는 태도가 있는 팀일수록 성과가 높았다.

잘못된 채용이 팀에 어떤 영향을 미치는가

채용은 단순히 빈자리를 표시하는 것을 넘어 조직의 미래를 결정하는 투자다. 특히 팀핏을 고려하지 않는 채용은 조직을 위기에 빠지게 할 수 있다. 『하버드 비즈니스 리뷰(Toxic Workers)』(Housman & Minor, 2015)에 따르면, '나쁜 지원자' 1명을 걸러내는 것이 성과자 1명을 뽑는 것보다 오히려 2배 정도 효과가 있다고 한다. 이 연구는 11개 기업, 5만여 명의 데이터를 분석해 '슈퍼스타(상위 1% 생산성)' 1명을 채용해 얻는 이익보다 '독성 있는 직원(Toxic Worker)'을 피하는 편익이 거의 2배 크다고 결론 냈다. 구체적으로 슈퍼스타 채용의 기대 편익은 약 5,303달러인 반면, 유독한 직원 1명을 피함으로써 얻는 편익은 약 1만 2,489달러로 추정됐다.

'미꾸라지 한 마리가 온 웅덩이를 흐린다.(一魚濁水)'라는 말이 있다. 미꾸라지는 웅덩이에 살면서 흙바닥을 파고드는 습성이 있어 작은 몸놀림으로도 주변의 물을 탁하게 한다. 한 사람의 행동으로 인해 전체가 나쁜 영향을 받는 상황을 나타낸다. 잘못된 결정으로 팀 전체에 나쁜 영향을 주어서 다른 팀원이 빠져나갈 수도 있다. 팀핏 채용은 사람 문제로 인해 팀의 와해를 막고, 예측 가능한 성장을 가능하게 하는 과정이다.

팀워크는 쉽게 가르칠 수 없는 특성이므로 뽑을 때부터 고려하라

팀은 기계처럼 부품을 맞춰 넣는다고 해서 돌아가는 것이 아니다. 팀은 유기체다. 스스로 춤출 수 있는 사람만이 팀워크를 이끌고, 사람 간의 리듬과 정서적 공명이 중요하다. 아무리 뛰어난 리더라도 팀에 맞지 않는 사람을 변화시키는 데는 한계가 있다. 팀워크는 쉽게 가르칠 수 없는 특성이다. 긍정적인 태도, 배우고자 하는 자세, 문제 해결에 대한 의지, 타인을 돕는 마음, 주도적인 태도, 이런 개인의 특성은 쉽게 가르칠 수 없다. 진짜 팀워크는 구성원이 조직의 가치와 일하는 방식을 내면화했을 때 비로소 시작된다. 이제는 축구팀과 같은 플레이를 해야 한다.

팀핏 인터뷰는 함께 시너지를 내는 여정이다. 명령, 지시, 통보 등 '일방적인 전달(One-way Delivery)'이 아닌 양자간의 '쌍방향적인 소통(Two-way Communication)'을 통해 적절한 칭찬과 인정, 격려, 명확한 커리어 패스 제시 등 다양한 역할을 수행해야 한다. 팀 리더의 코칭, 피드백 역량을 강화하는 것이다.

팀 성과 향상을 위해서는 팀 리더인 팀장의 역할과 역량이 매우 중요하다. 개인의 성과보다 팀 내에서 어떻게 기여했는지, 협업 과정에서 어떤 역할을 수행했는지가 중요해졌다. 면접 질문은 "당신은 팀에서 어떤 역할을 수행했나요?"로 바뀌었고, 면접관들은 "이 사람이 우리와 함께 일하고 싶은 사람인가?"를 고민한다. 최근의 급격한 변화는 리더에게 직원을 코칭과 피드백을 통해 동기부여하면서 성장을 유도하는 새로운 리더십 역량을 요구한다.

02

팀핏 시대 – 세계 동향

최고경영자가 한 사람 한 사람 레퍼런스 체크를 해서 채용한다

"제 방법은 항상 레퍼런스 체크를 다시 하고 후보자에게 묻고 싶었던 질문을 다시 묻는 겁니다."

젠슨 황 엔비디아 CEO는 기술 면접이나 행동 면접을 강조하는 대신, 추천서를 더욱 면밀히 살펴본다. 그는 "면접 과정에서 건설적인 대화를 나누는 척할 수 있겠지만, 지원자들은 유튜브 영상을 시청함으로써 면접 실력을 쉽게 향상시킬 수 있고, 기술적인 질문을 미리 파악함으로써 기술적으로 능숙해 보일 수 있다."고 말했다. 그 이유는 항상 좋은 순간을 만들 수는 있지만 과거에서 도망치기는 어렵기 때문이다.

세계에서 가장 영향력 있는 엔비디아의 이직률이 2.7%로 업계 평균 17.7%보다 매우 낮다. 2만 9,600명에 달하는 엔비디아의 직원을 해고하는 경우가 드물고 직원들도 세계에서 두 번째로 가치 있는 회사를 떠나는 경우가 거의 없다.

엔비디아는 2,300㎡ 규모의 개방적인 사무실에서 자유로운 의견 교환을 통해 협업을 강조하고 있다. 피라미드 계층이 아닌 컴퓨팅 스택과 같은 조직도를 갖추고 있어 직원들의 역할이 명확하게 정의되고 있다. 이러한 문화는 신입 직원부터 베테랑까지 누구나 의견을 내고 주요 프로젝트에 참여할 수 있는 환경을 조성했다. 엔비디아의 혁신적인 팀 문화는 팀원들의 자부심을 높이고, 문제를 신속하게 해결할 수 있는 수평적 구조를 형성했다.

끊임없는 경쟁, '압력솥' 환경에서 '황금 수갑'

엔비디아의 채용 브랜드는 '세계에서 가장 어려운 문제를 해결하는 곳'으로 정의했고, 엔비디언(엔비디아 구성원)을 '도전하는 것에 두려움이 없는 사람들'로 정의했다. 엔비디아(Nvidia)라는 회사 이름은 '부러움'이라는 뜻을 가진 라틴어 '인비디아(Invidia)'에서 유래했다. 그리스 신화에 나오는

'질투의 여신' 이름으로 '모든 사람이 질투할 만한 멋진 회사를 만들자.'는 젠슨 황 최고경영자(CEO), 크리스 말라초스키, 커티스 프리엠 창업자 3인방의 포부를 사명에 담았다.

젠슨 황은 오리건 주립대학교를 졸업한 이후 실리콘밸리에서 반도체 회사에 취업했고, 여기서 엔비디아 공동창업자인 크리스 말라초스키와 커티스 프리엠을 만났다. 세 사람은 1993년 창업 초기 사무실도 없이 산호세의 데니스 매장 테이블에서 일을 시작했다. 창업 3년 차가 되도록 자리를 잡지 못해 파산의 기로에 선 젠슨 황은 대만의 반도체 위탁생산 기업인 TSMC 측에 진심을 담은 편지를 썼다. 작은 스타트업인 자신들의 첫 반도체를 만들어 달라는 제안이었다. 이 편지는 TSMC를 이끄는 모리스 창 CEO에게 닿았고, 1998년 당시 64세였던 모리스 창은 32세의 젠슨 황에게 직접 전화를 걸어 파트너 제안을 했다.

엔비디아는 급격한 성장으로 직원들에게 상당한 부를 안겼다. 하지만 노동 강도가 높은 것으로 유명한 실리콘밸리에는 '압력솥(Pressure Cooker)' 근무환경이 존재한다. 새벽 2시를 넘기는 야근, 하루 수차례의 회의, 고성과 다툼은 일상적이다. 성과가 부족하면 해고보다 강도 높은 업무로 압박해 실력을 끌어올리는 문화가 뿌리 깊다. 일부 직원들은 주 7일 근무와 새벽 근무를 했으며, 엔지니어링팀은 그보다 더 긴 시간을 일했다. 2022년까지 마케팅 분야에서 일했던 직원도 하루 7~10번의 회의에 참석했으며, 회의마다 30명 이상의 관련자가 참석했다. 회의에서는 종종 싸우고 소리치는 일이 있었지만 조금만 더 일하면 돈을 많이 받을 수 있는 구조여서 격무를 참았다. 4년 이상 근속해야만 최대 인센티브와 자사주 혜택을 받을 수 있는 급여 구조가 이직을 억제했다.

RSU(Restricted Stock Units, 양도 제한 조건부 주식)는 회사가 임직원에게 일정 조건을 충족하면 주식을 무상으로 지급하기로 약속하는 일종의 성과 보상 제도로 보통 4년의 조건부 부여 기간 동안 매년 25%의 주식이 확정된다. 이는 스톡옵션과 유사하지만 주식을 매수하는 권리가 아니라 주식 자체를 받는다는 점에서 차이가 있다. ESPP(Employee Stock Purchase Plan, 직원 주식매수제도)는 직원들이 회사 주식을 할인된 가격으로 구매할 수 있도록 하는 제도이다. RSU와 ESPP 등 주식 기반 보상을 우수 인재들에 대한 강력한 '황금 수갑(Golden Handcuff)'으로 활용하고 있다.

엔비디아의 경우 지난 4년간 주가가 13달러대에서 140달러대로 10배 이상 상승했다. 이런 상황에서 신규 입사 엔지니어들은 RSU가 모두 확정되는 4년 동안 주가 상승에 대한 기대감으로 인해 이직을 고려하기 어렵다. 더구나 미국의 자유로운 해고 환경에서 성과를 내지 못하면 해고될 수 있다는 압박감과 함께 성과를 내면 주가 상승으로 큰 보상을 받을 수 있다는 기대감이 극도의 직원 몰입을 유도하는 셈이다. 2023년에는 이직률이 5.3%였지만 회사 가치 평가액이 1조 달러를 돌파한 후에는 2.7%로 낮아졌다. 한국에서는 근로자가 열심히 일할 인센티브가 크지 않으며, 2018년 도입한 '주 52시간제' 제약으로 하고 싶어도 할 수 없다.

팀핏 메트릭스로 지원자의 성과 역량과 팀 적합성을 동시에 평가하라

팀핏 매트릭스(Team Fit Matrix)는 지원자의 성과 역량과 팀 적합성을 동시에 평가할 수 있도록 고안된 2×2분류 도구다. 세로축은 개인의 과거 업무 성과, 목표 달성력, 실행력을 나타내고, 가로축은 협업 태도, 조직문

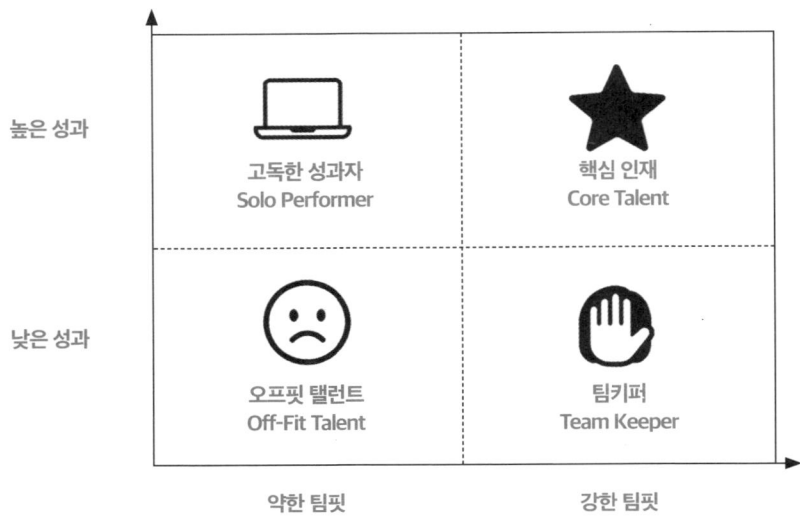

화 적합성, 커뮤니케이션 역량 등 팀 적합도를 반영한다. 이를 통해 채용 의사결정자들은 '이 후보자는 혼자 일할 때 에너지가 높은가?'와 '팀 내에서 얼마만큼 긍정적인 시너지를 낼 수 있는가?'라는 2가지 질문의 답을 얻을 수 있다.

① '핵심 인재(Core Talent)' 영역에는 '높은 성과, 강한 팀핏'을 동시에 갖춘 인재가 위치한다. 이들은 목표를 초과 달성하면서도 동료들과의 협업에서 조율 능력을 발휘하여 조직문화에 자연스럽게 녹아든다. 채용 시 최우선 순위로 고려해야 할 대상이며, 입사 후에도 빠른 배치와 함께 리더십 트랙으로 육성할 만한 가치가 있다.

② '팀키퍼(Team Keeper)' 유형은 '낮은 성과, 강한 팀핏'의 특징을 보이는데, 비록 현재 성과 지표가 높지 않을 수 있지만 조직의 정서적 안정

과 팀워크 유지에 크게 기여한다. 특히 신입이나 조직문화 강화가 필요한 부서에서 큰 힘이 되며, 온보딩과 코칭을 통해 장기적으로 성과를 끌어올릴 잠재력이 있다.

③ '고독한 성과자(Solo Performer)'는 '높은 성과, 약한 팀핏'이 교차하는 지점이다. 이들은 개인 과제나 전문 영역에서 뛰어난 결과물을 내지만, 팀 내 협업 과정에서 의사소통의 간극이나 피드백 수용의 어려움을 겪을 수 있다. 이 유형을 채용할 때는 개별 프로젝트 중심의 역할에 배치하거나, 멘토 활용·협업 트레이닝 같은 사전 준비가 필요하다.

④ '오프핏 탤런트(Off-Fit Talent)'는 '낮은 성과, 약한 팀핏'에 해당하며, 현재 조직과의 상호 정렬이 부족해 채용 부적합 판정을 내리기 쉬운 그룹이다. 단순 탈락 외에도 포지션 전환 검토나 추가 인터뷰를 통한 개선 가능성 확인 정도로만 접근하는 것이 바람직하다. 이들은 조직에 투입할 경우 비용 대비 리스크가 크기 때문이다.

결국 팀핏 매트릭스를 통해 채용팀은 단순히 스펙과 경험만 보는 전통적 채용 방식을 넘어 성과와 팀핏의 균형을 구조적으로 판단할 수 있게 된다. 이를 활용하면 면접관의 직감에만 의존하지 않고, 모든 후보자를 4가지 유형으로 분류해 각 유형별로 맞춤형 평가 기준과 배치 전략을 세울 수 있다.

03
팀핏 시대 – 국내 동향

"일 잘하는 신입보다 적응 잘하는 게 중요하다."

2024년 채용 트렌드는 '컬처핏'의 키워드를 알렸다. 고용노동부와 한국고용정보원에서도 '2024년 하반기 기업 채용 동향 조사'를 발표하면서 컬처핏을 사용했다. 이번 조사는 매출 기준 상위 500대 기업 인사담당자를 대상으로 2024년 11월 말부터 한 달간 실시했으며 387개 기업이 응답(응답률 77.4%)했다. 응답 기업 가운데 61%(236곳)는 신입 등을 모집·채용하는 과정에서 컬처핏을 확인한다고 밝혔다.

컬처핏은 컬처(Culture)와 핏(Fit)의 합성어로 개인의 가치관과 행동 방식이 조직문화와 잘 맞는지를 평가하는 개념이다. 대기업 10곳 중 6곳은 직원을 뽑을 때 조직문화와 잘 맞는지, 이른바 컬처핏을 확인하는 것으로 나타났다. 신규 직원의 조직문화 적응 속도를 끌어올리고 조직 내 갈등을 줄여 이직률을 떨어뜨리기 위해서다. 그간 채용 시장에서 즉시 직무 투입이 가능한 인재를 가려내는 '잡핏(Job Fit)'이 대세였다면 채용 시장의 화두는 '컬처핏'이 되었다.

국내에서도 팀핏을 도입하는 기업들이 늘고 있다

국내 대기업의 채용 인재상은 단순한 직무 역량에서 벗어나 '팀 단위 적합성'을 중시하는 방향으로 진화하고 있다. 이를 위해 구성원 참여형 평가, 동료·리더가 함께하는 다각적 면접 체계가 확산되고 있으며, MZ세대·Z세대의 조기 이탈을 방지하기 위해 책임감, 소통·협업 능력, 팀 중심 행동이 핵심 평가 기준으로 자리 잡고 있다.

LG전자는 '절대 타협하지 않는 사람, 삶에서 아이디어를 얻는 사람, 따뜻한 미소를 담아 더 나은 삶을 만드는 사람'을 인재상으로 내세우며 인화(人和)와 도전·혁신의 조화를 강조한다. '내부와 고객과 진정성 있게 공감하며 소통하는 팀 정신'과 '모두의 힘이 더 나아질 수 있다.'는 협업 마인드를 중요한 가치로 삼는다.

한화생명은 'Break Fast 전형' 신입사원 채용에서 직무 적합도와 조직문화 적합성을 함께 평가하는 독특한 구조로 인턴십과 조직 적응 프로그램을 결합한 방식이다. 6주간 인턴십을 거치고, 입사 전 5개월 동안 다양한 조직문화 체험(멘토링, 문화행사 등)을 제공하여 퇴사율을 사실상 0% 수준으로 유지한다.

한화는 'Great Challenger'라는 인재상을 중심으로 주인의식, 차별성, 변화 수용성을 강조하며 이를 통해 팀 환경에 자연스럽게 융화되도록 유도하는 것이 특징이다.

포스코는 '겸손과 존중의 마음', '동료와의 협력'을 중시해 개인보다 팀의 성과를 우선시하며, 상호 존중 기반의 협력 문화를 강조한다.

롯데는 실패를 두려워하지 않고 협력과 상생을 통해 성과를 창출하는 인재를 선호한다.

대한항공은 '팀 플레이어(Team Player)' 정신을 강조해 팀 내 조화와 협업 능력을 중시한다.

최근 채용 현장에서 '팀워크'가 새로운 화두로 떠오르고 있다. 팀이 단순

팀워크의 유형

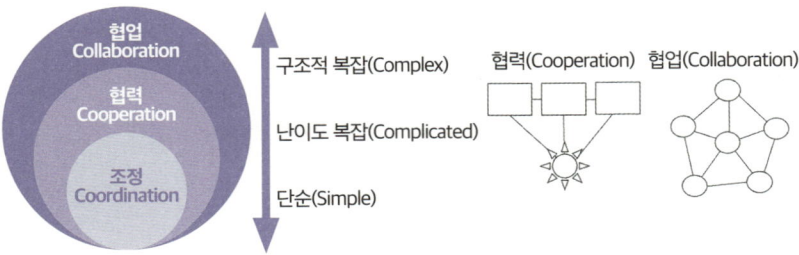

한 조정(Coordination) 단계를 넘어 협력(Cooperation), 더 나아가 협업(Collaboration)으로 복잡성(Complexity)의 수준에 따라 계층적으로 발전할 수 있다.

조정(Coordination)은 각자 독립적으로 업무를 수행하면서 필요한 정보를 교환하고 활동을 조율해 효율성을 높이는 출발점 단계이다. 협력과 협업은 엄밀하게 뜻의 차이가 있다. 협력(Cooperation)은 합의된 계획에 따라 역할 분담과 계획 실행을 통해 공동 목표를 추구하며, 팀원 간 상호 의존이 필수적이고 개인 기여의 합으로 이루어지는 결과물을 만들어 내는 난이도가 복잡한 단계이다. 협업(Collaboration)은 팀 전체가 하나의 창의적 과정에 참여해 모든 의견이 결과를 새롭게 만들고 집단적 혁신을 이루는 가장 구조적 복잡한 단계이다. 구성원들은 팀 전체가 하나의 창의적 과정에 함께 참여하며, 모든 참여자의 의견이 결과를 변화시킨다.

작은 조직일수록 채용의 정밀도가 곧 생존 전략이다. 채용의 기준은 점차 '컬처핏'에서 '팀핏'으로 이동하고 있으며, 이제 채용은 '역량'보다 '스킬'을 중심으로 재설계되어야 한다. 더 이상 단순한 채용 효율성을 높이는 도구가 아니라 조직의 지속가능성을 지탱하는 전략 자산이다.

'원 팀(One Team) 정신'은 스포츠팀에서 개인보다 팀의 목표를 우선시하고, 서로를 신뢰하며, 하나의 팀으로서 단합하는 정신적 태도를 의미한다. 개인플레이보다는 팀 전체의 전략과 조화를 중시한다. 예를 들어, 2002년 한국 월드컵 대표팀은 '하나의 팀'이라는 슬로건 아래 선수·코치·지원 스태프가 '개인보다 팀의 승리'를 우선시했다. 안정환 같은 개성 강한 선수도 공동 목표를 위해 희생과 조화를 선택했기에 가능했다.

원 팀이 되면 각자의 포지션과 역할이 달라도 공동 목표를 위해 서로 보완한다. 희생과 헌신, 신뢰가 팀의 에너지와 시너지를 극대화한다. 팀의 공동 목표를 명확히 하고, 개인보다 팀 성공을 우선시할 때 최고의 성과가 나온다.

팀워크 갉아먹는 '빌런'을 어떻게 해야 하나?

어느 팀이든 파괴자가 존재한다. 겉보기에는 평범하고 일견 '무해(無害)'해 보이지만 조용히 팀의 협업과 신뢰를 갉아먹는 존재들이 있다. 그들을 '팀 빌런(Team Villain)'이라 부른다. 조직심리학의 대표적 갈등 진단 도구인 토마스-킬만 갈등 유형(Thomas-Kilmann Conflict Mode Instrument, TKI)을 기반으로 '팀 빌런'의 유형을 5가지로 제시한다. 갈등의 대처 방식인 경쟁형, 회피형, 수용형, 타협형, 협력형이 어떻게 빌런으로 왜곡되는지를 통해 조직 내 질적 리스크를 어떻게 진단하고 관리할 수 있을지 구체적으로 살펴본다.

'나만 옳은 형' – 독선가형 빌런

'나만 옳은 형'은 갈등 상황에서 경쟁형(Competing) 특성으로 일명 독선가형 빌런이다. "동료들과 의견이 충돌되었을 때 어떻게 행동하셨나요?"

이들은 독단적으로 결정을 내리고 타인의 의견을 배제하며 주도권을 고집한다. 자존심이 강해 상충되는 의견을 수용하지 못하고, 협력적인 팀 문화에 부정적 영향을 준다.

예를 들어, IT 스타트업의 신제품 기획회의에서 주 팀장은 "실현 가능성이 없다."는 이유로 모든 아이디어를 일축하고 자신의 안건만 밀어붙였다. 회의는 빠르게 끝났지만, 팀원들은 점차 침묵했고 협업 툴의 소통도 사라졌다. 이를 해결하려면 의사결정 기준을 미리 공유하고, '1인 발언 제한 시간'이나 '아이디어 하나씩 공유' 같은 회의 규칙을 마련해야 한다. 이런 경우, 원온원 피드백을 통해 독단적 리더십의 부작용을 완화시켜야 한다.

'투명 인간' - 방관자형 빌런

'투명 인간'은 갈등 상황에서 회피형(Avoiding) 특성으로 일명 방관자형 빌런이다. 이들은 충돌 자체를 피하려 하고, 겉으로는 문제를 일으키지 않는 것처럼 보이지만 실제로는 팀에 기여하지 않는다. 회의에서는 고개만 끄덕이고 메시지는 확인만 한 채 답장을 미루며, 수동적인 태도로 책임을 회피한다.

예를 들어, 공공기관에 다니는 강 대리는 회의 중 참여하는 듯 보이지만 자신의 업무에 대해서는 의견이 없고 결과물은 마감 직전에야 공유했다. 프로젝트가 지연되자 그는 "조율이 늦어져서 그런 줄 알았다."며 책임을 회피했다. 이를 해결하려면 사전 과제를 명확히 하고 과업 책임을 문서화해 확인 절차를 마련해야 한다. 회의 전후로 '기여 점검 리스트'를 통해 팀원별 기여도를 피드백하고, 지속적으로 회피 행동을 보일 경우 개인 면담으로 역할 기대와 동기를 조율할 필요가 있다.

'예스맨' – 착한 사람형 빌런

'예스맨'은 갈등 상황에서 수용형(Accommodating) 특성으로 일명 착한 사람형 빌런이다. 이들은 좋은 모습을 보여 주고 싶어서 갈등을 피하고 무조건 동의하는 태도를 보인다. "좋습니다.", "다 괜찮아요."라는 말을 반복하지만 정작 자신의 의견은 없다. 표면상 협조적으로 보이지만 반대 의견을 내지 않음으로써 중요한 의사결정이 왜곡될 수 있다.

예를 들어, 디자인팀 정 프로는 회의에서 언제나 고개를 끄덕이며 찬성했지만 프로젝트 후반에 "처음부터 방향이 이상하다고 느꼈다."고 말해 팀 전체를 당황하게 했다. 중간에 잘못된 의사결정을 제지할 기회가 사라진 것이다. 이를 해결하려면 회의 시 찬성 의견 외에 '우려 포인트'를 공유하는 시간을 마련하고, 브레인스토밍 시 일부러 반대 역할(Red Team)을 지정해 도전적 사고를 유도해야 한다. 리더는 반대 의견을 내는 팀원에게 "반대해 줘서 고맙다."는 피드백을 제공해 심리적 안전감을 강화할 필요가 있다.

'양면의 칼' – 이중잣대형 빌런

'양면의 칼'은 갈등 상황에서 타협형(Compromising) 특성으로 일명 이중잣대형 빌런이다. 이들은 표면적으로는 중재자처럼 보이지만 실제로는 책임 있는 입장을 피하고 기회주의적으로 행동한다. 상황에 따라 말을 바꾸며 팀 내 신뢰를 흔들고, 타인의 아이디어를 슬쩍 자신의 공로로 포장하는 경우가 잦다.

예를 들어, 제약회사 양 과장은 팀원의 아이디어를 부서장에게 자신이 낸 제안인 것처럼 보고했다. 이에 팀원이 문제를 제기하자 "우리 둘 다 아이디어를 낸 거잖아."라고 얼버무려 팀 내 불신을 키웠다. 이후 회의에서 자유로운 의견 공유가 줄어들었다. 이를 해결하려면 회의록과 버전 관리 체계를 명확히 운영하고, 아이디어 제안자를 기록·발표하는 것을 정례화해야 한다. 구성원 간 공정성 인식을 주기적으로 점검하며 피드백 루프를 구축하는 것이 중요하다.

'자기만의 방' – 고립자형 빌런

'자기만의 방'은 갈등 성황에서 협력형의 왜곡(Collaboration Distorted) 특성으로 일명 고립자형 빌런이다. 이들은 정보 독점, 협업 회피, 완벽주의로 고립된다. 이들은 협업보다 '내가 제대로 하는 것'을 우선시하며 공동과제조차 혼자 처리한 뒤 늦게 결과를 공유한다. 광고대행사 카피라이터 신씨가 그 예다. 그는 협업 툴 대신 자신의 노트북으로만 작업을 진행하다가 마감 당일에야 결과물을 공유하고 "아직 수정 중이에요."라며 버전을 교체해 디자이너, 마케터와 불협화음을 겪었다.

이를 해결하려면 디지털 협업 툴 사용을 의무화하고 실시간 진행 상황을 공유하도록 시스템을 구축해야 한다. 중간 점검과 체크인을 정례화해 독립작업을 예방하고, 완벽주의의 심리적 원인인 불신이나 자기 비난을 코칭으로 해소해야 한다. 팀의 성공은 개인의 역량 합산이 아닌 관계의 질에서 나오며, 결국 팀핏 채용은 성과 중심을 버리는 것이 아니라 더 나은 성과의 기반을 마련하는 과정이다.

팀 빌런은 어느 팀에서나 태어날 수 있다

'팀 빌런'은 성격이 나빠서라기보다 조직문화와 구조가 이들의 문제행동을 방치하는 시스템이기 때문에 생기는 경우가 많다. 과업 구조가 모호하고, 심리적 안전감이 낮고, 성과 기준이 불명확한 조직은 빌런 행동을 양산한다. 따라서 빌런을 개인 문제로만 보지 말고, 팀 설계, 리더십 피드백, 협업 프로세스 자체를 재설계하는 것이 장기적 해결책이 된다.

갈등은 피할 수 없다. 문제는 그 갈등을 어떻게 대처하느냐이다. 조직에서 '갈등 대처 성향'이 왜곡되어 나타나는 순간, 팀워크는 무너지고 성과는 추락한다. 이제 갈등을 관리하는 방법뿐 아니라 갈등이 만들어 내는 '팀 빌런'을 관리할 수 있어야 한다. 조직의 성숙 갈등의 유무가 아니라 갈등 이후의 회복력에 달려 있다.

'빌런'을 걸러내기 위한 평판조회가 뜬다

"이 사람을 뽑으면 절대 안 됩니다!"

최근 채용 현장에서 '팀 빌런'을 걸러내기 위해 평판조회(Reference Check)가 주목받고 있다. 글로벌 기업은 엔지니어를 채용하며 '360도 평판조회'를 실시했다. 후보자 동료 및 하위 직원, 상사, 고객 등 다양한 이해관계자의 피드백을 수집하는 새로운 평판조회 방식이다. 전화로 이루어지지만, 대개는 온라인 평판조회 플랫폼으로 체계적으로 진행되고 있다. 겉으로는 경력과 실적이 화려했지만 실제로 함께 일했던 동료들은 "프로젝트 기여도가 낮고 이직을 결심한 뒤에는 업무에 소홀했다."고 평가했다. 결국 기업은 면접에서 보이지 않던 문제점을 발견하고 채용을 철회했다.

다른 팀장급 후보자의 경우, 상사들로부터는 "유연하고 협력적인 인재로 협동력이 높다."는 칭찬을 받았으나, 팀원들에게는 "권위적이고 상명하복을 강요하는 리더"라는 전혀 다른 평을 들었다. 이 상반된 평판은 조직문화에 부합하지 않는 리더십 문제를 드러내며 탈락으로 이어졌다. 이러한 이중적 면모가 조직에 부정적 영향을 줄 수 있다고 판단한 것이다.

과거 평판조회는 지원자 1명당 12주 이상 걸렸으며, 시간과 인건비를 합치면 수십만 원이 들었다. 하지만 최근 평판조회 플랫폼의 등장으로 이 과정은 훨씬 간단하고 저렴해졌다. 3~5만 원 정도의 비용만으로 신속한 조회가 가능하다. 위크루트체커(wecruitcorp.com), 레퍼첵(Refercheck.co.kr), 레퍼런스체크코리아(rck.co.kr) 등 다양한 서비스가 시장을 선도하고 있다.

시온 마켓 리서치(Zion Market Research)에 따르면, 2023년 글로벌 레퍼런스 체크 플랫폼/소프트웨어 시장 규모는 약 2억 220만 달러(3,000억 원)~4억 4,440만 달러(6,000억 원) 수준이다. 특히 '스펙터'는 서비스 론칭 3년 만에 이용 기업이 4,732곳으로 늘었다. 누적 평판 등록 회원 수는 16만 명을 돌파했고, 1인당 평판 확보 수는 약 4.1개 등록이다.

스펙터는 지원자 이름과 연락처만 있으면 10초 안에 평판조회가 가능하고, 등록된 평판이 없는 경우에도 최대 3일, 평균 1.6일 내에 신규 평판을 확인할 수 있다. 작성자가 지원자의 민감한 개인정보를 기입하는 것을 방지하기 위해 자체 개발한 민감 정보 필터링 기능을 도입해 스크리닝도 하고 있다. 실명 기반 작성, 다수 평판을 통한 교차 검증, 악의적 평가 필터링의 3가지 원칙으로 신뢰성을 확보했다.

스펙터는 기존 투자사인 미국 실리콘밸리 소재 VC(벤처캐피털) 스톰벤처스(Storm Ventures)와 신규 투자사인 베트남의 글로벌 VC '두 벤처스(Do Ventures)'로부터 Pre-B 투자를 유치했다. 누적 투자 유치금은 110억 원이 됐다. 스펙터는 투자금을 기반으로 글로벌 시장 진출과 서비스 성장을 위한 기술 고도화에 집중한다는 방침이다.

윤경욱 스펙터 대표는 "해외 고객이 유입되고 있는 상황에서 이를 가속화할 수 있는 이번 투자 유치는 아주 의미가 있다."며 "스펙터 스피릿(일하는 방식) 중 '우리의 고객은 5,000만 명이 아닌 80억 명이다.'라는 항목이 있을 정도로 강력한 의지를 가진 최고의 글로벌팀과 함께 한국 플랫폼의 위상을 드높이겠다."라고 말했다.

이처럼 평판조회는 과거의 부정적인 '뒷조사' 이미지를 벗고, 면접에서 보이지 않던 '숨은 인재'를 발굴하는 긍정적 도구로 변모하고 있다. 365도 레퍼런스 체크의 확산은 채용문화를 보다 투명하고 데이터 기반으로 진화시키는 계기가 되고 있다. 채용 시점에만 쓰이고 끝나는 것이 아니라 커리어 전반에 걸쳐 나를 설명하는 자산이 될 수 있다.

04

팀핏 인재 채용에서 유의해야 할 5가지

최근의 채용 트렌드는 점점 더 정교하고 작아진다. 이제 '조직 전체와 맞는가?'보다 '함께 일하게 될 팀과 어울릴 수 있는가?' 하는 '팀핏'이 더욱 중요해지고 있다. '팀이 원하는 인재'를 뽑아야 한다. 조직 차원의 인재상뿐만 아니라 팀의 인재상에 부합하는 인재를 채용하는 것이 무척 중요시되고 있다. 개인 생산성을 높이는 TEA(Time, Energy, Attention) 프레임워크를 통해 시간, 에너지, 집중력을 효율적으로 배분하며 생산성을 높인다. 채용은 단순히 '우수한 개인'이 아니라 '팀과 시너지를 낼 수 있는 사람'을 선별해야 한다. 면접에서 "팀플레이 시 불편했던 동료 유형은?", "가장 편안한 팀 환경은?"과 같은 질문을 통해 협업 성향과 갈등 민감도를 평가해야 한다.

팀핏은 이직률과 협업 만족도를 예측하는 강력한 지표이며, 빠르게 성장하는 조직일수록 단순한 역량보다 팀에 자연스럽게 스며드는 인재가 장기성과를 만든다. 팀핏이 높은 인재는 직무 몰입도과 업무 효율성에서 탁월하며, 이는 곧 조직 성과를 극대화하는 원동력이 된다. 실질적인 협업은 조직 전체보다 바로 옆에 있는 '팀'과 이루어지기 때문이다. 함께 근무하는 팀 구성원들과 적합성이 맞아야만 직무 역량을 발휘할 수 있다.

1. 우선 팀이 존재하는 이유, 팀의 목적을 명확히 재정의하라

직장에서 모든 사람은 자신의 존재 이유를 알아야 한다. 조직의 규모가 커지면서 팀원들이 조직 전체의 목표에 공감하기 어려워지는 경우도 많다. 작은 조직일수록 MVC(Mission, Vision, Core Values)가 있어야 한다. MVC가 없이 가면 회사가 어느 방향으로 가고 있는지 알 수 없다. 채용할 때도 MVC가 기준이 된다. 미션(Mission)은 '왜 존재하는가?'를, 비전(Vision)은 '어디로 가는가?'를, 그리고 핵심 가치(Core Values)는 '어떻게 일할 것인가?'를 의미한다.

○○팀에는 일에 몰입할 때 즐거움을 느끼는 사람들이 모였다. 개인은 자신의 역량을 마음껏 발휘하고 팀은 서로의 잠재력을 최대로 끌어내면서 혼자서는 상상할 수 없던 눈부신 성장을 함께 이루어 가고 있다. ○○팀은 이렇게 일한다.

① 스스로 판단하고 주도적으로 일한다. 시키지 않아도 팀에 기여할 일을 찾아 몰입하며 성장을 추구한다.

② 빠르게 실험하고 확실히 성공한다. 오래 고민하기보다 사용자의 목소리를 듣고 빠르게 실험하며 답을 찾는다.

③ 서로 신뢰하고 솔직하게 소통한다. 열정적으로 의견을 주고받고 충돌을 두려워하지 않으며, 신뢰를 기반으로 편안하게 소통한다.

④ 기록은 꼼꼼히, 공유는 투명하게 한다. 모든 정보와 맥락을 기록하고 투명하게 공유해 사용자 중심의 결정을 내린다.

⑤ 나보다 뛰어난 동료와 함께 성장한다. 업계 최고 수준의 동료들과 함께 배움과 성장을 가속화한다.

팀이 존재하는 이유와 지향점을 문서로 명확히 설정해야 한다. 이를 명확히 정의하면 지원자가 '이 팀에서 함께 일할 수 있는 사람인지'를 스스로 판단할 수 있다. 이런 구체적 팀 문화를 공유할 수 있어야 정확히 평가할 수 있다. 이런 팀 문화를 채용과 온보딩에 녹여 내야 한다. 팀핏에 맞는 사람을 뽑고 새로운 팀원이 들어올 때부터 MVC를 공유하고, 우리의 일하는 방식과 철학을 설명해야 한다. 이를 통해 초반부터 기대치를 명확히 하고, 조직문화에 빠르게 적응할 수 있도록 도울 수 있다.

2. '편한 동료'보다 '성과를 낼 수 있는 동료'인지 확인하라

팀 문화는 빙산과 같다. 팀 문화는 눈에 보이는 요소(회의 빈도, 협업 툴)와 보이지 않는 요소(신뢰, 발언 분위기)로 구성된다. 매일 아침 10분 '스탠드업 미팅(Stand up Meeting)'으로 속도와 민첩성을 강조하는 팀, 주 1회 '딥다이브 미팅(Deep Dive Meeting)'으로 전략적 사고를 중시하는 팀은 협업의 스타일 자체가 다르다. 팀핏은 단순히 '잘 맞는 성격'을 찾는 것이 아니라 '팀의 속도와 리듬을 맞출 수 있는 사람'을 검증하는 과정이다.

팀핏이 잘되려면 역할과 책임을 분명히 해야 한다. 팀 내 각자의 강점과 전문성에 맞춰 역할을 명확히 배분하고, 서로의 역할을 존중한다. 필요 시 역할을 유연하게 조정해 팀 전체의 퍼포먼스를 최적화한다. 채용 과정에서 팀의 실질적인 분위기, 일하는 사람들의 태도, 커뮤니케이션 스타일을 충분히 공유해야 한다.

팀장 역할을 검증하기 위해서는 먼저 평가할 3가지 핵심 행동지표(예:리더십,조율능력,의사소통)를 선정해야 한다. 그리고 이 행동지표를 실제 면접에서 확인할 수 있도록 구체적인 질문을 설계해야 한다. 예를 들어, "팀 프로젝트에서 가장 잘 맞았던 역할은 무엇이었나요?"라는 질문은 지원자가 자신의 경험 속에서 어떤 역할을 주로 맡았고, 그 과정에서 어떤 강점을 발휘했는지를 드러나게 한다. 이를 통해 단순히 성향이 맞는지를 넘어서, 실제 협업 상황에서 성과를 낼 수 있는 동료인지 평가할 수 있다.

3. 팀핏 인터뷰 예상 질문지를 설계하라

팀핏 인터뷰는 직무 역량보다 팀워크, 소통, 협업 태도를 평가한다. 따라서 직무형 질문이 아닌 상황형·행동형 질문을 설계해야 한다. 팀핏은 '우리와 비슷한 사람'이 아니라 '자신의 역할을 잘 인식하고 팀 내에서 자연스럽게 시너지를 낼 사람'을 찾는 과정이다. 직관이 아니라 팀의 실제 협업 특성에 기반을 둔 구조화된 평가 기준이 필요하다. 직무형 질문 대신 '행동 기반 질문지'를 작성해서 '면접질문은행(Interview Question Bank)'을 팀에 배포하면 면접관들에게 유익하다.

4. 지원자의 과거 경험을 통해 팀스피릿을 확인하라

채용 시에는 지원자의 과거 경험을 통해 팀워크, 협업 태도, 커뮤니케이션 스타일을 명확히 체크해야 한다. "팀워크와 개인성과 중 어느 쪽을 더 중시하나요?", "팀 내에서 어떤 이미지로 기억되고 싶나요?" 같은 질문이 효과적이다. '팀스피릿(Team Spirit)'이란 팀 구성원 간의 공동 목표에 대한 열정, 신뢰, 협력의식을 바탕으로 팀 전체가 하나의 유기체처럼 움직이게 만드는 정신적 에너지와 가치다. 팀워크와 다르게 팀스피릿은 정신적 결속력과 팀의 정체성을 강조한다.

팀핏을 평가하려면 먼저 팀 내의 역할 인식을 파악해야 한다. 팀원 모두와 미팅을 하며 각 팀핏 항목이 우리 팀에 얼마나 중요한지 평가하고 논의해야 한다. 소통은 수평적인지, 의사결정은 빠른지 신중한지, 업무는 개인 중심인지 협업 중심인지 등 다양성을 존중하고 포용해야 한다.

5. 팀핏은 팀장과 팀원의 핏이 잘 맞는지 확인하라

팀 리더뿐 아니라 팀원도 채용에 참여시켜야 한다. 팀 문화는 리더만이 만드는 것이 아니며, 기존 팀원과의 상호작용 궁합도 팀핏의 핵심이다. 어떤 기업은 팀원이 참여하는 '동료 면접'을 통해 후보자가 실제 동료들과 소통하는 모습을 관찰하고 피드백을 수렴한다. 팀핏은 팀장과 팀원의 핏(Fit)을 함께 확인하는 과정이다. '상사적합성(Person-Supervisor Fit)'은 개인과 상사 간의 관계에서 나타나는 적합성을 의미하며, 가치관, 성격, 일하는 방식 등 다양한 측면에서 개인과 상사가 얼마나 잘 맞는지를 나타낸다. 높은 상사적합성은 부하 직원의 직무 만족도, 조직 몰입도, 그리고 이직 의도에 긍정적인 영향을 미칠 수 있다. 반대로 상사적합성이 안 맞아 회사를 떠나는 경우가 늘고 있다.

팀 리더와 기존 팀원과의 상호작용이 팀 성과를 좌우하게 된다. 일부 기업은 '동료 면접'을 통해 지원자가 실제 동료와 소통하는 모습을 관찰하고 피드백을 수렴한다. 면접에서는 "본인의 일하는 속도와 스타일이 팀과 다를 경우 어떻게 조율하나요?", "새로운 팀에 합류할 때 가장 먼저 하는 행동은 무엇인가요?", "이전 팀에서 피드백을 주고받는 방식은 어땠나요?"와 같은 질문이 효과적이다.

팀핏은 조직이 지원자를 평가하는 일방향이 아니라 지원자가 팀을 경험하고 선택하는 쌍방향 과정이어야 한다. 이를 위해 현직자 대화, 팀 미팅 참관, 업무 시뮬레이션 등이 활용된다. 채용은 이제 '누가 뛰어난가?'보다 '누가 우리와 잘 맞는가?'를 탐색하는 전략적 과정이다.

참고문헌

- 김광태, AI가 몰고온 '대량 해고' 시대…MS, 또 수천 명 구조조정 계획, 2025. 6. 19.
- 김기환, "자소서 복붙 전 SNS 좀 봐라" 요즘 대기업, 컬처핏 따진다, 중앙일보, 2025. 2. 4.
- 김나리, "한국도 AI發 해고 못 피한다"…이통3사가 꽂힌 AICC가 촉진, 이투데이, 2024. 1. 31.
- 김대영, "빌런이 따로 없네"…이직 앞둔 직장인의 '두 얼굴' 알고 보니, 한국경제신문, 2025. 2. 17.
- 김민주, 과소비 가고 저소비 트렌드 온다[김민주의 MZ 트렌드], 한경BUSINESS, 2024. 8. 8.
- 김송이, "취업문 좁아지자"…美 MBA 졸업생도 취업난, 조선일보, 2025. 1. 16.
- 김인엽, "AI로 실업률 치솟을 것"…앤스로픽 CEO의 경고, 한국경제신문, 2025. 5. 29.
- 김채연·박의명·최예린, '인비디아'도 질투할 엔비디아…어떻게 'AI시대 제왕'이 됐나, 한국경제신문, 2024. 2. 25.
- 이덕주·안갑성, "25살밖에 안됐는데 세계1위 찍었다"…식당 구석서 태어나 황제기업 우뚝, 매일경제, 2024. 6. 20.
- 이창원, "10초면 평판조회 끝" 인재 검증 '스펙터', 글로벌 진출 본격화, 시사저널e, 2024. 12. 13.
- 조원희, 직장인 51% "이직 원한다"…현 직장에 만족 답변 18% 불과, 미주중앙일보, 2024. 12. 24.
- 차병섭, 클라우드업체 드롭박스, 직원 16% 줄여…IT업계 감원 지속, 연합뉴스, 2023. 4. 28.
- 채반석, MS, 인공지능 투자 늘리며 9천명 해고…5월에도 6천명 해고, 한겨레신문, 2025. 7. 3.

- 에릭 슈미트·조너선 로젠버그·앨런 이글, 『구글은 어떻게 일하는가』, 박병화 옮김, 김영사, 2014.
- 에이미 에드먼드슨, 『두려움 없는 조직』, 최윤영 역/오승민 감수, 다산북스, 2019.

https://www.entrepreneur.com/business-news/how-nvidia-ceo-jensen-huang-interviews-hires-new-employees/481122

https://www.forbes.com/sites/lucianapaulise/2024/10/02/the-great-detachment-why-workers-are-disengaging-from-their-jobs/

https://www.thoughtfulleader.com/people-management/why-team-purpose-matters/

02

스킬 기반 채용

학벌보다 당장 쓸 수 있는 스킬이 채용 기준이 된다

#스킬 #채용 #Skill #Recruiting
#Hiring #면접 #HR

"당신의 백그라운드에 관계없이
IBM에서의 역할에 적합한 스킬을 가지고 있다면
당신은 그 역할을 수행할 자격이 있습니다."
- 니클 라모로(Nickle LaMoreaux, IBM 최고인사책임자)

01
스킬 기반 채용

'역량'에서 '스킬'로 채용의 축이 바뀌고 있다

이제 기업은 "지금 당장 무엇을 할 수 있는가?"를 묻는다. 단순한 학력이나 자격증보다 실질적으로 즉시 투입 가능한 스킬에 주목하는 시대가 된 것이다. 지금 기업에서는 '일하는 방식'이 바뀌고 있다. 이러한 '스킬 기반 채용(Skill-Based Hiring)'은 어느 날 갑자기 튀어나온 개념이 아니다. '스킬 기반 채용'이란 전통적인 학력, 자격 대신 직무에 필요한 구체적인 기술(Skill)과 실제 수행 능력을 중심으로 인재를 평가하고 선발하는 채용 방식이다.

이제 기업은 민첩하고 예측 가능한 인재 전략이 절실하며, 이에 따라 학력이나 경력보다 문제 해결 능력과 실질적 기술을 기준으로 인재를 선발하는 '스킬 기반 인재 관리(Skill-Based Talent Management)'로의 전환이 가속화되고 있다. 실제로 글로벌 기업들은 학력 요건을 폐지하고, 성과 예측력을 높이고 다양한 인재 풀(Talent Pool)을 확보하는 새로운 채용 방식을 적극 도입하고 있다.

직무보다 스킬에 주력하라

오늘날의 비즈니스 환경처럼 유례없이 빠르게 변화하는 시대에는 과거의 업적이나 기존 담당 업무, 역할보다 능력주의 기반의 '스킬 기반 인재 관리' 전략이 훨씬 효과적일 수 있다. 「딜로이트 2022 글로벌 인적자원 트렌드」 보고서에 따르면, '스킬 기반 조직(Skills-Based Organization)'은 그렇지 않은 조직에 비해 인재를 효과적으로 배치할 가능성이 107% 더 높고, 고성과자의 리텐션(Retention) 가능성이 98% 더 높다. 조직 내 고성과자를 지속적으로 유지할 가능성이 98% 더 높으며, 직원들이 스스로 긍정적인 업무 경험을 할 가능성이 79% 높고, 내·외부 변화에 대해 효과적으로 대처할 가능성도 57%가 높으며, 혁신, 효율성, 포용적인 업무 환경을 가질 가능성도 대략 50%가 더 높다.

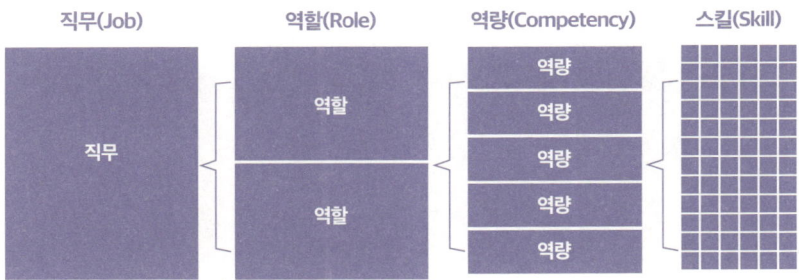

예를 들어, 디지털 활용력, 데이터 분석력, 협업 능력, 복합 문제 해결력 등 '실전형 기술(Skill)'이 선발 기준으로 반영된다. '스킬 중심 채용'은 즉시성과 실용성 측면에서 강점이 있으며, 빠르게 변화하는 시장 환경에 유연하게 대응할 수 있다. 스킬 기반 채용은 당장의 역량과 장기 성장성 사이의 균형을 고려한 설계가 필요하다.

'스킬 기반 채용'이 확산되는 이유는 무엇인가?

잘못된 채용은 교육비, 이직률, 팀 생산성 저하로 막대한 손실을 초래한다. '1인분 스킬'은 주로 게임, 특히 리그 오브 레전드(LOL)에서 사용하는 용어로 특정 캐릭터나 포지션에서 기본적인 역할 수행만으로도 팀에 충분히 기여할 수 있는 수준의 실력을 의미한다. 1인분은 팀 승리에 크게 방해되지 않으면서 최소한의 역할을 해내는 정도의 실력을 말한다. 1인분 스킬이 없는 구성원들과 함께 일을 하고 싶지 않는 경우도 있다.

스킬 기반 채용은 적합한 인재를 선발할 확률을 높여 채용의 정확도를 향상시킨다. 과거의 전통적인 채용 방식은 학력, 경력, 근속연수, 직함 등 겉으로 드러난 이력 중심으로 인재를 평가해 왔다. 채용은 물론 내부 승진이나 인재 배치 역시 상사의 주관적 평가나 조직 내 평판, 연공서열이 주요 기준이 되는 경우가 많았다. 이러한 방식은 직무에 대한 실제 적합성이나 수행 역량보다는 형식적인 조건이나 과거의 성과에 지나치게 의존하는 경향이 있다.

02
스킬 기반 채용 - 세계 동향

스킬 기반 조직으로 바꿔라

AX의 가속화와 글로벌 경쟁 심화는 기존의 '직무 중심 인사 관리(Job-Based HR Management)'의 한계를 분명히 드러내고 있다. 베이비붐 세대의 대규모 은퇴, MZ세대의 조직 기피 성향, 디지털 전환 속도에 뒤처진 교육 시스템은 모두 '인재 부족(Talent Shortage)'이라는 구조적 위기를 초래한다. 기업들이 비즈니스 혁신을 추진하는 과정에서 가장 큰 걸림돌로 꼽는 것도 바로 '스킬 갭(Skill Gap)'이다. 스킬 갭이란 기존 인력이 새로운 기술과 역량을 습득하는 속도가 외부 환경 변화 속도를 따라가지 못하는 현상을 의미하며, 이는 기업의 생존을 좌우할 핵심 과제가 되고 있다.

IBM은 스킬을 '새로운 화폐(Skill as New Currency)'로 간주해 인사 전략에 반영했다. 구성원의 학위보다 실제 스킬을 더 중요한 평가 기준으로 삼고, 연 2회 스킬 자가 진단과 개발 충실도를 모니터링한다. 또한 리더 평가 시 구성원의 학습·개발 지원 수준을 반영하고, 보유 스킬 가치를 기본급 인상과 연계하는 시스템을 구축했다. IBM의 기술직 채용 중 약 15%는 비전통적 교육 경로를 통해 충원되며, 채용 공고의 절반 이상이 학위를 요구하지 않는다.

JP모건은 임직원 25만 명의 교육을 위해 '스킬 패스포트(Skills Passport)'라는 학습 플랫폼을 도입하였다. 임직원들의 현 스킬 레벨 진단을 위한 셀프 평가도구, 커리어 옵션 탐색을 위한 개인별 경로 제시, 맞춤형 교육 콘텐츠 큐레이션, 역량강화 활동 조회 및 추천 기능 등의 서비스를 제공한다. 직원들은 플랫폼을 통해 평가 결과에 기반을 둔 학습 추천과 경력 개발 기회를 조회할 수 있다. JP모건은 MIT와 협력하여 미래 필요한 스킬을 예측하고 교육 프로그램을 설계하고 있다.

구글(Google)은 채용 관행을 재정립하는 데 선구적인 역할을 해 왔다. 전통적인 자격 요건이 직무 성과와 일치하지 않는 경우가 많다는 점을 인지한 구글은 여러 직무에 대한 학위 요건을 폐지했다. 이제 구글은 기술적 역량과 문제 해결 능력을 강조한다. 구글 커리어 자격증(Google Career

Certificates)은 IT 지원, 데이터 분석, 프로젝트 관리 교육을 지원하여 학위가 없는 사람도 신입 수준의 일자리를 구할 수 있도록 한다.

구글은 전통적 학력, 경력 중심 채용에서 벗어나 문제 해결 능력, 코딩 테스트, 실전 과제 등 지원자의 실질적 스킬을 중시한다. '구글 인터뷰'에서 알고리즘, 시스템 설계, 행동 면접 등을 통해 직무 역량을 집중 평가한다. 내부적으로 '구글 스킬 뱅크' 같은 데이터베이스를 활용해 직원들의 스킬을 관리하며, 필요한 스킬을 가진 인재를 빠르게 발굴한다.

하드 스킬 vs 소프트 스킬

항목	하드 스킬 (Hard Skills)	소프트 스킬 (Soft Skills)
개념	직무 수행을 위한 전문 기술 및 도구 활용 능력	협업, 커뮤니케이션 등 대인 관계 및 태도 중심의 행동 역량
중점 직군	개발자, 디자이너, 회계, 데이터 분석 등 기술·전문직군 중심	영업, 고객 응대, 팀 리더 등 대인관계·조직적응 직군 중심
평가 활용 도구	코딩테스트, 자격 인증, 직무 기반 평가 체크리스트 등	행동사건면접 시나리오, 팀 인터뷰, 소통 태도 체크리스트 등
데이터화 용이성	비교적 정량화 쉬움(점수화, 등급화 가능)	정성 평가 중심이지만 구조화된 기준으로 측정 가능
검증 우선순위	채용 초기에 즉시 투입 가능한 역량 판단에 우선 적용	협업 가능성, 성장성, 문화 적합도 판단에 필수적
보완 전략	리스킬링, 업스킬링 중심의 교육과 연계	피드백 중심 코칭, 소프트 스킬 강화 워크숍 운영
주요 기업 활용	네이버 : 코딩 테스트 및 기술과제 중심 직무 평가	카카오 : 팀 인터뷰를 통한 협업 태도 및 커뮤니케이션 평가

학위가 아니라 스킬 중심 채용으로 바뀌고 있다

스킬 기반 채용은 직무 수행에 필요한 능력을 중심으로 평가하는 방식으로 학위나 경력보다는 실질적인 직무 수행 가능성에 초점을 맞춘다. '하드 스킬(Hard Skills)'과 '소프트 스킬(Soft Skills)' 모두를 평가하며, 실무 과제나 시뮬레이션, 포트폴리오 등을 통해 기술 역량을, 행동 면접이나 인지 능력 검사 등을 통해 소프트 스킬을 검증한다. 특히 소프트 스킬은 협업, 리더십, 적응력 등과 직결되기에 중요하지만 그 추상성으로 인해 측정이 쉽지 않다. 이에 따라 다양한 평가 도구가 함께 활용된다.

페이스케일(Payscale)의 「2024년 보상 모범 사례 보고서」에 따르면, 고용주 3명 중 1명이 급여 직종 채용 공고에서 학위 요건을 폐지했다. 이는 미국 근로자의 62%에 달하는 대졸자에게 큰 도움이 될 수 있다. 미국 최대 민간 고용주인 월마트는 채용 요건 변화의 주목할 만한 사례 중 하나이다. 월마트는 2023년 블로그 게시물에서 관련 대학 학위나 이전 경험을 통해 습득한 기술을 갖춘 지원자를 본사 채용 시 고려할 것이라고 밝혔다.

월마트와 다른 회사들이 발견했듯이, 기술에 따른 채용은 지원자 풀을 넓히고 더 다양한 배경을 가진 근로자들에게 기회를 열어 준다. 직원의 근속 기간을 늘리는 데도 도움이 된다. 스킬 기반 채용은 전 세계 기업들이 기존 자격 요건보다 지원자의 능력을 우선시함에 따라 전통적인 채용 환경에 혁명을 일으키고 있다.

이러한 변화는 점점 더 역동적으로 변하는 직장에서 기업이 인재를 발굴, 평가, 확보하는 방식을 근본적으로 재편하는 것을 의미한다. 학위나 직책이 아닌 역량에 집중함으로써 기업은 더욱 광범위하고 다양한 인재 풀을 확보하고 변화하는 인력 수요에 적응할 수 있다.

코세라(Coursera) 보고서에 따르면, 전통적인 4년제 학위 중심의 교육 체계가 흔들리고 있다. 그 중심에는 '마이크로 크리덴셜(Micro-Credential)'이라는 새로운 교육 모델이 있다. 마이크로 크리덴셜은 특정 기술이나 역량에 집중하는 단기 집중 교육 프로그램으로 보통 3~12개월 안에 완료할 수 있으며, 즉시 현장에 적용 가능한 실무 중심 내용으로 구성된다. 기존 학위가 포괄적 지식을 다루는 반면, 마이크로 크리덴셜은 데이터 분석, 프로젝트 관리, 사이버 보안, 생성형 AI 등 특정 직무에 필요한 핵심 기술만을 집중적으로 교육한다.

03

스킬 기반 채용 - 국내 동향

스킬의 시대가 도래했다

1990년대 한국 사회는 대기업을 중심으로 '역량 중심 HR(Competency-based HR)' 시스템이 본격적으로 도입되던 시기였다. 삼성, LG, SK 등 대기업은 고성과자에게 공통적으로 나타나는 행동 특성을 기준으로 역량 모델을 구축했고, 이를 인재 육성과 평가 체계 전반에 반영했다. 이 시기 역량으로는 문제 해결력, 커뮤니케이션 능력, 책임감, 창의력 등이 중시되었다.

2000년대는 IT의 급격한 발전과 함께 산업이 재편되면서 기업들은 '직무 중심 HR(Job-Based HR)' 중심의 직무 체계를 강화하기 시작했다. 삼성전자는 반도체와 모바일 부문에서 직군 세분화를 실시했고, SK는 SKMS 기반의 사내 교육을 확대했으며, 네이버·다음과 같은 신흥 IT 기업들은 기술 중심 조직 구조를 빠르게 구축했다. '패스트 팔로어(Fast Follower)'에서 '퍼스트 무버(First Mover)'로의 전환을 시도했다.

2010년대는 성과 기반 HR(Performance-Based HR)가 정밀화되었다. 스마트폰과 SNS, 플랫폼 비즈니스의 급성장과 함께 기업 내 조직과 인사 체계에도 변화가 일어났다. 직무 중심 채용과 성과 관리가 정교해지며, 평가 방식은 MBO(목표 관리)를 넘어 OKR와 애자일 방식으로 전환되기 시작했다.

네이버는 2018년부터 CIC(Company-In-Company) 조직 구조를 도입하며 평가와 보상을 유연하게 운영했고, 카카오는 직무급 보상과 '성과 중심 평가'를 강화해 수평적 문화와 성과주의를 접목시켰다. 이 시기부터 많은 기업이 글로벌 솔루션인 SAP SuccessFactors, Workday 등 HR 디지털 시스템을 도입해 인재 데이터를 정밀하게 분석하고 관리하기 시작했다.

2020년대는 '스킬 기반 채용(Skills-Based Hiring)'과 초개인화 HR로 진화되고 있다. 코로나19 팬데믹은 HR 전략의 결정적인 변곡점이었다. 비대면, 원격근무, 디지털 전환이 전 산업에 확산되면서 기업은 '학력'이나 '경력'보다 실제 '스킬(Skill)'과 '문제 해결 능력'을 중심으로 인재를 찾기 시작했다. '스킬 기반 인재 관리(Skills-Based Talent Management)'는 IT 기업을 넘어 전통 제조·물류 기업까지 확산되었고, AI 면접, 온라인 포트폴리오, 직무 수행 과제 등 새로운 방식이 표준으로 자리 잡았다.

MZ세대를 중심으로 '초개인화 HR 전략'이 필요해졌고, 맞춤형 성장 경로, 디지털 배지(Micro-Credential), TRM(Talent Relationship Management) 같은 개념이 대두되었다. 대규모 정기 채용에는 효율적일 수 있지만, 직무 중심의 수시 채용에는 오히려 부작용이 크다. 고스펙 인재를 선발했음에도 현업에 적응하지 못하거나 인건비 부담이 과도한 경우도 있다.

최근 '스킬 기반 조직'으로 변화하고 있다

국내 기업들도 스킬 중심으로 조직을 개편하고 있다. 카카오는 채용 공고부터 직무별 '스킬셋(Skill Set)'을 명확히 제시하며, 구직자가 자신의 역량과 역할 적합도를 사전에 판단할 수 있도록 설계한다. 서류 심사 이후 실무 과제와 기술 인터뷰, 팀 인터뷰를 거쳐 지원자가 실제 업무 상황에서 어떻게 기여할 수 있을지를 평가한다. 특히 실무 과제는 실제 카카오의 서비스와 유사한 맥락에서 출제되어 기술적 정답보다는 현실 적용력, 의사소통 방식, 팀워크 역량을 중점적으로 본다. 팀 인터뷰에서는 향후 함께 일하게 될 동료와의 대화를 통해 협업 성향과 커뮤니케이션 스타일을 검토하며 팀 적합성도 함께 확인한다. 이처럼 카카오는 기술 역량과 팀 협업 능력을 균형 있게 평가하며, 정답보다 '적응력'과 '융합력'을 중시한다.

SK그룹은 '딥 체인지(Deep Change)'라는 대전환 전략 아래 전통적인 채용 및 인재 개발 방식을 근본적으로 혁신해 왔다. 특히 '스킬 기반 채용'의 중요성을 인식하고, 직무 수행에 필요한 기술과 실질적 문제 해결 능력에 초점을 맞춘 인재 선발과 육성 체계를 구축했다. 이러한 변화의 대표 사례가 2020년 출범한 통합 학습 플랫폼 'SK mySUNI'이다.

구성원은 AI, DX, 디자인, 글로벌 리더십 등 8개 영역에서 1,900개 이상의 과정을 통해 연간 200시간 이상 학습할 수 있으며, 특히 '디지털 테크 컬리지'에서는 현업 프로젝트와 AI 경연을 통해 직접 스킬을 검증하고 적용해 보는 기회를 제공한다. 이는 단순한 스펙이 아니며, 현장에서 즉시 활용 가능한 스킬을 바탕으로 한 채용과 육성의 생성 AI는 직원의 스킬, 역량 및 관심 사항을 식별해 조직 내에서 잠재적인 경력 경로를 제안하는 데 도움을 줄 수 있다. 이미 보유하고 있는 스킬과 미래에 필요한 스킬을 분석하고 둘 사이의 격차를 해소하는 방법을 찾을 수 있다.

직원의 경험과 성과를 기반으로 스킬에 자동으로 태그를 지정해 지속적으로 '스킬 인벤토리(Skill Inventory)'를 업데이트할 수 있다. 맞춤형 교육 계획을 강화해 직원들이 현재와 미래의 역할에서 탁월한 능력을 발휘하는 데 필요한 스킬을 지속적으로 개발할 수 있다. 다시 말해, 인재 확보부터 스킬 분류, 스킬과 사람의 맵핑을 비롯해 '스킬맵(Skill Map)'을 만들어 조직이 스킬을 식별, 구성, 육성 및 활용하는 방법을 향상할 수 있는 풍부한 기회를 제공한다.

스킬맵은 특정 직무, 프로젝트, 조직 또는 개인이 요구하거나 보유한 스킬을 시각적으로 정리한 구조화된 도표이다. 무슨 일을 하기 위해 어떤 스킬이 필요한지, 그리고 현재 그 스킬을 누가 갖고 있는지를 한눈에 파악하는 지도이다. 스킬맵은 스킬 기반 채용, 인재 육성, 직무 설계 등에서 핵심 도구로 활용된다. 스킬은 경력 개발에 강력한 툴(Tool)로 활용된다. 스킬은 학습과 경력을 연결하는 연결고리 역할을 한다.

스킬맵

글로벌 기업은 '커리어 모빌리티(Career Mobility)'의 중요성을 강조하고 있다. 내부 이동에서 스킬을 중심으로 실행하는 스킬 기반 '커리어 모빌리티'가 중요해지고 있다. 딜로이트에 따르면 구성원의 50%는 조직 내에서 다른 일을 찾는 것보다 외부 채용 공고를 통해 다른 일을 찾는 것이 더 쉽다고 말한다. 직무 중심의 조직에서는 팀 또는 직무 단위의 공고함 때문에 경력 이동에서 보수적인 것이 사실이다.

'탤런트 마켓플레이스(Talent Marketplace)'는 구성원들의 역량과 니즈를 연결해 주는 내부 플랫폼이다. 구성원들은 이를 통해 자신의 스킬을 기반으로 다양한 업무 기회를 탐색하고, 조직은 필요한 인재를 효율적으로 활용할 수 있다. 탤런트 마켓플레이스는 스킬 기반의 인력 운영 및 관리를 가능하게 하는 핵심 도구이다. 해당 직무에 요구되는 전문성을 '스킬'이라는 관점에서 재정의하고 이를 토대로 인력을 운용해야 한다는 의미다.

04

스킬 기반 채용에서 유의해야 할 5가지

"말로 때우지 말고, 직접 실력을 보여 줘라."

채용담당자는 이제 단순히 '누가 똑똑한가?'를 묻지 않는다. '누가 이 일을 할 수 있는가?'를 판단하려 한다. 그렇기에 스킬 테스트, 직무 중심 면접, 실전 과제 수행 등 다양한 방식으로 지원자의 실력을 검증한다. 실제로 어떤 문제를 해결했고, 어떤 기술을 어떻게 활용했는지가 핵심이다. '스킬 기반 채용'은 직무 수행 요건에 정확히 부합하는 인재를 선발하기 위한 접근법이다. 형식적 스펙보다는 실제 역량을 검증함으로써 기업은 더 공정하고 실질적인 인재 확보 전략을 수립할 수 있다. 스킬 기반 채용에서 유의해야 할 5가지 사항을 제안한다.

1. '학력 중심 선발'에서 벗어나 '스킬 기반 채용'으로 변화하라

구체적인 기술 요건 없이 단지 '문제 해결력'처럼 추상적인 표현만 되면 혼선이 발생한다. 기존 채용 기준의 재정의가 필요하다. 전통적인 학력과 이력서는 실제 업무수행 역량을 정확히 보여 주지 못한다. 학력이나 경력 중심의 이력서 선발 방식에서 벗어나 실제 업무 수행 능력을 중심으로 지원자를 평가해야 한다. 이를 위해 평가 테스트, 실습 과제, 포트폴리오나 기술 평가 도구 등을 적극 도입할 필요가 있다.

스킬 중심 채용에서는 대부분의 경우 보편적인 숙련도 기준이 명확히 존재하지 않는다. 애매한 스킬셋은 오히려 지원자에게 혼선을 야기한다. 결국 실력을 검증하는 과정에서 평가자의 주관이 개입될 가능성이 높아진다. 이를 방지하기 위해서는 테스트나 포트폴리오 평가 기준을 명확히 정립하고, 평가자 간 일관성을 유지하는 것이 필수이다.

2. 전통적인 채용 기준에서 배재되지 않도록 다양한 인재에게 기회를 제공하라

스킬 기반 채용이 확산되면서 이제 '어디에서 배웠는가?'보다 '어떻게 배웠고, 무엇을 할 수 있는가?'를 더 중요하게 보아야 한다. 쿠팡은 물류 인재를 선발할 때 학과 전공이 아닌 실제 현장에서 문제를 해결할 수 있는 역량을 기준으로 삼는다. 독학으로 기술을 익힌 사람, 경력 단절 후 재도전에 나선 사람, 전혀 다른 산업에서 전환해 온 사람들 역시 충분한 역량을 갖출 수 있다.

이처럼 다양한 경로의 지원자들이 정당하게 평가받기 위해서는 채용 기준과 평가 방식이 훨씬 더 정교하고 공정하게 설계되어야 한다. 성별이나 나이, 학력, 경력이 부족하더라도 필요한 스킬을 가진 사람이라면 누구든 채용될 가능성이 커져 다양성, 형평성, 포용성 DEI가 높아질 수 있다.

3. 스킬 기반 채용을 실행에 옮기기 위해서는 평가 도구, 평가자 등 인프라를 갖춰라

스킬 기반 채용을 실행에 옮기려면 '의지'만으로는 부족하다. 지원자가 실제로 어떤 문제를 해결할 수 있는지를 입증하고 측정할 수 있는 체계가 필요하다. 이를 가능하게 하는 것이 해커랭크(HackerRank), 리트코드(LeetCode), 코딜리티(Codility), 리모트인터뷰(Remoteinterview.io) 같은 기술 기반 평가 도구다. 이들 플랫폼은 실무형 과제, 자동 채점, 협업 평가 기능을 갖추고 있으며, 기업은 여기에 자사 직무에 최적화된 맞춤형 과제 시스템을 더해 실전형 평가를 구성할 수 있다.

중요한 것은 이 평가 도구들을 단독으로 작동해서는 안 된다는 점이다. ATS(Applicant Tracking System, 지원자 추적 시스템)와 연동해야 평가 이력과 결과가 통합적으로 관리되며, 데이터에 기반을 둔 인재 선발이 가능해진다. 더불어 도구를 활용하는 실무자와 관리자 역시 이 평가의 기준과 의미를 제대로 해석할 수 있는 역량을 갖추어야 한다. 스킬 기반 채용은 결국 평가 도구, 평가자 등 인프라가 함께 갖춰져야 비로소 작동한다.

4. 기존 편향과 혼선을 줄이고, 루브릭 기반 체크리스트로 객관성을 확보하라

학벌, 경력 공백, 과거 직무 이력 등 기존에 영향을 주던 요소들이 무의식적으로 평가에 개입되지 않도록 구조화된 평가 기준과 블라인드 요소를 병행해야 한다. 구글은 엔지니어 채용 시 '문제 해결력' 항목에 대해 단순한 정답 유무가 아닌, 접근 방식, 코드 구조, 협업 커뮤니케이션을 각각 루브릭(Rubric) 기준에 따라 다층적으로 평가한다. '스킬 기반 채용'은 지원자의 '실력'을 중심으로 평가하지만, 그 실력을 어떻게 평가할 것인가에 대한 기준이 불명확하다면 오히려 편향과 혼선을 초래할 수 있다.

루브릭은 평가자가 특정 과제나 역량을 평가할 때 사용할 수 있도록 평가 항목과 수준별 행동 기준을 명시한 다단계 평가표다. 루브릭은 각 평가 항목에 대해 명확한 기준(Level)과 서술적 설명을 제공하는 도구로 평가자의 주관 개입을 최소화하고 평가 일관성을 높이는 데 핵심적인 역할을 한다.

5. 숫자로 환산되지 않는, 기술 너머 태도까지 균형 있게 고려하라

스킬 기반 채용은 '실력을 중심으로 뽑는다.'는 점에서 진일보한 방식이다. 하지만 진짜 실력은 기술만으로 완성되지 않는다. 빠르게 변화하는 산업 환경에서 미래에 필요한 스킬을 예측하고 이에 맞춰 채용 전략을 수립해야 한다. 지원자의 스킬도 중요하지만 태도는 쉽게 변화하지 않는다. 현장에서 진가를 발휘하는 인재는 팀과 협업할 줄 알고, 커뮤니케이션이 원활하며, 스스로 성장하려는 태도를 갖춘 사람이다.

실제 사례에서도 기술은 뛰어나지만 조직에서 갈등을 유발하는 인재로 인해 성과보다 리스크가 커지는 경우가 적지 않다. 그래서 필요한 것이 '기술 중심 평가'+ '소프트 스킬 중심 평가'의 병행이다. 행동 기반 질문(BEI), 팀핏 인터뷰, 동료 피드백 기반 다면 평가 등을 통해 '함께 일할 수 있는 사람'인지 검증하는 절차가 반드시 필요하다. 스킬 기반 채용은 사람을 숫자로 환산하지 않는 만큼 기술 너머의 태도까지 보는 안목이 필수다.

참고문헌

- 김경은, 공고 대신 SaaS 기반 '원스톱 맞춤채용'…53조 시장 열렸다, 아주경제, 2022. 11. 9.
- 백승현, 바야흐로 '스킬의 시대'…우리 회사 HR의 역할은, 한경 CHO Insight, 2023. 11. 14.
- 천장현, 코로나 터널 이후…'스킬' 중심 사회 온다, 매경이코노미 제2154호, 2022. 4. 13.
- 전재권,「채용 요건에서 학위를 제거하고 있는 미국 기업들」, LG경영연구원, 2022. 11. 30.
- 「딜로이트 2022 글로벌 인적자원 트렌드」 보고서, 2022.
- 「딜로이트 2025 글로벌 인적자원 트렌드」 보고서, 2025.
- 최준형, 『직무의 종말-AI와 로봇이 인류를 대체하기 시작한 세상』, 파지트, 2024.
- 피플 애널리틱스 연구팀, 『HR 테크 혁명-AI 면접관부터 심리상담 챗봇까지, 기술이 이끄는 디지털 인사관리』, 삼성글로벌리서치, 2022.
- 홍정민·변솔·이승태, 『스킬 퍼스트』, 플랜비디자인, 2025.

https://www.assesscandidates.com/skills-based-hiring/
https://www.4cornerresources.com/blog/how-to-use-skill-based-hiring/
https://beamery.com/resources/blogs/the-rise-of-the-chief-skills-officer
https://www.hbs.edu/bigs/joseph-fuller-college-degree-gap
https://trainingindustry.com/glossary/outskilling/

03

면접 피드백

채용 브랜딩의 종착점이자 다음 단계
의사결정을 연결하는 '면접 피드백'이 바뀌고 있다

#면접 #피드백 #채용 #채용브랜딩 #인터뷰 #피드백보고서
#개인별맞춤형 #불합격 #맞춤식 #면접보고서

> 좋은 피드백보다는 나쁜 피드백에 신경을 쓰고
> 그와 같은 피드백을 친구들에게 받을 수 있도록 노력해라.
> 그게 성공의 비결 전부다.
> - 일론 머스크(Elon Musk)

"제가 면접에서 왜 떨어졌나요?"

면접 피드백(Interview Feedback)은 지원자 입장에서 자신의 부족한 점을 파악하고 개선할 수 있는 중요한 정보이고, 기업 입장에서는 채용 브랜딩의 유용한 방식이다. 특히 불합격자의 경우에도 기업의 잠재적 고객이기 때문에 채용 여정에서 면접 피드백이 중요해지고 있다.

최근 공공기관들이 채용 문화를 혁신하며, 단순한 합격·불합격 통보에서 벗어나 탈락자들에게도 심리적 안전감을 확보하는 데 필요한 맞춤형 피드백을 제공하는 '공감 채용(Empathy Recruiting)'이 확산되고 있다. 단순한 이력 중심, 스펙 중심 채용을 넘어 지원자의 감정, 가치, 맥락을 깊이 이해하고 존중하는 채용 방식을 의미한다. 이는 채용 과정에서 지원자 경험 중심의 관점에서 커뮤니케이션과 평가를 설계한다는 점에서 기존 채용과 차별화된다.

"어떤 부분을 보완하면 좋아질 수 있을까요?"

탈락자들에게 '개인별 맞춤형 역량 분석 보고서'를 제공하는 사례가 증가하고 있다. 면접은 단순한 평가가 아니라 지원자에게 성장의 기회다. 면접 후 불합격 피드백은 지원자에게는 다음 면접을 준비할 수 있는 피드백이자 다음 단계 의사결정을 연결하는 조직의 선택을 정당화하는 전략적 기록이다. 면접 피드백은 '채용의 종착점'이자 '마지막 인사'이다.

01

면접 피드백

형식적인 '평가 코멘트'에서 벗어나 구체적인 '면접 피드백'도 제공한다

최근 '면접 피드백'은 단순한 평가 코멘트에서 벗어나 구조화된 평가 도구가 좀 더 정밀화된 형태로 진화하고 있다. 이는 공정성 요구의 증대, 역량 기반 채용의 확대, 그리고 '채용 브랜딩의 중요성 강화'라는 흐름과 맞물려 조직 전반의 채용 전략에도 영향을 미치고 있다. 특히 면접 피드백은 이제 더 이상 '채용 과정의 부속물'이 아니다. 인재 선발의 정당성과 조직의 신뢰도를 보여 주는 핵심 증거이자 우수 인재와의 연결을 유지하는 브랜딩 도구로 기능하고 있다.

구직자 10명 중 8명가량은 면접 후 자신이 탈락한 이유에 대해 알고 싶어 하지만, 탈락한 이유를 피드백 받은 사람은 10명 중 2명도 안 된다는 조사 결과가 나왔다. 이는 면접 탈락 후 탈락한 이유를 파악하고 부족한 부분을 보완하려는 구직자가 많지만 실제 피드백을 제공하는 경우는 매우 적다는 것이다.

사람인이 2021년 6월 8일부터 16일까지 구직자 1,577명을 대상으로 '탈락 사유 피드백'에 대해 조사를 진행한 결과 응답자의 83.3%가 '탈락 사유 피드백'을 원하는 것으로 나타났다. 구직자들이 가장 많이 꼽은 이유는 '탈락 원인을 보완해 다음 면접을 대비하기 위해서'(83.4%, 복수응답)였다. 이어

'원인 모를 탈락으로 인한 답답함을 해소할 수 있어서'(41.9%), '지원자도 탈락 이유에 대해 알 권리가 있어서'(39.6%), '원인이 명확해야 불공정이 없을 것 같아서'(27.9%), '지원자에 대한 최소한의 예의라서'(25.8%) 등이 나왔다.

국회에서는 구직자의 알 권리를 증진하자는 취지로 기업이 불합격자를 대상으로 불합격 사유를 고지하도록 하는 '채용 탈락 사유 고지법' 개정안을 발의했다. 이에 대해 구직자 10명 중 8명(78.4%)이 해당 법 개정이 필요하다고 답해 '채용 탈락 사유 고지법'을 환영하는 것으로 나타났다.

면접 피드백은 더 이상 면접관의 개인적인 인상 메모에 머무르지 않는다. 채용 과정에서의 공정성과 일관성, 그리고 후보자 경험의 질적 향상을 요구하는 목소리가 커지면서 면접 피드백 3단계의 진화는 ① 1세대

면접 피드백의 성장 변화

구분	1세대 : 관찰 중심 코멘트	2세대 : 구조화된 피드백	3세대 : 데이터·AI 기반 피드백
핵심 개념	관찰자 개인의 느낌과 메모 공유	항목별 평가 기준 + STAR 기반 서술	정량 + 정성 피드백 자동화 및 통합 시스템
피드백 방식	구두 혹은 간단한 메모 수준	구조화 양식에 항목별 코멘트 작성	면접 녹취, AI 요약 + 평가자 코멘트 통합
평가 도구	없음 또는 개인별 자율 서식	평가표, STAR 기반 평가 매트릭스 사용	AI 녹취 시스템, 루브릭, 평가 대시보드
평가 기준	주관적 관찰("조리 있음", "소극적")	명확한 항목 : 직무역량, 조직적합도 등	행동 데이터 + 언어 분석 + 비교 지표
피드백 전달	비공식적 공유, 구술 또는 요약 전달	서면 보고서 제공 또는 구두 설명 병행	지원자에게 자동화 피드백 제공 가능
기술 활용	거의 없음	엑셀/구글폼 등 수기 입력	AI 요약, 자동 분석, ATS 연동
활용 가능성	평가자 개인의 참고용	내부 회의·채용 위원회에서 공유	채용 전략 개선, DEIB, 채용 예측 모델링

면접 피드백 – 관찰 중심 코멘트, ② 2세대 면접 피드백 – 구조화된 피드백, ③ 3세대 면접 피드백 – 데이터·AI 기반 피드백 등으로 거쳐 왔다. 이로써 면접관의 주관적 편향을 줄이고, 시간 대비 피드백의 밀도와 정밀도를 높일 수 있게 되었으며, 지원자 간 비교와 데이터 축적도 가능해졌다.

최근 면접 피드백은 AI 기술과 자동화 시스템의 발달에 힘입어 3세대 '데이터·AI 기반 피드백' 단계로 접어들고 있다. 면접 중의 발화 내용은 자동으로 녹취되고, AI가 이를 요약해 면접관의 정성적 코멘트와 통합함으로써 정량적·정성적 분석이 결합된 리포트가 생성된다. 데이터의 축적이 가능해서 지원자 맞춤형 피드백을 제공할 수 있어 기업의 채용 브랜딩을 강화하는 데 효과적인 도구로 주목받고 있다.

과거에는 면접 결과를 '호감도'로 평가했다면, 이제는 '데이터 기반 면접 피드백(Data-driven Interview Feedback)' 체계로 전환되고 있다. 이는 공정성, 채용 품질, 인재 경험의 질을 높이는 중요한 전환점이다. 이제 면접 피드백은 단순한 평가의 부속물이 아니라 조직의 채용 전략을 뒷받침하고, 지원자 경험의 질을 높이는 식으로 정교화하며, 궁극적으로는 인재와 조직 간의 매칭 성공률을 높이는 핵심 수단으로 자리매김하고 있다.

02 면접 피드백 – 세계 동향

해외에서는 이미 '면접 피드백'가 보편화되어 있다

구글, 메타(Meta), 아틀라시안(Atlassian) 등 세계 최대 기업에서는 '면접 피드백'이 이미 보편화되어 있다. 피드백은 '채용 브랜딩'의 중요한 접점이 된다. 구글은 모든 인터뷰어가 'Hire Loop'에 참여해 항목별 메모와 요약을 제출하는 것을 의무화했고, 메타는 인터뷰 종료 후 24시간 내에 구조화된 피드백을 제출하도록 요구하며 편향 방지 시스템을 운영한다. 아틀라시안은 불합격자에게도 요약 피드백을 제공해 지원자 경험을 개선한다.

글래스도어(Glassdoor) 조사에 따르면, 영국 직장인과 구직자의 53%는 면접에서 실패한 후에도 피드백을 원한다. 미국 인사관리협회(SHRM) 추산에 따르면, 산업 전 분야를 통틀어 채용담당자 1명이 한 번에 평균 10~20건의 채용 공고를 처리한다. 플랫폼을 통해 지원자 수를 공개적으로 추적하는 링크드인(LinkedIn)만 봐도 지원자가 500명 이상 몰리는 채용 공고가 적지 않다. 즉 한 번에 채용담당자가 확인해야 하는 지원서가 수천 건에 달할 수 있다는 것이다. 그래서 지원 단계에서 자동화된 탈락 이메일을 보내는 것이 일반적이다. 하지만 지원자 범위가 좁아지고 채용담당자가 관리하는 지원자 수가 줄어들면서 대략 4~6명의 지원자만 면접을 보게 된다.

실제 면접 피드백을 작성할 때는 몇 가지 유의사항이 필요하다. 우선 '구체성'이 핵심이다. '좋았다.'는 표현보다는 '국제협력 프로젝트의 성과를 정량적으로 제시함으로써 전문성을 설득력 있게 전달함'처럼 발언의 내용과 맥락이 포함되어야 한다. 또한 '객관성'과 '일관성'을 유지해야 하며, 동일 항목에 대한 지원자 간 비교가 가능하도록 기준을 명확히 해야 한다. 마지막으로 '목적 구분'이 필요하다. 내부 평가용 피드백인지, 지원자에게 제공되는 개발 피드백인지에 따라 언어와 내용의 수준이 달라져야 한다.

Generative AI 기술은 이러한 피드백의 객관화와 구조화를 지원하는 강력한 도구가 된다. 음성 데이터의 자동 전사, 응답 내용의 감성 분석, 논리 흐름 평가 등은 평가자의 주관 개입을 줄이고 반복 가능한 평가를 가능케 한다. 특히 AI는 '강점 요약 보고서'를 자동 생성하거나, 발화 패턴을 기반으로 피드백 코멘트를 추천함으로써 면접관의 업무 효율성을 극대화한다.

무엇보다 중요한 것은 피드백이 '지원자의 성장'을 지지하는 도구로 기능해야 한다는 점이다. 단순히 평가 결과를 통보하는 것이 아니라 지원자의 경험과 성찰을 돕는 '개발 피드백(Developmental Feedback)'으로 작동하면, 이는 조직의 브랜드와 신뢰도에 긍정적 영향을 미친다. "떨어졌지만 배운 것이 있었다."는 경험은 지원자를 조직의 팬으로 만드는 계기가 되며, 향후 재지원으로도 연결될 수 있다.

채용 경험은 이렇게 어떻게 정의하느냐에 따라서 달라진다. 채용이 확정되면 '직원 경험'이 되고, 채용에서 떨어지더라도 '고객 경험'이 될 수 있다. 면접은 좋은 기억으로 남아야 하는 중요한 순간의 경험이다. 예를 들어, 공사 신입 면접에서 한 지원자는 '국제 개발'이라는 키워드에 대한 관심을 드러내며, 본인의 봉사 경험과 연계된 지원동기를 구체적으로 설명했다. 통계 분석 도구를 활용한 프로젝트 경험을 제시하며 전문성도 설득력 있게 표현했다. 종합 판단에서 면접관은 "연수사업의 맥락에 적합하며, 협업 태도 또한 우수하다."는 의견을 명시하고 적극 추천으로 연결했다. 이는 평가 항목별로 관찰 근거를 명확히 기술하고, 강점과 보완점을 균형 있게 드러낸 우수 피드백 사례이다.

이처럼 구조화된 피드백은 채용 품질을 높이는 실용적 장점도 제공한다. 다면적 평가 기록은 재면접이나 타 포지션 제안 시 근거가 되며, 주관의 개입을 줄이고 평가자 간 기준 차이를 완화시킨다. 동시에 면접관 본인의 학습 도구로도 활용될 수 있다. 반복되는 피드백 패턴을 분석함으로써 개인적 편향을 점검할 수 있으며, 팀 내 평가 기준을 표준화해 면접 일관성을 확보하는 데도 유리하다.

03

면접 피드백 – 국내 동향

면접 피드백이 활성화되는 이유

코로나 이후 불안세대에게 '어떻게 심리적 안전감을 줄 것인가?'가 중요해지고 있다. 면접에서 낙방하면 '자존감을 잃는 심리적 충격'을 겪게 되는데, 이는 대표적인 면접 탈락 후유증이다. 취업포털 커리어가 구직자 397명을 대상으로 '면접 탈락 후유증'에 대한 설문조사(2019)를 실시한 결과, 응답자의 44.1%가 면접 탈락 후유증을 경험한 적이 있다고 답했다. 이들 중 절반(50.9%)은 회복까지 1~2주가 걸렸으며, 25.7%는 1개월 이상이 소요됐다. 하루 만에 회복했다는 응답은 없었다.

면접 탈락 후 나타난 주요 후유증으로는 '자기비하·무력감 등 심리적 불안감(49.1%)'이 가장 많았다. 이어 다른 곳에 지원하는 데 대한 두려움(22.3%), 불면증·소화불량 등 신체적 문제(18.3%), 짜증·신경질 증가 등 성격 변화(9.1%) 순이었다. '구직을 아예 포기했다.'는 응답도 0.6%에 달했다.

면접을 시작하기 전에 부정적인 자기 개념을 억누르는 것이 중요하다. '가면 증후군(Impostor Syndrome)'으로 다음 면접이 좌절하지 않도록 주의해야 한다. 가면 증후군은 자신의 성취를 능력이나 노력의 결과로 인정하지 않고, 운이나 외부 요인 덕분이라고 생각하는 심리적 현상이다. 자신이 실제보다 과대평가를 받고 있다고 느끼며, 언제 진짜 모습이 들통날지 모른다는 불안에 시달린다. 능력이 충분함에도 불구하고 실력이 부족하다는 사실이 드러날까 두려워하는 것이다. 이 때문에 '능력 있는 척하는 가면을 쓰고 있다.'는 의미에서 가면 증후군이라 부른다. 미국 조사에 따르면, 약 70%가 일생에 한 번 이상 이 경험을 한다.

1978년 가면 증후군 개념을 처음 소개한 미국 조지아 주립대 심리학과 폴린 클랜스, 수잰 아임스 교수는 이 같은 사람들의 특징을 '자기 능력 부정(자기 의심)', '다른 사람의 칭찬 무시', '실패에 대한 과도한 걱정', '최고가 되고 싶은 욕구' 등으로 정의했다. 가면 증후군이 있는 사람은 탁월한 능력자가 되고 싶은 마음이 굴뚝같지만, 정작 성공해도 자신의 실력을 믿지 못한다. 실패했을 때 느끼는 강한 굴욕감과 수치심을 피하려고 과로하다가 번아웃을 겪거나 우울증에 빠지기 쉽다.

면접은 누구에게나 이러한 취약함을 자극할 수 있다. 특히 실직 상태에서 면접을 볼 경우, 취업과 안정적인 수입을 확보해야 한다는 압박감이 더해져 스트레스가 커진다. 예상치 못한 질문과 답변에 대한 불확실성은 무력감을 심화시키며, 면접 과정의 각 단계에서 부담이 누적될수록 상황은 더욱 악화될 수 있다.

면접 탈락 이후 심리적 부담을 덜어 줄 피드백이 매우 중요하다. 가면 증후군과 메타인지를 연구하는 리사 손 미국 컬럼비아 대학교 버나드칼리지 심리학과 교수는 '메타인지란 실수나 부족한 부분뿐 아니라 내 성공도 인정하는 능력'이라고 강조한다. 메타인지를 활용해 자신을 평가절하만 하는 생각을 모니터링하는 게 중요하다는 의미다. 불안감 때문에 쓸데없이 노력하는 시간도 줄일 수 있다.

국내 기업과 공공기관에서 지원자들을 배려하는 면접 피드백이 늘어나고 있다. 국내에서도 KOICA, 한국주택금융공사, 한전KDN, 한국가스공사 등 다수 공공기관이 체험형 인턴과 탈락자에게 1:1 역량 피드백 보고서를 제공하고 있으며, '역량면접코칭 클리닉'을 통해 맞춤형 피드백과 개선 코칭을 제공하는 사례가 확산되고 있다.

일방적으로 갑질 하던 면접관이 아니라 피드백을 하는 면접으로 바뀐다

'면접 피드백'을 간단히 이메일로 제공하던 것이 보고서 형태로 발전했다. 아예 별도로 역량 개선 코칭 교육으로 제공하는 사례로도 변화하고 있다. 역량 분석 피드백을 넘어서 취업역량 강화 코칭까지 확대되고 있는 추세다. 탈락자 역량 분석 피드백을 넘어서 탈락자들에게 역량 개선 코칭 교육까지 제공하는 사례도 등장했다.

한국원자력환경공단은 신입 공채 탈락자 중 희망자들 대상으로 '채용 탈락자 케어를 위한 면접역량 강화 교육'을 제공했다. 한국원자력환경공단 인재경영팀 원종열 팀장은 "우리 공단은 면접전형 불합격 시 제공되는 강·약점 피드백에 더해 차별화된 공감 채용을 실천하고자 '탈락자 면접역량 강화교육'을 시행했다."면서 "침체된 취업 시장에서 우리 청년들에게 취업 경쟁력 향상의 기회 제공은 공공기관의 책무다. 한국바른채용인증원을 통해 시행한 면접역량 강화교육은 매우 체계적이었고 전문 코치가 함께해서 교육생들의 만족감을 눈으로 확인할 수 있었다."고 말했다. 이어 "이런 탈락자 케어 방식은 장기적으로 공단의 미래 인재 양성에도 큰 도움이 될 것이다."라고 덧붙였다.

공공기관들이 체험형 인턴 교육 프로그램에 '역량 분석 코칭 교육'을 도입하는 사례가 증가하고 있는 것으로 나타났다. 이는 단순히 실무 경험을 제공하는 것을 넘어 인턴들의 실질적인 취업역량 강화를 지원하는 추세가 확산되고 있음을 보여 준다.

실제로 한국수력원자력, 부산항만공사, 한전KDN, 예금보험공사, 서민금융진흥원, 한국가스공사, 한국가스안전공사, GH경기주택도시공사, 한국중부발전, 한국에너지기술평가원 등 다수의 공공기관은 체험형 인턴들을 대상으로 '역량면접코칭 클리닉'을 제공하여 참여 인턴들에게 높은 만족도를 얻었다. 역량면접코칭 클리닉은 인턴들의 강점과 약점을 객관적으로 분석하고, 개인별 맞춤형 코칭을 제공해 취업 경쟁력을 높이는 데 초점을 맞춘다. 특히 면접, 자기소개서 작성 등 실제 취업 과정에서 필요한 실질적인 역량 강화에 도움이 된다는 평가를 받고 있다.

조지용 한국바른채용인증원 원장은 "정부의 공공기관 체험형 인턴 내실화 방침에 따라 공공기관들이 경영평가를 대비해 과거 형식적으로 운영되던 인턴 제도를 실제 청년들의 취업역량 강화를 지원하는 형태로 변화시키고 있다."고 밝혔다.

실제로 최근 공공기관에서는 이러한 피드백 문화를 확장하고 있다. KOICA는 탈락자에게도 개인별 역량 분석 보고서를 제공하고 있으며, 한국가스공사와 원자력환경공단은 아예 '탈락자 역량개선 워크숍'을 운영하기 시작했다. 청년정책 박람회나 고졸 채용 엑스포에서도 1:1 모의 면접과 첨삭 피드백이 제공되며, 참여자 만족도는 대부분 99% 이상으로 나타나고 있다.

한편, 면접 피드백의 품질은 면접관의 전문성과도 직결된다. 최근에는 '채용전문면접관' 자격 취득이 주목받고 있다. 삼성, SK, LG, 쿠팡, KB국민카드 등 주요 기업들도 사내 자격과정을 개설해 면접의 전문성과 공정성을 강화하고 있다. 이는 단순히 채용 스킬을 넘어 조직의 법적 리스크를 예방하고, 채용 브랜딩을 강화하는 핵심 전략으로 이어진다.

결국 면접 피드백은 평가와 기록을 넘어 지원자에 대한 존중과 조직문화의 품질을 드러내는 마지막 커뮤니케이션이다. 구조화된 피드백 시스템과 AI의 결합, 그리고 성장 지향적 피드백 문화는 미래 채용의 표준이 되어 가고 있다. 이제 면접 피드백은 단순한 '선발'의 도구가 아니라 좋은 인재를 다시 만나기 위한 조직의 전략적 언어가 되어야 한다.

'면접 피드백'은 면접 후 면접관이 지원자의 성과를 평가하고, 그에 대한 관찰과 인상, 판단을 체계적으로 정리한 평가 정보를 말한다. 이는 단순한 채점이나 통과 여부를 넘어서 지원자의 강점과 개선점에 대한 구조화된 통찰을 제공한다. 이는 평가의 일관성을 높이고, 채용 결정의 투명성을 강화하는 한편, 지원자에게는 자기 성찰과 성장의 기회를 제공한다. 오늘날 채용 과정에서 피드백은 단지 '내부 기록'의 성격을 넘어 기업의 채용 철학과 지원자 경험의 품질을 보여 주는 지표로 작용하고 있다.

긍정적인 면접 피드백 vs 건설적인 면접 피드백

면접 피드백의 핵심은 지원자의 장점을 인정하고, 그것이 직무 수행과 조직 적응에 어떻게 기여할 수 있는지를 구체적으로 언급하는 것이다. 긍정적인 피드백은 채용되지 않았더라도 지원자에게 가치 있는 것을 제공하기 때문에 전반적으로 더 나은 경험을 제공하는 데 기여한다.

좋은 피드백의 한 예로는 건설적인 피드백이 있다. 이는 지원자의 면접 성과 향상을 지원하고, 다음 면접을 준비할 수 있도록 실행 가능한 구체적인 조언을 제공한다. 이는 지원자를 깎아내리는 것이 아니라 오히려 격려하고 힘을 실어 준다. 의사소통 오류를 지적하는 것부터 더 나은 답변을 위한 제안까지 다양한 피드백을 제공할 수 있다.

일반적으로 건설적인 피드백은 비건설적인 피드백이나 피드백이 전혀 없는 것보다 더 좋은 결과를 가져온다. 건설적 피드백은 단순한 부족 지적이 아닌, 지원자가 스스로 개선할 수 있도록 돕는 방향으로 구성되어야 한다. 피드백의 목적은 성장 가능성을 제시하는 것이며, 실천 가능한 제안을 담는 것이 중요하다.

전문용어나 내부 용어, 모호한 표현은 지원자에게 혼란을 준다. 피드백은 명확하고 직관적인 언어로 전달되어야 하며, 이해하기 쉬운 문장 구조를 사용하는 것이 기본이다. 지원자에게 면접 피드백을 보내는 것은 단순히 면접 경험을 향상시키는 것 이상의 의미를 지닌다. 향후 재지원 가능성을 높이고 채용 브랜딩을 강화하는 데에도 도움이 된다. 지원자를 채용하지 않았더라도 지원자를 개인으로서 소중히 여기고 그들의 경력 성장에 진심으로 관심을 갖고 있다는 것을 보여 줄 수 있다. 여기에 소개한 면접 피드백 예시를 활용하여 지원자에게 긍정적인 피드백과 건설적인 피드백을 작성해야 한다.

면접 불합격 피드백 메시지 예시

SK이노베이션 이메일 메시지

안녕하세요. SK이노베이션 채용담당입니다.
금번에 실시한 SK이노베이션 신입사원 모집에 관심을 갖고 지원해 주셔서 진심으로 감사드립니다.
서류지원 경쟁률 자체가 매우 치열한 만큼 탈락을 드린 점은 안타깝지만 여러분의 탓은 아니오니 마음에 담지 마십시오. 이번 채용 전형을 통해 느끼신 아쉬움과 부족함은 서류 분석과 보완의 기회로 삼으시고, 다음 전형에서 좋은 경험으로 이어지길 바랍니다. 지원자 한 분 한 분의 서류를 정성껏 읽고, 회사와의 적합도를 중심으로 치열하게 검토하여 부득이하게 소중한 분들을 모시지 못하게 되었습니다.
SK이노베이션은 패기와 열정, 도전정신을 가진 젊은 인재들이 무한한 가능성과 잠재력을 바탕으로 큰 꿈을 펼쳐 나가는 회사입니다. 비록 금번 채용에서는 함께하지 못하지만, 앞으로도 지속적인 관심과 성원으로 언젠가 한 사람의 성장과 회사의 발전이 맞닿게 되는 기회가 꼭 있기를 바랍니다. 이번 경험이 소중한 배움과 성찰의 기회가 되기를 바라며, 여러분의 앞날에 건승이 함께하시길 진심으로 기원합니다.
향후 채용 전형 일정과 관련된 사항은 채용 홈페이지를 통해 지속 안내드리며, 추후 지원자에 대한 불이익은 없을 것입니다. 여러분의 미래가 언제나 행복과 웃음으로 가득하길 기원드리오며, 더욱 성장한 모습으로 다시 한 번 뵐 수 있기를 진심으로 바랍니다. 저희 SK이노베이션은 지속 성장하여 대한민국을 넘어 세계로 뻗어 가는 많은 젊은 꿈들과 함께할 수 있기를 소망합니다. 감사합니다.

이수그룹 이메일 메시지

안녕하세요. 이수그룹 HR팀 채용담당자입니다.
이수그룹 신입사원 공채에 지원해 주셔서 감사합니다.
안타깝게도 이번 공채에서는 귀하를 모실 수 없게 되었습니다. 저 또한 취업준비생 시절, 수차례 고배를 마셨습니다. 당시 탈락문구의 붉은 색깔만으로도 당락을 알 수 있었을 정도라 이렇게 글로 제대로 읽어보지도 못했지요. 지금 이 글을 쓰면서 한편으로 조심스러워집니다. 그 어떤 위로도 위력을 가질 수 없기 때문입니다.
감히 말씀드리지만, 귀하의 역량이 부족하다는 것은 결코 아닙니다. 오늘의 면접 탈락으로 너무 상심하지 않으셨으면 합니다. 여러 지원자분이 이 과정을 통해 적합한 소수의 인원을 선발하는 과정에 있었다는 점 이해를 바랍니다. 이번 과정을 돌아보며, 부족한 점은 어떻게 보완하고 강점은 어떻게 더 발전시킬 수 있을지 고민해 주시기 바랍니다. 저 역시 이수그룹 채용담당자의 한 사람으로서 공정하고 따뜻한 채용문화를 만들도록 노력하겠습니다.
진솔하게 적어 주신 글들을 귀하게 읽었습니다. 보내주신 귀한 글은 하반기 채용이 끝나는 대로 폐기할 것을 약속드립니다. 이번 채용으로 귀하의 꿈이 좌절되는 것이 아니라 더 좋은 인연으로 다시 만날 수 있기를 진심으로 바랍니다. 어려운 시절, 저도 그랬듯 더 나은 기회를 향해 오늘도 최선을 다하고 계신 귀하를 진심으로 응원합니다.

(주)이수 HR팀 채용담당자 드림

국내에서는 아직까지 피드백이 일부 공공기관 중심으로 이루어지고 있으며, 인재 경험 개선과 공정채용 실천 관점에서 핵심 전략으로 자리 잡고 있다. 사례별로 강·약점 분석 리포트와 교육 연계 코칭이 병행된 형태로 발전하고 있으며, 자동화된 ATS나 AI 피드백 도구 도입 이전이라도 전문 요원 기반의 정성적 피드백 리포트 활용이 각 기관의 차별화된 전략으로 작용하고 있다. 국내 AI 면접 피드백 서비스는 인공지능 기술을 활용해 면접 과정에서 지원자의 언어·표정·태도·콘텐츠 등을 분석하고, 자동으로 피드백을 제공하는 시스템이다.

구직자들은 AI 휴먼 면접관과 실제 면접처럼 대화하며 상호작용을 하게 된다. 분석적 성향의 실무자, 효율성을 중시하는 관리자 등 서로 다른 연차, 직급, 성격(페르소나)을 가진 AI 면접관 6명 중 1명을 선택할 수 있어 여러 상황의 면접에 대비 가능하다. AI 면접관은 구직자의 답변에 따라 구조화된 꼬리질문을 이어 가며 심도 있는 면접에 들어간다. 이때 구직자에게는 취업 전문가의 행동 코칭과 답변 가이드가 제시되며, 구직자는 이를 참고해 면접 답변을 연습해 볼 수 있다. 답변 후에는 실시간으로 답변 내용 및 행동에 대한 피드백도 주어진다. 모의면접은 연습단계와 실전단계로 나눠 수준에 따라 반복하며 체계적으로 준비할 수 있도록 했다.

AI 휴먼 면접관은 사람인의 AI 기술 노하우를 적용해 실제 사람과 비슷하게 느끼도록 자체 개발했다. 생성속도가 빠른 파운데이션 모델을 기반으로 350만여 건에 달하는 실제 사람의 음성 및 영상 빅데이터를 학습시켜 AI 휴먼 면접관을 생성했으며, 서비스에 최적화된 튜닝을 통해 활용도를 높였다. 또 실제 대화 같은 고품질 음성을 만들기 위해 TTS(Text-to-Speech) 모델에 300시간 이상의 음성 데이터를 학습시켜 자연스러운 발화와 빠른 응답 속도를 구현했다. 채용이라는 상황에 맞춰 일상어보다 직무, 역량, 기업명 등이 강조되도록 발음도 보정했다.

04
면접 피드백 작성 시 유의해야 할 5가지

면접은 더 이상 '합격자 선발'만의 과정이 아니다. 지원자의 경험을 설계하고, 브랜드를 쌓으며, 미래의 고객 가능성까지 고려하는 전략적 접점이 되었다. 최근에는 면접 '시뮬레이션'보다 '피드백'의 중요성이 부각되고 있다. 특히 이메일이나 문자 메시지를 쓸 때 지원자 이름이 다른 경우가 있어 주의해야 한다. 합격 메일도 아닌 불합격 메일에 이름이 틀리게 되면 난감하다. 또한 면접 합격/불합격 피드백이 지연되면 신뢰를 잃을 수 있다. 채용절차법상 통보 의무가 있지만 처벌 규정은 없어 사실상 유명무실하다. 하지만 이런 관행은 기업의 신뢰도와 평판을 갉아먹는 요인으로 작용한다.

'면접 피드백'을 작성할 때 유의해야 할 5가지 원칙을 알아보자.

1. 상투적인 말은 지양하고, '구체적 근거'를 담아라

형식적인 피드백은 지양해야 한다. "우수한 자질을 갖췄지만…", "경쟁이 치열해…" 같은 문구는 '복붙 메시지' 느낌을 준다. 피드백은 모호한 평가가 아니라 실제 면접 상황에서 관찰된 구체적인 행동을 바탕으로 해야 한다. 예를 들어, "준비가 부족해 보였다."는 막연한 표현보다는 "직무 관련 프로젝트 경험에 대해 질문했을 때 핵심 과정과 본인의 역할을 명확히 설명하지 못한 점이 아쉬웠습니다."처럼 표현해야 한다. 무조건 '잘했다'는 칭찬보다 '무엇을, 어떤 맥락에서 잘했는지'를 명시해야 진정한 피드백이 된다.

예시(X) : "귀하의 자질만큼은 높이 평가되었지만 제한된 인원 선발로 함께하지 못하게 되었습니다."

예시(O) : "기획 관련 질문에서 보여 주신 분석적 접근과 협업 중심의 사고는 인상적이었습니다. 이번에는 함께하지 못했지만 진심으로 감사드립니다."

2. 막연한 위로보다 '공정한 기준'으로 말하라

"다음 기회에는 꼭 함께하길 바랍니다."라는 위로성 멘트는 헛된 기대를 남기는 '희망고문'이 될 수 있다. 피드백은 감정을 어루만지기 위해서가 아니라, 사전에 정의된 기준에 따른 판단 이유를 설명하는 과정이다. 외모, 말투, 배경 등 직무와 무관한 요소를 언급하거나 암시하지 않도록 주의해야 한다. 평가 기준은 철저히 사전 정의된 역량 항목에 근거해 모든 지원자에게 동일하게 적용되어야 한다.

예시(X) : "긴장한 모습이 아쉬웠습니다. 다음에 더 좋은 인연으로 만나기를 바랍니다."

예시(O) : "일부 질문에서 답변의 구조화가 미흡하여 전달력이 낮았던 점은 아쉬웠습니다."

3. 결과만 통보하지 말고 '이유'를 함께 전달하라

"이번 전형에서는 함께하지 못하게 되었습니다."라는 한 줄 통보는 아무런 학습적 의미도 남기지 못한다. 가능하다면 1가지 강점과 1가지 개선 포인트만이라도 포함해 주는 것이 바람직하다. 피드백은 단순한 '판정'이 아닌 '성장의 방향 제시'다. 부족한 점만 나열하면 방어심리를 자극하고, 칭찬만 하면 학습 효과가 없다. 긍정과 보완을 균형 있게 담는 것이 핵심이다.

예시(X) : "이번 채용 전형에서 안타깝게도 불합격되셨음을 알려 드립니다."

예시(O) : "문제 상황에 대한 논리적 사고력이 돋보였습니다. 다만, 본인의 경험을 구체적인 사례로 연결해 설명하는 데에는 다소 아쉬움이 있었습니다."

4. 불필요한 수사보다 '결과 중심'으로 명확히 말하라

'그럼에도 불구하고', '아쉽지만'과 같은 돌려 말하기는 오히려 혼란을 초래한다. 중복된 위로성 표현은 메시지의 신뢰도를 낮추고, 피드백의 본질을 흐린다. 결과는 명확하게, 감정은 진심으로, 피드백은 수용 가능하게 전달되어야 한다. 특히 커뮤니케이션, 협업 등 소프트스킬 영역에 대해 구체적인 언급이 포함되면 지원자 입장에서도 수용성이 높아진다.

예시(X) : "지원자님의 우수한 자질은 인정받았음에도 불구하고 아쉽지만 제한된 인원 선발이라는 현실적인 제약 속에서 어려운 결정을 내릴 수밖에 없었습니다."

예시(O) : "이번 채용 전형에서는 함께하지 못하게 되었음을 안내드립니다. 면접 준비에 기울여 주신 정성과 열정에 진심으로 감사드립니다."

5. 면접 피드백의 효과는 타이밍이 중요하니 최대한 2주 안에 제공하라

면접 피드백의 효과는 언제 전달하느냐에 달려 있다. 피드백은 인터뷰 직후 기억이 명확할 때 전달해야 하며, 면접관 피드백 입수 후 72시간(3일) 이내에 제공하는 것이 이상적이다. 면접 직후 1~2주 이내에 피드백이 전달되어야 지원자에게 실질적으로 도움이 된다. 피드백이 지연되면 지원자는 이미 다른 결과에 몰입하거나 해당 기업에 대한 인상이 나빠진다. 특히 피드백을 체계화하기 위해서는 표준화된 평가 양식과 피드백 예시를 마련하고, 동일한 구조와 용어로 작성하는 것이 중요하다. 이는 조직의 신뢰도와 브랜드에 직결된다.

예시(X) : "면접 보신 지는 조금 시간이 지났지만, 그동안 많은 지원서를 검토하느라 시간이 걸렸습니다. 결과적으로 함께하지 못하게 되었음을 안내드립니다. 수고하셨습니다."

예시(O) : "성실한 준비와 열정에 깊이 감사드립니다. 이 경험이 향후 더 큰 도전의 발판이 되기를 진심으로 응원합니다."

면접 피드백은 채용의 '마침표'가 아니라 지원자와 기업이 신뢰를 주고받는 '종결 메시지'다. 진심이 담긴 한 줄의 피드백은 지원자에게 방향을 제시하고, 조직에 대한 긍정적 인식을 남긴다. 결국 좋은 피드백이 좋은 지원자를 다시 돌아오게 만든다.

참고문헌

- 고나린, "불합격이어도 제발 알려주세요"…채용절차법 있는데 왜 아직도?, 한겨레신문, 2024. 8. 4.
- 공태윤, 지원자에 감사메일, 탈락자에겐 12줄의 위로편지…'친절한' SK이노베이션 채용팀, 한경 JOB&JOY, 2017. 5. 31.
- 백봉삼, 바뀐 공공기관 채용 트렌드…"탈락자까지 케어하라", ZDNET Korea, 2025. 3. 18.
- 에밀리 맥크래리, 고용주들은 면접 피드백을 왜 꺼려할까?, BBC korea, 2024. 1. 27.
- 이효상, 취준생 절반 "면접 탈락 후유증 회복에 1~2주 걸려", 한경리크루트, 2019. 5. 21.
- 전예진, 1차 면접 탈락한 이유 '피드백'해 주는 보령제약, 한국경제신문, 2017. 12. 11.
- 최고야, 노력 다해 성공하고도 "난 무능해"…겸손이 아닙니다, 동아일보, 2025. 3. 22.
- 홍예원, 구직자 83.3% "면접 탈락 이유 피드백 받고 싶어", 뉴스앤잡, 2021. 7. 6.
- 대니얼 코일, 『최고의 팀은 무엇이 다른가』, 박지훈·박선령 옮김, 웅진지식하우스, 2018.
- 패트릭 렌시오니, 『최고의 팀은 왜 기본에 충실한가』, 유정식 역, 흐름출판, 2018.

https://hbr.org/2019/12/dont-let-impostor-syndrome-derail-your-next-interview
https://www.aihr.com/blog/interview-feedback-examples/
https://humaans.io/hr-glossary/interview-feedback
https://peoplemanagingpeople.com/recruitment/how-give-candidate-feedback/

04

AI 리터러시

'디지털 리터러시'가 아닌, 모든 직무에 'AI 리터러시'의 시대가 온다

#AI #리터러시 #디지털리터러시 #챗GPT #챗GPT리터러시
#직무분석 #직무역량 #저작권 #AI자기소개서 #채용플랫폼 #프롬프트

인공지능은 인간 지능을 대체하는 것이 아니라
인간의 창의성과 독창성을 증폭시키는 도구입니다.

- 페이페이 리(Fei-Fei Li, 전 스탠퍼드 AI연구소 소장)

01
AI 리터러시

AI 리터러시가 채용 시장을 바꾼다

2026년 채용 시장의 결정적 키워드는 단연 'AI 리터러시(Literacy)'다. 최근 링크드인이 발표한 「급부상하는 기술」 보고서에 따르면, AI 리터러시는 2025년 커리어를 변화시킬 가장 수요 높은 역량 1위로 꼽히며, 전 산업군에서 주목받고 있다. 기술 환경이 빠르게 고도화됨에 따라 기업들은 이제 단순한 디지털 역량을 넘어 'AI를 이해하고, 비판적으로 해석하며, 적극적으로 활용할 수 있는 문해력'을 인재 선발의 새로운 기준으로 삼고 있다.

조지아 공대의 듀리 롱(Duri Long) 박사와 브라이언 마게르코(Brian Magerko) 교수는 AI 리터러시를 'AI의 원리를 이해하고 비판적으로 평가하며, 다양한 맥락에서 AI와 효과적으로 협업할 수 있는 역량의 집합'으로 정의했다. 즉 단순한 기술 사용 능력을 넘어 AI가 어떻게 작동하고, 왜 그렇게 판단하는지를 이해하는 통찰력과 윤리적 태도까지 요구하는 개념이다.

실제로 글로벌 컨설팅 기업 PwC의 『2024 AI Jobs Barometer』는 AI를 인간을 대체하는 기술이 아닌, 인간의 역량을 확장하고 보완하는 파트너로 정의한다. 이 보고서는 기업이 직원의 AI 활용 능력을 높이기 위해 실질적인 교육과 리터러시 강화에 투자해야 한다고 강조한다. AI 리터러시는 이제 선택이 아닌 채용의 핵심 기준이 되고 있다.

이제 '디지털 리터러시'에서 'AI 리터러시'로 변한다

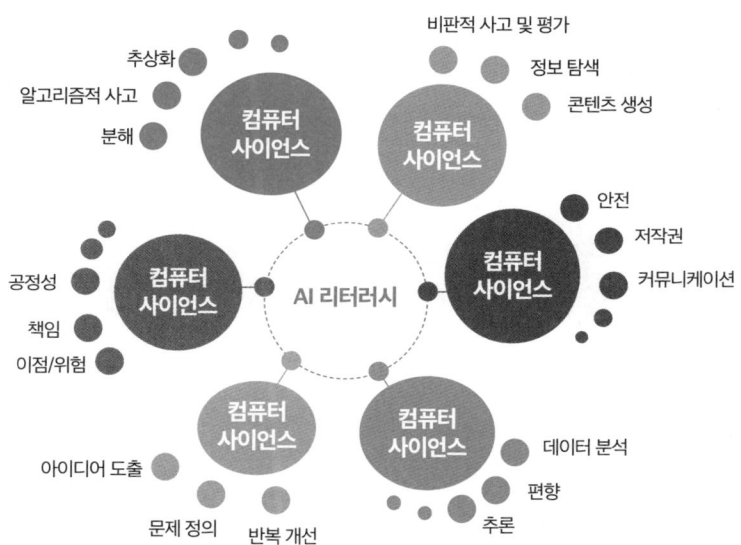

OECD/OEDE AI 리터러시 프레임워크

2025년 5월 22일 유럽연합 집행위원회(European Commission)와 경제협력개발기구(OECD)는 Code.org와 협력하여 초·중등 교육을 위한 'AI 리터러시 프레임워크(AI Literacy Framework)' 초안을 발표했다. AI 도구의 단순한 사용을 넘어 AI와의 공동 창작, 윤리적 고려, 책임 있는 활용 등을 강조했으며, AI 리터러시를 모든 교과목에 통합할 것을 제안하고 있다. 포럼의 「2025년 미래 일자리」 보고서에 따르면, 글로벌 노동력에 필요한 기술의 약 40%가 5년 이내에 바뀔 것으로 전망된다.

학생들을 미래에 대비시키려면 전통적인 커리큘럼을 넘어 알고리즘적 사고, 신속한 엔지니어링, 데이터 시스템의 편향 이해 등 AI 관련 기술을 포함해야 한다. 하지만 학습자에게는 기술적 노하우보다 AI가 복제할 수 없는 인간의 기술, 즉 공감, 판단력, 윤리적 추론 및 협업이 더 필요하다. AI 리터러시 프레임워크는 이러한 가치를 구조에 녹여 내어 AI 시대에 디지털 리터러시, 미디어 리터러시, 데이터 사이언스, 컴퓨터 사이언스, 디자인 싱킹, 윤리, 등 기술 중심, 윤리 중심의 학습 접근 방식을 장려한다.

AI 리터러시도 계층간 격차로 심화된다

개인의 'AI 리터러시'를 향상시키기 위한 공교육 관점의 접근과 AI 기본 사회 구현을 위한 정부 차원의 노력은 아직 걸음마 단계에 불과하다. 글로벌 컨설팅 PwC는 「2025 AI 일자리」 보고서에서 AI를 적극적으로 활용하는 기업의 직원 1인당 매출액 성장률이 그렇지 않은 경우보다 3배가량 높으며, AI 기술을 보유한 직원의 임금이 그렇지 않은 직원보다 56% 높다고 밝혔다. 이는 AI 활용 역량에 따라 개인과 조직의 경제적 성과가 현격히 갈릴 수 있다는 점을 보여 주는 단적인 사례다.

실제로 채용 과정에서 AI 리터러시는 잘 사용하는 능력도 중요하지만 협업 능력도 체크하고 있다. 채용 과정에는 자기소개서 항목에 AI 툴 사용 경험과 프롬프트 작성 사례가 반영되며, 포트폴리오 평가에서는 생성형 AI로 만든 콘텐츠, 자동화 협업 사례 등이 포함된다. AI 윤리와 데이터 보호 같은 문항을 통해 사고력을 평가하며, "AI를 동료로 생각한다면 어떤 역할을 줄 것인가?"와 같은 비정형 면접 질문도 등장하고 있다. 경우에 따라서는 비전공자를 위한 AI 개념 퀴즈나 프롬프트 튜닝 과제 등 사전 테스트도 병행된다. 요컨대 AI를 '쓸 줄 아느냐?'보다 AI와 '어떻게 협업하느냐?'가 인재 선발의 핵심 역량이 되고 있는 시대가 도래했다.

AI 리터러시는 기술 숙련도를 넘어 신뢰 기반의 조직문화와 일의 미래를 설계하는 역량으로 간주되고 있다. 이러한 흐름은 국내 주요 기업에서도 관찰된다. 삼성전자 DX 부문은 2024년 하반기 채용부터 자기소개서 항목에 'AI 자동화 도구 활용 경험'을 명시적으로 요구하고 있다. GPT, Notion AI, RPA 등 다양한 도구를 어떻게 업무에 접목시켰는지를 구체적으로 서술하게 하며, 면접 단계에서도 AI 기반 협업 경험이 주요 질문 항목으로 다루어진다. 채용 시장의 트렌드가 '디지털 리터러시'에서 'AI 리터러시'로 변화하고 있다.

02

AI 리터러시 – 세계 동향

AI 리터러시는 '맹신'이 아니라 '이해'가 필수다

AI 리터러시는 이제 채용에서 기본 자격 요건이자 핵심 평가 기준이 되었으며, 글로벌 기업들은 이를 실제 역량 검증에 반영하고 있다. 과거 2018년 아마존 사례처럼 데이터 편향으로 인해 실패했던 경험도 있다. 인사이트 글로벌(Insight Global)의 2025년 AI 채용 설문조사에 따르면, 채용 관리자의 99%가 채용 프로세스 전반에 걸쳐 AI를 어느 정도 활용하고 있다, 채용 전문가의 98%가 AI가 채용 프로세스를 개선했다고 답했다는 점이다. 반면, 구직자들은 AI 채용 도구에 대해 경계심을 갖고 있다.

미국인력협회(American Staffing Association)의 인력 모니터(Workforce Monitor) 설문조사에 따르면, 취업한 구직자의 거의 절반(49%)이 'AI 채용 도구가 인간보다 더 편향적'이라고 생각하는 것으로 나타났다. 이러한 회의적인 태도는 적극적인 구직자들 사이에서 더욱 두드러지는데, 현재 구직 활동을 하고 있는 구직자의 43%가 AI 편향에 대한 우려를 표명한 반면, 적극적으로 구직 활동을 하지 않는 구직자의 29%가 AI 편향에 대한 우려를 표명했다.

놀라운 것은 AI 채용에 대해서 구인자와 구직자가 극명하게 의견이 다르다는 점이다. AI에 대해서 다룰 때도 기술을 '맹신'할 것이 아니라 기술을 '이해'하고 다룰 수 있는 능력, AI 리터러시의 중요성을 여실히 보여 준다.

2019년 일리노이주는 미국 최초로 채용 관련 주법인 AI 영상 면접법(Artificial Intelligence Video Interview Act)을 제정했다. 이 주법에 따르면, AI 영상 면접을 이용하는 경우 고용주에게 5가지 의무를 부과하는데 사전 통지 의무, 정보 공개 의무, 사전 동의 의무, 면접 영상의 제3자 공유 제한, 삭제 의무이다.

아울러 뉴욕시는 현재 '자동화된 채용 결정 도구법(Automated Employment Decision Tools, 이하 AEDT)'을 시행하고 있다. 이 법에 따르면, 고용주 및 채용 대행 기관이 자동화 채용 결정 도구를 사용하는 경우, 사용 후 1년 이내에 편향성 감사를 실시하고, 결과는 정보 공개를 통해 공개하도록 했다. AEDT 활용에 대한 사전 통지가 직원 또는 지원자에게 제공되지 않는 한 이를 사용할 수 없도록 금지하고 있다.

국내에서도 채용절차법의 개정 움직임이 지속적으로 보이며 해외 사례는 국내 기업들에게도 시사하는 바가 클 것으로 보인다. 이에 대처하기 위해 채용에 AI를 활용하고자 하는 기업들은 공개된 지침이나 법규를 준수해 공정하고 안전한 채용 프로세스를 구축하고 운영할 필요가 있다.

코딩을 몰라도 AI가 코드를 작성하는 시대, '바이브 코딩'

에릭 슈미트 구글 전 CEO가 "12개월 이내에 AI가 대다수 프로그래머를 대체할 것"이라고 언급한 전망은 점차 현실이 되고 있다. 실제로 미국 노동 시장에서는 2025년 3월 컴퓨터 프로그래머 고용이 1980년대 이후 최저치를 기록했으며, 2033년까지 관련 일자리가 10% 더 줄어들 것으로 예상된다. 전체 일자리는 1년 전보다 10% 증가했지만, 소프트웨어 개발자 채용 공고는 오히려 35% 감소했다.

이 같은 변화는 글로벌 빅테크가 앞다투어 AI 코딩 도구를 출시하면서 더욱 가속화되고 있다. 오픈AI의 '코덱스(Codex)'는 코드 작성, 버그 수정, 질의응답을 동시에 처리할 수 있으며, MS는 '빌드 2025'에서 전체 소프트웨어를 자동 생성하는 AI 에이전트를 공개했다. 앤트로픽의 다리오 아모데이 CEO는 "머지않아 AI가 대부분의 코드를 작성하게 될 것"이라고 전망했고, 와이콤비네이터의 개리 탠 CEO도 '바이브 코딩(Vibe Coding)' 확산으로 인해 기존 코더 수요가 크게 줄 것이라고 밝혔다.

바이브 코딩은 사용자가 말로 기능을 설명하면 AI가 앱이나 프로그램을 자동으로 만들어 주는 방식이다. 오픈AI 공동창업자 안드레이 카파시가 제안한 개념으로 기존의 문법 중심 코딩을 넘어 직관, 감성, 창의적 흐름을 강조한다. 이는 GitHub Copilot, 챗GPT, Cursor AI 같은 보조 코딩 도구와 맞물리며 빠르게 확산되고 있다. 반복적이고 구조적인 작업은 AI

가 처리하고, 개발자는 문제 해결자이자 기획자·디자이너 역할까지 수행하는 방식으로 진화하고 있다.

특히 Cursor AI는 사용자가 프롬프트를 입력하면 의도를 파악해 코드를 자동 제작해 주는 도구로 실제 업무 효율을 1.5배 향상시켰다. 이를 개발한 애니스피어(Anysphere)는 기업 가치가 25억 달러에서 불과 몇 달 만에 99억 달러로 급등했다. 최근 오픈AI가 인수한 '윈드서프(Windsurf)' 역시 이 시장의 주요 경쟁자로 부상했다. Cursor AI는 단순 반복 업무를 대신 수행하며 2~3명의 몫을 처리할 수 있어, 기업은 신규 초급 개발자보다는 숙련된 개발자와 AI 도구의 협업을 선호하는 흐름으로 전환하고 있다.

마크 저커버그 CEO는 "내년에는 자사 개발의 절반을 AI가 수행하게 될 것"이라 전망했으며, 사티아 나델라 MS CEO 역시 "MS 코드의 20~30%는 이미 AI가 작성했다."고 밝혔다. 채용과 인재 전략의 관점에서 중요한 것은 'AI로 대체될 수 없는 고급 문제 해결 능력'과 'AI와 협업하는 역량'을 갖춘 개발자를 확보하는 일이다.

단순한 AI 활용을 넘어 실제 어떻게 적용하는지 확인하라

AI는 더 이상 채용의 보조 기술이 아니다. 글로벌 선도 기업들은 AI 리터러시를 지원자의 기본 소양이자 실무 역량 판단 기준으로 삼고 있다. 이는 단순히 Copilot이나 챗GPT 같은 도구를 사용할 줄 아는지를 넘어 AI를 실질적 문제 해결 파트너로 인식하고 협업할 수 있는지, 그 과정에서 윤리적 태도와 비판적 사고력을 갖췄는지를 함께 평가하는 흐름으로 확장되고 있다.

2026년 채용 시장에서 AI 리터러시는 '기술 숙련도'를 넘어 '기술 이해

AI 리터러시 기반 채용

기업	AI 리터러시 평가 목적	평가 방식	주요 항목	적용 사례/특이점	시사점
메타 (Meta)	생성형 AI를 실무 협업 도구로 활용할 수 있는가	'AI-Enabled Interviews' 시범 운영. 면접 시 AI 도구 사용 허용	- 생성형 AI 활용 전략 - 문제 해결 과정의 사고력 - 프롬프트 설계 능력	사내 게시판 통해 AI 면접 파일럿 참여자 모집, 기존 코딩 평가에서 전환 시도	AI를 업무 파트너로 간주하는 조직 철학 반영. 실무형 사고 평가 강화
구글 (Google)	AI 도구를 활용한 문제 해결력과 구조적 사고	사전 과제 기반 포트폴리오 + Interview Warmup	- AI 활용 사례 중심 사고 전개 - 도구 선택 및 응용력 - 비판적 관찰력	Gemini 및 Google AI API 활용 경험을 기반으로 실무 연계 질문 구성	AI 도구 활용 경험보다 '활용 맥락과 구조화된 사고 과정'이 핵심
마이크로소프트 (Microsoft)	업무 효율성 증대를 위한 AI 협업 경험	면접 중 프로젝트 공유 + Copilot 연계 활용	- AI 기반 자동화 경험 - 협업 사례 내 적용 방식 - 책임감 있는 활용 태도	Copilot 사용 경험을 서류/인터뷰에서 제시 요구, 사전 프롬프트 최적화 능력 검토	실무 적용력 중심. 도구에 대한 이해 + 윤리적 사용 태도를 동시에 검토
유니레버 (Unilever)	AI가 평가하는 환경에서의 리터러시 수준 간접 측정	HireVue 기반 AI 면접 + 사전 안내자료 제공	- AI가 평가자일 때의 태도 - 표현 방식의 전략성 - 디지털 면접 문해력	AI 면접 평가 방식 및 피드백 구조 사전 공유 → 응시자 대응 방식 관찰	AI 환경에 적응·대응할 수 있는 심리적 민감도와 수용력 평가 중심
액센추어 (Accenture)	AI 윤리와 프롬프트 최적화 등 비판적 AI 활용 역량	'AI 리터러시 테스트' 사전 과제 도입	- 데이터 편향 판단력 - 프롬프트 설계 기술 - 윤리적 AI 사용 인식	실제 문제 상황을 시뮬레이션하고 프롬프트 구성·결과 해석력 측정	기술이해 + 비판적 사고 + 윤리감수성을 종합 평가하는 대표 사례

력 + 비판적 사고력 + 윤리적 감수성'을 포괄하는 실천적 지능이자 기본 자질로 자리 잡았다. IBM을 비롯해 해외 주요 기업들은 이미 AI로 대체 가능한 업무에 더는 사람을 채용하지 않겠다고 선언했다.

지원자 행동의 '데이터 기반 타기팅'이 갈수록 정교화된다

최근 채용 실무 현장에서 '지원자 행동(Applicant Behavior)'의 '데이터 기반 타깃팅(Data-Driven Targeting)'이 갈수록 정교해지고 있다. 기업의 인재관리시스템(HRIS : Human Resources Information System)이나 AI 기반 채용 플랫폼(AI-based Recruitment Platform)은 단순히 서류와 면접 정보를 저장하는 수준을 넘어 구직자가 어떤 공고를 몇 초간 조회했는지, 어떤 키워드에 반응했는지, 자기소개서에서 어떤 어휘를 반복 사용했는지까지 추적·분석하고 있다.

예를 들어, 구직자가 특정 기업의 직무 공고를 조회하거나 AI 자기소개서 분석 도구에 입력한 이력 정보를 기반으로, 이후 다양한 플랫폼에서 유사한 직무나 업종의 맞춤형 채용정보가 반복적으로 노출된다. 이 과정에서 클릭률(CTR : Click-Through Rate), 지원 전환율(Apply Conversion Rate), 재방문율(Retention Rate) 등의 데이터를 통해 AI는 구직자의 관심도와 진정성, 이직 의도까지 예측한다.

이처럼 채용 퍼널 상단(Top Funnel)의 유입 전략조차 AI에 의해 정교화되는 상황이다. 이에 지원자의 AI 리터러시 보유 여부는 채용 퍼널 전반에서 지원자 전환율(Conversion Rate)과 리드타임(Lead Time)에 실질적인 영향을 미친다. 특히 AI 기반 채용 시스템을 이해하고 능동적으로 활용할 수 있는 지원자는 초기 공고 노출부터 최종 오퍼 수락까지의 이동 속도와 효율성이 높아지며, 이는 채용의 품질과 속도를 동시에 향상시키는 요인으로 작용한다.

AI 윤리적 문제 어떻게 할 것인가?

테크 업계에서는 AI로 코딩 테스트를 보는 것을 일종의 '커닝' 행위로 간주해 왔다. 미국 컬럼비아 대학교 학생 로이 리는 아마존 화상 면접에서 AI 앱 '인터뷰코더'를 사용하다가 합격이 취소되고 정학 1년을 받으며 테크 업계의 'AI 커닝' 논란을 촉발했다. 이어 2025년 칸 라이언즈는 브라질 꼰쑬 어플라이언시스·DM9 São Paulo의 수상작이 AI 조작 장면을 포함했다는 이유로 그랑프리를 취소하고, 모든 출품작에 AI 사용 여부 공개를 의무화하는 윤리 기준을 도입했다. AI 기술이 점점 더 채용, 평가, 브랜딩, 교육 등 다양한 영역으로 확장되는 상황에서 이 사건은 AI 리터러시와 윤리 감수성을 갖춘 인재의 필요성, 그리고 조직 차원의 디지털 진정성 관리 역량이 얼마나 중요한지를 다시금 환기시켜 준다.

알파세대 이후 베타세대, 'AI 네이티브'가 등장한다

미래학자인 마크 맥크린들이 2025년 1월 1일부터 2039년까지 태어날 세대를 '베타세대'로 명명했다. 맥크린들은 Z세대 이후 2010~24년 출생한 세대에게 알파벳 대신 그리스 문자를 사용해 '알파세대'라는 용어를 붙인 인물이기도 하다. 베타세대는 20세기 이후 8번째 세대로 M세대와 Z세대의 자녀에 해당한다. 이들은 팬데믹 이후의 세상에서 성장하며 22세기까지 경험할 첫 세대다.

맥크린들은 베타세대가 디지털과 물리적 세계의 경계가 사라지고, 가상과 현실이 자연스럽게 융합되는 환경에서 살아갈 세대가 될 것으로 전망했다. 이 세대의 핵심적인 특징은 AI를 일상 속에서 자유롭게 활용한다는 것이다. 알파세대가 스마트 기술과 AI 발전을 경험한 세대라면, 베타세대는 AI가 완전히 생활에 스며든 환경에서 이를 능숙하게 활용할 가능성이 크다. 특히 AI와 자동화 기술이 교육, 업무, 의료, 엔터테인먼트를 포함한 모든 생활 분야에 깊이 자리 잡은 시대를 살아갈 것이라고 봤다.

이들은 자율주행 대중교통과 웨어러블 AI 건강 기기, 몰입형 가상현실 (VR) 등 첨단 기술을 일상에서 처음 경험하는 세대가 될 가능성이 높다고 전망했다. 특히 MZ세대가 디지털 언어와 기기를 자연스럽게 익혀 '디지털 네이티브'로 불렸던 것처럼 베타세대는 AI 기술이 일상 곳곳에 자리 잡은 시대에 태어나 'AI 네이티브'로 불리게 될 것으로 전망한다.

03

AI 리터러시 – 국내 동향

AI가 면접관의 역할까지 해 준다니!

실제로 사람인 설문조사에 따르면, 20대 구직자의 69.9%, 전체 구직자의 39.6%가 이미 구직 과정에서 AI를 활용하고 있다. 실제로 요즘 Z세대 구직자들은 AI를 영리하게 쓴다. AI가 이제 면접관 역할까지 해 주는 시대가 왔다.

예를 들어, 챗GPT에게 "나는 지원자이고, 너는 10년 경력의 면접관 역할을 해 줘. 내 자기소개서에서 약점을 질문해 줘."라고 주문하고, 이를 바탕으로 실전 연습을 한다. 취업스터디를 직접 모으거나 예상 질문을 일일이 만들 필요 없이 AI가 첨단 도구로 활용된다. PDF 논문 파일을 Google Notebook LM에 업로드하면 핵심 내용을 추출해서 팟캐스트처럼 핵심 내용을 듣는다. 직무 분석 대신 "백엔드 개발자 KPI를 알려 주고 지원자로서 무엇을 준비해야 하는지 알려 줘."라고 구체적으로 준비하며, "SK 하이닉스의 반도체 시장 경쟁력, R&D 투자, 친환경 경영, 인재상에 관한 OX 퀴즈 8문제와 정답·해설을 작성해 줘."라고 기업 정보도 퀴즈 생성기로 손쉽게 분석한다.

단순히 "자기소개서 써 줘."라고 요청하는 것이 아니라 "대학생 해커톤 2회 입상, 스타트업 백엔드 인턴 경험(REST API, AWS), 장애 해결 등 팀 프로젝트 경험을 STAR 기법으로 풀어서 500자 자기소개서 형식으로 작성해 줘."라고 요청한다. 개인 경험과 직무 특성에 맞춰 자기소개서 작성 맞춤형 챗GPT로 자동화하고, 감마AI나 펠로AI를 활용하면 기본 자료 입력만으로 PPT 전체를 자동 생성할 수 있다. 기업 로고만 넣으면 차별화된 비주얼까지 손쉽게 완성된다. 이제 중요한 것은 "누구나 AI를 쓰는 시대, 어떻게 쓰느냐가 실력이다."라는 점이다.

국내에서도 코딩 테스트에서 AI 사용을 허가했다

국내 이커머스 스타트업 컬리가 개발자 공채에 AI를 활용한 코딩 시험을 신설했다. AI의 코딩 성능이 날로 발전하는 만큼 이를 활용하는 개발자의 능력도 직무역량으로 간주하겠다는 취지다. 컬리는 개발자 공채 과정에서 서류 통과자를 대상으로 실시하는 코딩 테스트에 챗GPT 등 AI 챗봇 사용을 허용한다.

중고거래 플랫폼 당근마켓도 직군과 상관없이 업무 전반에 AI를 전면 도입하라는 지침을 내렸다. 일각에서는 신규 채용을 최소화하기 위한 준비 작업이라는 해석이 나온다. 국내 이커머스 인사 담당 임원은 "당근마켓은 인사관리(HR) 피벗을 시도하고 있다."며 "정규직 개발자를 쉽게 자를 수 없으니, 이들의 직무를 전환해 고용 부담을 덜려는 것"이라고 귀띔했다.

'소버린 AI'로 주권을 회복한다

한국 정부도 AX 정책을 통해 100조 원 규모의 민관 공동 투자를 단행, AI 인프라 구축과 산업 구조 혁신을 추진하고 있다. '국가대표 인공지능(AI)'을 개발할 정예팀을 선발하는 정부 프로젝트에서 5개 팀이 최종 예선을 통과했다. AI 기술 자립을 위한 정부의 '소버린(주권) AI' 전략 추진에도 본격 시동이 걸렸다. 과학기술정보통신부는 독자 AI 파운데이션 모델 프로젝트 5개 정예팀으로 네이버클라우드, 업스테이지, SK텔레콤, NC AI, LG AI연구원을 선정했다. 이들 기업은 각각 주관사로서 산·학·연이 골고루 참여한 컨소시엄을 이끈다.

이번 사업은 국제 경쟁력을 갖춘 독자 AI 파운데이션 모델을 개발, 해외 기술 의존도를 낮추고 K-AI 생태계를 확장하는 것을 목표로 한다. 파운데이션 모델이란 광범위한 데이터로 학습된 범용 모델을 가리킨다. 정부는 이를 기반으로 국내 여러 산업의 AX를 이끌 수 있을 것으로 본다. 목표 성능은 오픈AI의 챗GPT 등 최신 글로벌 AI 모델의 95% 이상이다. 한국 기업들도 AI 리터러시 역량 평가도구 개발, AI 인턴십 프로그램 등으로 실질적 AI 활용력과 윤리적 감수성을 갖춘 인재 선발에 주력하고 있다.

삼성전자도 스마트폰 등을 담당하는 MX(모바일경험) 사업부가 '커서'를 SW 개발에 활용해 왔던 것으로 전해졌다. IT 기업이 밀집한 경기도 판교나 서울 가산동 일대에서는 AI를 통해 코딩 작업에 나서면서 관련 개발 직무에 대한 신규 채용을 하지 않는 분위기가 빠르게 확산되고 있다.

AI '바이브 코딩'이 대세가 되면서 SW 개발자들이 점차 구직난에 시달리고 있다. 앞으로의 채용에서는 단순히 'AI를 다루는 기술'만이 아니라 AI와 함께 일할 줄 아는 태도와 통합적 감각이 핵심 평가 기준이 될 전망이다. AIPRM의 크리스토프 C. 셈퍼 연구 책임자는 "AI가 일자리를 위협한다는 두려움보다 사람들이 AI를 활용해 어떻게 자신을 발전시키는지가 더욱 중요하다."고 강조했다. AI는 '경쟁자'가 아니라 '협력자'로 인식해야 한다.

04

AI 리터러시에서 주의해야 할 5가지

AI 리터러시는 단순히 새로운 도구를 '써 보는 경험'에서 그치지 않는다. 데이터가 어떻게 수집·전처리·분석되는지, AI 모델이 어떤 알고리즘과 기준으로 판단하는지, 그리고 그 결과가 사회·경제·윤리적으로 어떤 영향을 미치는지를 꿰뚫어 보는 통합적 사고력이다. 이 역량은 단기 교육으로 완성되지 않으며, 지속적인 학습, 비판적 성찰, 실무 적용을 거쳐야 비로소 몸에 배게 된다.

AI가 생활과 업무 깊숙이 들어온 지금, 우리는 단순 소비자가 아니라 능동적 참여자·감시자·설계자로서 기술을 다룰 수 있어야 한다. 결국 양보다 질이 중요한 시대에는 기술을 빠르게 습득하는 사람보다 그 본질을 이해하고 책임감 있게 쓰는 사람이 진짜 준비된 인재다.

1. '써 봤다'로는 부족하다 → 원리와 구조까지 꿰뚫어라

챗GPT를 몇 번 써 본 경험이나 툴 UI 적응력만으로는 리터러시를 갖췄다고 할 수 없다. AI 리터러시는 원리·구조 이해, 문제 해결 적용력, 윤리적 판단까지 포함하는 총체적 사고력이다. 예를 들어, AI가 만든 보고서를 그대로 제출하는 것이 아니라 결과물의 정확성과 편향 여부를 점검하고, 수정·보완 과정을 거쳐 자신의 판단이 반영된 결과물로 만드는 것이 핵심이다.

2. 전공은 무의미하다 → 모든 직무에서 AI 문해력을 요구하라

AI는 이제 컴퓨터 전공만의 전유물이 아니다. 마케팅, HR, 기획, 디자인 등 모든 직무에서 AI 이해도와 협업력은 생산성과 경쟁력에 직결된다. 예를 들어, 마케터가 생성형 AI를 활용해 시장 리서치 보고서를 만들고, 디자이너와 협업해 광고 시안을 신속히 수정·적용하는 능력은 '전공'이 아니라 '적응력'에서 나온다.

3. AI를 맹신하지 마라 → 윤리와 책임이 최종 필터다

AI는 편향된 데이터, 허위 정보, 개인정보 침해 등 다양한 리스크를 내포한다. 'AI를 어떻게 쓸 것인가?'뿐 아니라 '언제 AI를 쓰지 않아야 하는가?'를 판단하는 역량이 필요하다. 예를 들어, 채용 과정에서 AI 필터링을 쓸 때 데이터 편향으로 특정 집단이 불이익을 받을 가능성을 사전에 점검하는 것이 AI 윤리 리터러시다.

4. 결과물로만 평가하지 마라 → 학습여정까지 검토하라

AI는 편향, 허위 정보, 개인정보 침해 등 잠재적 위험을 품고 있다. '어떻게 쓸 것인가?'보다 '언제 쓰지 말아야 하는가?'를 판단하는 역량이 필수다. 경험 영역, 배우는 속도, 새로운 기술을 배우는 태도, 학습 곡선을 줄이려는 노력 등을 살펴야 한다. 예를 들어, 처음 접하는 AI 툴이라도 2~3일 내에 문서 작성, 데이터 분석 등 기본 기능을 익혀 내는 습득 속도와 응용력이 핵심 평가 포인트다.

5. 책상에서 머물지 마라 → 현장 문제 해결 중심으로 접근하라

리터러시는 추상적 지식이 아니라 맥락 속에서 발휘되는 실전 능력이다. 면접, 실습, 포트폴리오 평가 시 실제 업무 상황에서의 프롬프트 설계, 데이터 처리, 자동화 적용 사례를 묻는 것이 효과적이다. 예를 들어, "마케팅 캠페인 보고서를 생성형 AI로 작성·요약하고, 결과를 수정·배포하기까지의 과정을 설명하라."와 같이 구체적 활용 문맥을 제시해야 한다. 면접, 실습, 포트폴리오에서 실제 업무 시나리오를 기반으로 AI 활용 능력을 검증해야 한다.

참고문헌

- 김만기, SK C&C, AI 이용해 신입 뽑는다, 파이낸셜뉴스, 2024. 9. 10.
- 김민기, AI의 일자리 걷어차기…"英 신입사원, 챗GPT 출시 후 3분의 1 감소", 한국일보, 2025. 7. 1.
- 김민정, AI에 먼저 두들겨 맞았다…취업 뚫은 '면접의 신' 비밀, 중앙일보, 2025. 6. 19.
- 김성은, 딱 '이것'만 배우면 AI도 무릎 꿇는다?…노벨상 수상자가 던진 생존 로드맵, 서울신문, 2025. 6. 18.
- 김수경, 칸라이언즈, AI 조작 논란에 DM9 그랑프리 취소…'AI 윤리' 강화 조치 도입, 뉴데일리경제, 2025. 6. 30.
- 김예슬, AI 시대 억대연봉 新직업 '최고윤리책임자'…뭘 하길래?, 디지털투데이, 2024. 7. 22.
- 김진선, [최재용 AI 리터러시 칼럼] AI 시대, 지자체가 나서야 할 때, 파이낸스투데이, 2025. 8. 5.
- 박동환·양세호, 연봉 적으면 이직할 결심 Z세대 83% "길어야 5년", 매일경제, 2023. 2. 17.
- 박정택·구다해, 채용 AI 활용에 관한 규제 및 사례, 월간 노동법률, 2024. 8
- 박찬, 2025년부터 '베타세대' 등장…"진정한 'AI 네이티브' 세대 될 것", 2025. 1. 4.
- 서민지, 의견서 작성부터 해외 법률문 번역까지…신입 변호사가 하던 일 AI가 척척, 파이낸셜뉴스, 2024. 2. 28.
- 오현우, 'AI커닝' 허락한 컬리 "개발자, 코딩시험 챗GPT 써도 된다", 중앙일보, 2025. 6. 10.
- 원호섭, 메타, 개발자 면접 때 AI 활용 능력 본다, 매일경제, 2025. 7. 30.
- 임현우, 컴퓨터 몰라도, 말만 하면 앱 뚝딱…'바이브 코딩' 뜬다, 한국경제, 2025. 6. 27.
- 장유미, 신입 SW 개발자 안 뽑습니다 …AI로 '코더' 일자리 대체, ZDNET Korea, 2025. 5. 22.

- 정다은, "뱅커도 AI 역량 필수"…은행, 회장부터 사원까지 AI 실무 '열공모드', 2025. 6. 24.
- 조윤정, 'AI 리터러시' 타고 교육 플랫폼 뜬다…직장인 학습 시장 '활활', 디지털데일리, 2025. 8. 4.
- 최민지, 'K-AI' 프로젝트, 카카오 탈락…네이버·업스테이지·LG 등 5개 팀 통과, 2025. 8. 4.
- 김상기·배문교·이동현·이상아·이수형·차지현·황성재, 『코드 너머, 회사보다 오래 남을 개발자』, 한빛미디어, 2025. 6. 30.
- 김영애·전치홍·김광태·김정순·진현, 『HR 테크 혁명 : 생성형 AI편』, 배노조 감수, 삼성글로벌리서치, 2025.
- 김용성, 『AI 리터러시』, 프리렉, 2024.

https://www.weforum.org/stories/2025/05/why-ai-literacy-is-now-a-core-competency-in-education/

https://sites.northwestern.edu/aiunplugged/ailiteracy/

https://www.forbes.com/sites/carolinecastrillon/2025/05/20/ai-recruiting-2025-a-win-for-hiring-managers-not-job-seekers/

https://www.nisum.com/nisum-knows/top-10-thought-provoking-quotes-from-experts-that-redefine-the-future-of-ai-technology

05

컬처애드

비슷한 사람보다 조직에
새로운 가치를 더할 인재를 뽑는다

#컬처애드 #컬처핏 #모티베이션핏 #잡핏 #직무적합성 #조직다양성
#팀다양성 #MZ세대 #문화적합성 #새로운가치 #개성

대부분의 사람이 문화적으로 잘 맞는 사람이라고 할 때,
사실은 '함께 맥주 한잔 하고 싶은 사람'을 말한다.
하지만 다양한 개성을 가진 사람이라면 진짜 훌륭한 인재가 될 수 있다.

- 패티 맥코드(Patty McCord, 넷플릭스 전 최고인재책임자)

01

컬처애드

'컬처핏'에서 '컬처애드'로 진화하고 있다

"조직에 맞는 사람을 고용할까요? 아니면 새로운 관점을 더해 줄 사람을 고용할까요?"

'컬처핏(Culture Fit)' 중심 채용은 조직 내부에 비슷한 사람들만 모이게 만들 위험이 있다. 다양성이 부족해지면 새로운 아이디어가 나오기 어렵고, 변화가 필요한 시점에도 기본 방식만 고수하게 될 가능성도 있다. 장기적으로 오히려 이너서클(Inner Circle)을 형성해서 끼리끼리 놀게 되고 폐쇄적인 조직이 되어 갈 수 있다. 종교적·문화적 이유 등 여러 가지 이유가 있겠지만 사회에서 영향력이 있고 특권적인 혜택을 향유하는 집단에서 많이 찾아볼 수 있다.

스콧 페이지(Scott E. Page)는 『차이(The Difference)』에서 신입사원을 채용할 때 단순히 성과가 높은 사람만 뽑는 것은 최선의 선택이 아니라고 강조한다. 그는 A, B, C 3명의 후보자가 있다고 가정하고 상황을 제시한다. A는 10문제 중 7문제를 맞히고, B는 6문제를 맞히는데 이 문제들은 모두 A가 맞힌 문제와 겹친다. 반면 C는 5문제만 맞히지만, 그중 3문제는 A가 맞히지 못한 문제다. 이 가운데 2명을 뽑아야 한다면 어떻게 해야 할까?

표면적으로는 A와 B를 뽑는 것이 성과가 좋아 보이지만, 페이지는 A와 C를 뽑는 편이 조직 성과를 높이는 데 유리하다고 말한다. 이유는 간단하

스콧 페이지 신입사원 평가

	Q1	Q2	Q3	Q4	Q5	Q6	Q7	Q8	Q9	Q10
A	O	O			O	O	O		O	O
B	O	O				O	O		O	O
C			O	O	O			O	O	

다. 조직이 마주하는 복잡한 문제를 풀기 위해서는 단순히 높은 정답률을 가진 사람들보다 서로 다른 방식으로 문제를 해결할 수 있는 사람들의 조합이 필요하기 때문이다. 그는 이를 '인지적 다양성(Cognitive Diversity)' 이라고 하며, 다양한 배경과 사고방식을 가진 인재가 모일 때 집단의 문제 해결력과 창의성이 극대화된다고 설명한다.

따라서 채용 과정에서는 단순한 능력 지표만 볼 것이 아니라 기존 구성원이 해결하지 못하는 문제를 해결할 수 있는 새로운 관점과 접근 방식을 가진 사람을 찾는 것이 중요하다. 이는 개별 최고 성과자를 모으는 것이 아니라 서로의 차이를 통해 집단 전체의 역량을 확장하는 '조합의 전략'이야말로 진정한 인재 전략의 정밀화임을 시사한다.

조직을 운영할 때 '유사 적합성'과 '보완 적합성'을 고려하라

조직 적합성(Organizational Fit)은 크게 2가지 축으로 나눌 수 있다.

첫째, '유사 적합성(Supplementary Fit)'은 기존 구성원과 비슷한 가치관, 업무 스타일을 지닌 인재가 합류해 팀에 안정감, 결속력, 심리적 안전감을 주는 경우다. 이러한 유사성은 빠른 신뢰 형성과 원활한 협업에 도움이 되지만, 지나치면 다양성이 줄어들고 새로운 아이디어 창출이 어려워질 수 있다.

둘째, '보완 적합성(Complementary Fit)'은 기존과 다른 관점, 경험, 역량을 가진 인재가 합류해 약점을 보완하고 새로운 시각을 제공하는 경우다. 이는 갈등을 유발할 수 있으나 건설적 긴장은 오히려 혁신과 성장의 원동력이 된다. 마치 춤을 출 때 리드와 팔로워가 서로 다른 역할을 수행하면서 완벽한 조화를 이루는 것과 같다.

최근 HR 현장에서는 획일적인 '컬처핏'이 다양성 부족과 집단사고(Groupthink)를 유발한다는 비판이 늘고 있다. 이에 따라 '컬처애드(Culture Add)' 개념이 주목받고 있다. 이는 동질성을 유지하기보다 의도적으로 이질적 인재를 영입해 시너지를 창출하고 조직의 변화를 촉진하는 접근이다. '메기 효과(Catfish Effect)'처럼 다른 성향의 인재가 들어오면 기존 구성원들의 긴장감과 활력이 높아져 조직 경쟁력이 강화된다. 오늘날 인재 전략은 단순히 '함께 일하고 싶은 사람'을 찾는 것이 아니라 조직의 변화를 이끌고 미래 성장을 견인할 인재를 영입하는 방향으로 진화하고 있다.

02

컬처애드 – 세계 동향

똑같은 사람만 뽑으면 조직은 평범해진다?

넷플릭스는 채용 안내문에 "우리는 우리에게 도전하고, 우리 조직문화에 새로운 무언가를 더해 줄 수 있는 사람을 찾고 있다."고 명시하며 다양한 의견과 배경이 실제로 논의되는 문화를 조성해 왔다. 이러한 혁신적 인재전략의 중심에는 전 최고인재책임자(Chief Talent Officer) 패티 맥코드(Patty McCord)가 있다. 『Netflix Culture Deck』의 공동 저자이자 『Powerful : Building a Culture of Freedom and Responsibility』의 저자로도 잘 알려진 맥코드는 "똑같은 사람만 뽑으면 조직은 평범해진다."고 강조했다.

통제를 없애면 '자유와 책임(Feedom and Responsibility, F&R)'의 문화가 조성되는데, 이것이 최고의 인재를 끌어들여 통제를 훨씬 줄일 수 있게 만든다. 그렇게 되면 웬만한 회사들이 따라오기 힘들 정도로의 신속함과 혁신이 가능해진다. 넷플릭스는 채용에서 '새로운 시각을 더할 수 있는가?', '기존에 도전할 수 있는가?'를 핵심 기준으로 삼는다. 조직은 '실패를 두려워하지 않고, 문제에 질문을 던지는 사람'을 필요로 한다. 넷플릭스는 채용, 평가, 피드백 시스템 전반을 '회사에 없는 것을 채워 줄 인재' 중심으로 설계했으며, 실무 면접에서도 "최근에 조직에 도전적인 질문을 던진 경험을 말해 달라." 등 차별화된 시각과 의견을 중시한다.

실제로 넷플릭스 콘텐츠팀을 보면 이런 철학이 잘 드러난다. 다양한 국가 출신의 크리에이터들이 모여 각자의 문화적 배경을 바탕으로 독창적인 작품을 만들어 낸다. 「오징어 게임」이나 「종이의 집」 같은 글로벌 히트작들이 바로 이런 다양성에서 나온 결과물이다. 직원에게 가장 큰 동기를 부여하는 것은 '함께 성장할 수 있는 조직'과 '자신의 의견을 솔직하게 낼 수 있는 문화'이다. "회사의 문화란 문서가 아니라 실제로 사람들이 매일 하는 선택과 행동의 집합"이라고 정의했다. 컬처핏만을 강조하면 조직은 안전해질 수 있지만, 이는 오히려 성장과 혁신을 저해할 수 있다.

넷플릭스의 문화는 최고의 인재들이 서로 다르게 생각할 수 있도록 설계됐으며, 이 다름이 실제 논의와 의사결정에 반영된다. 채용하면서 가장 자주 했던 질문은 "이 사람이 우리에게 무엇을 더해 줄 수 있나?"였다. 넷플릭스에서 컬처애드는 선택이 아닌 생존 전략이다.

"다양성은 단순히 우리가 어떻게 다른가에 관한 것이 아니다. 다양성이란 서로의 고유함을 존중하고 받아들이는 것이다."

에어비앤비(Airbnb)의 공동창업자이자 CEO인 브라이언 체스키(Brian Chesky)는 이렇게 말했다. 에어비앤비는 'Belong Anywhere'라는 미션 아래, 다양성과 차이를 조직의 성장동력으로 삼는다. 단순히 기존 문화에 어울리는 사람을 찾는 것이 아니라 조직 내에 없던 경험과 관점, 문화적 배경을 지닌 인재를 적극적으로 영입한다.

실제 채용 과정에서는 "우리 팀에 어떤 새로운 시각을 더할 수 있습니까?"와 같은 질문을 통해 지원자가 어떤 점에서 기존 구성원과 다르고 그 다름이 조직에 어떤 가치를 더할 수 있는지 구체적으로 확인한다. 이 원칙은 채용을 넘어 내부 운영 전반에도 적용된다.

에어비앤비의 본래 명칭 'Air Bed and Breakfast'는 돈 없는 대학생들이 자기 집을 빌려주면서 손님에게 에어베드(Air Bed)와 아침식사(Breakfast)를 내줬다는 점에 착안해 만들어졌다. 처음에는 방을 개별적으로 대여하다가, 그다음에는 아파트나 주택을 통째로 대여할 수 있게 했다. 에어비앤비는 호텔에 투숙하는 사람들이 여행지에 도착해 특색 없는 식사를 하고 비슷한 객실로 들어가는 경험에 주목했다. 현지인의 생활 방식을 접할 기회가 별로 없다는 것이다.

고객은 '침실'이 아닌 '가족 공간'을 원한다. 직원들은 각자의 문화와 경험을 자유롭게 공유하며, 서로의 차이를 존중하고 이해하는 분위기를 형성했다. 에어비앤비는 다양한 국적과 문화를 가진 직원들이 스스로 소모임(ERG)을 만들어 교류하고, 경영진과 자유롭게 의견을 나눌 수 있는 환경을 조성했다. 특히 서비스나 제품 기획 과정에서는 다양한 배경의 팀원 의견이 실제로 반영된다.

예를 들어, 글로벌 이용자들의 다양한 라이프스타일과 숙박 경험을 파악하기 위해 각 지역 출신 직원들이 자신만의 시각을 제공하고, 이 의견이 실제 비즈니스 모델과 서비스 개선에 반영된다. 이는 에어비앤비가 '누구나 어디서든 소속감을 느낄 수 있는' 브랜드로 성장하는 데 큰 역할을 했다. 에어비앤비는 매년 'Diversity Report'를 통해 다양한 배경의 인재 비율과 포용 노력의 결과를 투명하게 공개하며, 다양한 인재가 조직의 의사결정과 성과 창출에 적극적으로 참여할 수 있도록 실질적인 포용 환경을 강화한다.

직원들은 각자의 문화와 정체성을 숨기지 않고 존중받으며, 서로의 다름을 자연스럽게 받아들이는 문화가 조직 전체에 뿌리내렸다. 이처럼 에어비앤비의 컬처애드 전략은 '새로움'과 '다름'을 조직의 경쟁력으로 삼아 글로벌 환경에서 혁신을 주도하고 풍요로운 조직문화를 만들어 내는 중심축이 되고 있다.

컬처애드 면접 질문은 CADD(Culture, Add, Diversity, Difference) 기법을 활용해 면접관이 지원자의 컬처애드 역량을 체계적으로 평가할 수 있도록 설계되어 있다. 각 질문은 숨은 의도와 평가 포인트가 명확하게 드러나도록 구성되어 있으며, 실제 면접 현장에서 조직별 상황에 맞게 유연하게 적용할 수 있다. 이렇게 설계된 질문과 평가 기준을 통해 조직은 단순

컬처애드 인터뷰 질문

면접 질문	핵심 포인트 & 질문 의도	대표 질문 예시
Culture	어떤 팀을 경험하며, 자신이 그 안에서 어떻게 적응하거나 변화를 주도했는지 탐색	"이전 팀에서 가장 기억에 남는 문화적 특성은 무엇이었고, 본인은 그 안에서 어떤 변화를 경험했나요?"
Add	본인이 기존 구성원에게 없는 새로운 관점·가치·역량을 어떻게 기여할 수 있는지 구체적으로 확인	"우리 팀에 합류한다면 어떤 새로운 시각이나 역량을 더할 수 있다고 생각하나요?"
Diversity	다양한 배경이나 성향의 동료와 협업하며, 차이를 긍정적으로 받아들이고 성장한 경험이 있는지 평가	"나와 매우 다른 동료와 일하며 겪은 도전과 그로 인해 얻은 배움이 있다면 말씀해 주세요."
Difference	다수와 다른 의견을 표현하거나 이견을 조율해 본 경험이 있는지, 그리고 그 결과가 무엇이었는지 검증	"이전 경험에서 다수와 다른 의견을 가졌던 사례와, 그 의견이 어떻게 받아들여졌는지 구체적으로 이야기해 주세요."

히 적합한 인재가 아니라 새로운 가치와 변화를 만들어 낼 수 있는 컬처애드 인재를 효과적으로 선발할 수 있다.

왜 파타고니아에 지원했는가?
환경 보호를 위해 어떤 실천을 해 봤는가?

파타고니아(Patagonia)는 전통적인 컬처핏 중심의 채용 방식에서 벗어나 조직의 핵심 가치와 전략에 부합하면서 실제 행동으로 변화를 만들어 낼 수 있는 '컬처애드'를 더욱 중시한다. 화려한 이력이나 학력보다 지원자의 라이프스타일, 가치관, 그리고 사회적 실천 경험을 우선적으로 평가하며, 이력서에서도 경력과 학력보다 취미, 야외활동, 봉사 및 비영리 활동 등 환경과 관련된 실질적 경험을 먼저 확인한다. 이는 지원자가 자연과 지구 보호에 진정한 관심을 갖고 있는지 판단하기 위한 기준이다.

면접 과정에서는 "왜 파타고니아에 지원했는가?", "환경 보호를 위해 어떤 실천을 해 봤는가?"와 같은 구체적인 질문이 반드시 포함된다. 회사의 비전에 단순히 공감하는가보다 실제로 행동으로 옮긴 경험에 더 큰 비중을 둔다. 이런 기준 아래, 파타고니아에는 환경운동가, 봉사단체 활동가 등 다양한 배경의 인재들이 모이고, 이들의 차별화된 경험이 회사의 미션과 혁신의 중요한 동력이 된다.

전 HR 책임자 딘 카터(Dean Carter)는 전통적인 적합성 중심에서 벗어나 지원자의 취미와 자원봉사, 환경운동 경험 등을 꼼꼼히 평가하는 방식으로 채용의 혁신을 이끌었다. 이 전략은 파타고니아의 환경 문제에 대한 헌신과도 일치하며, 다양한 배경과 시각을 가진 인재들이 모여 팀을 구성하는 데 집중한다. 이러한 의도적 변화는 조직의 문화와 혁신, 포용성을 증진시키는 원동력이 된다. 결과적으로 파타고니아는 독특한 관점과 가치관을 지닌 인재를 영입하는 것이 조직의 핵심 문화를 훼손하는 것이 아니라 오히려 조직을 더욱 역동적이고 포용적이며 혁신적으로 성장시키는 힘이 된다는 사실을 증명하고 있다.

면접관들은 지원자가 기존과 다른 시각에서 팀에 어떤 기여를 할 수 있는지, 독특한 성장 경험이나 새로운 문제 해결 방식을 어떻게 보여 줬는지에 집중해 질문한다. 이는 인종이나 성별 같은 표면적 다양성만이 아니라 생각과 접근방식의 '다름'까지 조직에 유입하는 것을 중시한다. 이렇게 선발된 인재들은 팀 내에서 새로운 시각을 제시하며, 프로젝트나 토론의 방향을 변화시키는 데 중요한 역할을 하고 있다.

03
컬처애드 – 국내 동향

컬처핏을 넘어 컬처애드로 채용에 플러스를 더하다

"당신이 우리 팀에 합류한다면 지금보다 어떤 부분이 더 나아질까요?"

OECD에 따르면, 한국도 인구의 5% 이상이 외국인인 다문화 사회로 진입했다. 앞으로 글로벌화와 이민 확대에 따라 조직 내에서 서로의 차이를 존중하고 개인의 고유함을 수용하는 태도가 더욱 중요해질 전망이다. 열린 의사소통과 상호 존중이 자리 잡을 때 다양한 관점이 모여 복합적인 문제를 창의적으로 해결할 수 있다.

앞으로는 컬처핏을 넘어 컬처애드의 가치를 이해하고, 개인의 고유함을 존중하는 문화가 조직과 사회의 미래 경쟁력을 좌우하게 된다. 안정성을 중시하는 조직에 건강한 도전정신을 가진 인재를, 동질성이 강한 팀에 다양한 배경을 가진 인재를 채용하여 긍정적인 긴장감과 새로운 활력을 불어넣는 것이다.

같은 인재만 뽑지 않고 차별화된 인재를 뽑아야 산다

카카오는 「2023 카카오 다양성 보고서」를 업계 최초로 발간하며 임직원 구성, 조직문화 건강성 측정, 가정과 일의 양립 제도, 편견 없는 문화 조성 등 다양한 활동을 투명하게 공개했다. 직원 중 86%가 "자신의 의견을 자유롭게 표현할 수 있다."고 응답하는 등 심리적 안전감이 높은 조직문화를 유지하고 있다.

카카오는 조직 내 다양성과 포용성 강화를 위해 DE&I(Diversity, Equity & Inclusion) 위원회를 공식적으로 운영한다. 이 위원회는 단순히 다양한 배경의 인재를 선발하는 데 그치지 않고, '차별화된 경험'이 실질적으로 조직 변화에 어떻게 기여할 수 있는지를 별도 평가항목으로 설정한다.

예를 들어, 지원자에게 "기존과 다른 관점이나 경험으로 팀에 어떤 영향을 줄 수 있는가?"를 묻는 별도 인터뷰 세션을 진행한다. 실제로 카카오는 기존의 디지털·IT·콘텐츠 산업 경력뿐 아니라 예술, 사회혁신, 교육 등 이질적인 배경을 가진 인재를 적극적으로 채용하고, 이들의 관점이 신사업 아이디어나 서비스 혁신으로 이어질 수 있도록 사내 포럼이나 프로젝트로 연결하는 문화가 자리 잡고 있다.

배달의민족(우아한형제들)은 채용공고에 '우리에게 없는 시각, 질문, 문제의식 가진 분 환영'이라는 문구를 공식적으로 내세운다. 이는 단순한 '채용 브랜딩'이 아니라 실제 채용 과정에서 조직 내에 없던 배경, 경력, 혹은 생각의 틀을 가진 지원자를 우대하는 실질적 기준이다.

면접과정에서 지원자에게 "지금까지 해 온 일과 우리 조직에 부족하다고 느낀 점이 있다면?", "본인이 회사에 가져올 수 있는 전혀 다른 질문이나 시각은 무엇인가?" 등 실제 조직 내 변화를 이끌 수 있는 경험을 구체적으로 묻는다. 특히 다양한 업계에서 활동한 경력자, 스타트업 창업자, 외국계 기업 출신 등 이질적 경험을 지닌 인재들의 채용 비중이 꾸준히 확대되고 있다. 이들은 신사업, 디자인, 기술 개발 등 다양한 분야에서 팀에 없는 '새로운 접근법'을 실질적으로 제공하고 있다.

배달의민족은 컬처핏 면접을 별도로 실시하지는 않으나 서류 합격자를 대상으로 'WSP(Working Style Profile)' 설문을 시행한다. WSP는 업무 방식과 선호도에 대한 문항 120개로 구성되며, 응답자는 모바일로 약 10분간 응답할 수 있다. 결과는 합격, 불합격에 영향을 주지 않으나 면접관의 참고 자료로 활용된다.

기존 업계의 관점과 다른 혁신적 경험이 있는가?

SK텔레콤은 '다름에서 오는 혁신'을 조직 전략으로 내세우며, 기존의 통신·IT 경력자에 국한하지 않고 스타트업, 글로벌 기업, 사회적기업, 경력단절여성 등 비정형 경력자 채용을 꾸준히 확대하고 있다. 실제 채용에서는 "기존 통신업계의 관점과 다른 혁신적 접근이나 경험이 있는가?", "본인의 독특한 커리어가 SKT의 미래 사업에 어떻게 기여할 수 있다고 보는가?"와 같이 '차이'가 실제 변화로 연결될 수 있는지를 묻는다.

입사 후에도 사내 이노베이션 랩, 사내벤처, 멘토링 제도 등 다양한 배경의 구성원이 자신의 아이디어를 시도해 볼 수 있는 실험적 환경을 제공하며, 조직 내 이질성이 곧 성장의 동력이 되는 문화를 실질적으로 운영하고 있다. 이제는 똑같은 인재만 뽑아서는 조직이 살아남을 수 없다. 차별화된 경험과 시각을 가진 인재를 영입해야만 변화와 혁신이 가능하다. 새로운 가치를 더할 수 있는 '다른 사람'이 곧 조직의 생존 전략이다.

04
컬처애드에서 유의해야 할 5가지

'컬처애드'는 단순한 채용 트렌드가 아니다. 급변하는 비즈니스 환경에서 컬처핏을 넘어 조직에 새로운 관점과 혁신 역량을 더해 줄 인재를 영입하는 채용 전략이다. 넷플릭스와 구글의 성공 사례가 보여 주듯 다양성은 비용이 아니라 투자이며, 그 투자 수익률은 상상 이상으로 클 수 있다. 이는 조직의 혁신과 성장을 이끄는 강력한 동력이 될 수 있지만, 신중한 접근이 없다면 오히려 혼란을 야기할 수 있다. 성공적인 컬처애드 전략을 위해 유의해야 할 5가지 핵심 사항을 실용적으로 제시한다.

1. 일시적 충돌이 발생해도 심리적 동요 없이 '개방적 마인드셋'을 갖춰라

컬처애드는 새로운 관점, 이질적 경험이 유입되는 만큼 기존 구성원과의 일시적 마찰이나 소통 장애가 발생할 수 있다. 팀 내에서 생각, 경험, 배경의 다양성을 받아들일 수 있는 사람을 뽑아야 한다. 이런 다양성이 오히려 '조직 혁신(Organizational Innovation)'의 촉진제가 되려면 개방적 사고와 피드백을 할 줄 알아야 한다.

기존 직원들은 준비되어 있는가? 새로운 동료를 받아들이고 함께 성장할 수 있는 개방적인 마인드셋과 스킬을 갖췄는가? 조직은 다양한 의견의 충돌을 생산적 토론과 학습의 기회로 적극적으로 전환할 수 있는 자유로운 환경을 만들어야 한다. 이러한 다름이 파괴적 갈등이 아닌 생산적 충돌로 이어지기 위해서는 '심리적 안전감(Psychological Safety)'이 반드시 전제되어야 한다. 리더십의 확고한 의지와 지원이 없으면 컬처애드는 불가능하다. 최고경영진이 단순히 말로만 지지하는 것이 아니라 실질적인 자원과 권한을 제공해야 한다.

2. 단순히 다양한 배경이 아니라 '실패를 공유할 수 있는 사람'을 뽑아라

단순히 다양한 배경이나 특성을 가진 인재를 선발해서 상징화하는 데 그치지 말아야 한다. 진정한 '컬처애드'는 이들이 실제 의사결정, 프로젝트, 리더십 등에서 조직 내 영향력을 갖고 참여할 수 있도록 실질적으로 포용(Incusion)하는 데 초점을 맞춰야 한다.

아마존은 DEI 지표만으로 다양성을 평가하지 않고, 프로젝트팀을 구성할 때 다양한 배경·전공·경험을 가진 인재가 의사결정 과정에 참여하도록 'Diverse Interview Panel' 제도를 도입했다. 이들은 정기적으로 '팀 회고(Team Retrospective)'를 실시하여 성공과 실패의 원인을 분석하고 개선점을 함께 도출한다. 'Correction of Error(COE)'라는 체계적인 실패 분석 프로세스를 운용하며 '실패 공유회(Failure Sharing Session)' 등을 통해 조직의 문제를 개인의 탓으로 돌리지 않고, 시스템 개선의 기회로 삼는 문화를 구축한다. 이 세션에서는 '누가 잘못했나?'보다 '무엇이 시스템적으로 개선되어야 하는가?'에 초점을 둔다. 팀워크에 뛰어난 지원자는 팀 역동성을 크게 향상시킬 수 있다.

3. 핵심 가치와 비즈니스 미션과의 '전략적 정렬'을 촉진하라

컬처애드는 단순히 '다른 사람'을 뽑는 것이 아니다. 중요한 것은 '새로움' 자체가 아니라 조직의 비전·핵심 가치·전략 방향성과 정렬된 '기여 가능한 다름'을 선별하는 일이다. '방향 없는 다양성'은 오히려 혼란을 야기할 수 있지만, '전략적 정렬(Strategic Alignment)'은 조직 혁신을 실질적으로 촉진한다.

애플은 이를 대표적으로 보여 준다. '세상을 바꾸는 위대한 제품을 만든다.'는 미션 아래 디자인·사용자 경험(UX)을 핵심 가치로 삼고, 지원자가 이에 공감하는지를 면밀히 평가한다. 동시에 보안·디자인·AI 등 기존 조직에 부족한 전문성을 더할 수 있는지도 중요하게 본다. 즉 단순한 '다름'이 아니라 애플의 혁신을 구체적으로 강화할 수 있는지를 확인하고 선발한다.

실제로 아이팟과 아이폰 출시 과정에서도 애플은 조직 미션과 정렬된 최소 기능(디자인과 사용자 경험)을 우선시하며, 'Think Different' 정신을 실현했다. 이는 기업이 현재 조직문화의 강점과 약점을 객관적으로 파악하고, 무엇을 유지하고 무엇을 보완할지 명확히 결정해야 함을 보여 준다. 결국 컬처애드는 일자리를 채우는 개념이 아니라 기업문화에 기여하고 함께 성장하려는 인재를 끌어들이는 과정이다. 비전, 핵심 가치, 전략 방향성을 분명히 제시하는 것이 바로 그 출발점이다.

4. 입사 초기 적응이 어려우니 신규 인재의 안착을 돕는 '버디'를 강화하라

채용 프로세스 전반을 점검했는가? 공고문, 면접 질문, 평가 기준, 의사결정 과정 등 모든 단계에서 편향을 제거하고 다양성을 촉진하는 요소들을 포함시켜야 한다. 기존과 다른 배경이나 특성을 가진 인재일수록 입사 초기 적응이 어렵고, 고립감을 느끼기 쉽다. 공식적인 업무 멘토 외에 회사 생활 적응을 도와줄 '버디(Buddy)'를 지정해 주면 신규 입사자의 심리적 안정감과 소속감을 높이는 데 매우 효과적이다.

마이크로소프트(Microsoft)의 연구에 따르면, 입사 첫 주에 버디를 만난 신입사원은 그렇지 않은 경우보다 97% 더 빠르게 생산성을 회복했다. 체계적인 온보딩(Systematic Onboarding), 멘토링, 동료 네트워크 지원 등을 통해 컬처애드 인재가 자신의 역량과 영향력을 충분히 펼칠 수 있도록 도와야 한다. 무엇보다 구조화된 면접을 통해 '기업문화에 잘 안착할 인재'를 객관적으로 평가해서 뽑는 것이 선행되어야 한다.

5. 암묵적 차별, 불이익, 배제가 발생하지 않도록 '공정한 보상'이 이루어지고 있는지 확인하라

지속적인 모니터링과 개선 체계가 구축되어 있는가? 일회성 이벤트가 아니라 조직문화의 근본적 변화를 위한 장기적 관점이 필요하다. 세일즈포스(Salesforce)의 CEO 마크 베니오프(Marc Benioff)는 '급여 형평성은 기업의 윤리이자 혁신의 기반'이라고 강조했다. 세일즈포스는 '급여 형평성 분석(Pay Equity Analysis)'을 통해 현재까지 누적 2,200만 달러(약 297억 원) 이상을 임금 격차 해소에 투자하여 성별 및 인종 간 임금 격차를 해소한 대표적인 사례이다.

기존 구성원과 다르다는 이유로 암묵적 차별, 불이익, 배제가 발생하지 않도록 '편견 없는 성과 평가 시스템(Unbiased Performance Evaluation System)'

을 구축하는 것이 무엇보다 중요하다. 동일 직무, 동일 성과에 대해 성별, 인종, 나이 등과 관계없이 공정한 보상이 이루어지고 있는지 정기적으로 데이터를 분석하고, 불균형이 발견될 경우 즉시 시정해야 한다.

채용은 다른 차별이나 배제의 장벽이 되어서는 안 된다. 새로운 직원들의 조직 적응을 돕고, 기존 직원들이 고유한 관점을 공유하고 발전시키도록 장려해야 한다. 무엇보다 조직 구성원 모두가 다양성의 가치를 이해하고, 함께 성장하겠다는 의지를 가져야 한다. 컬처애드는 단순한 채용 철학을 넘어 '다름'을 조직 혁신의 강력한 동력으로 삼을 수 있을 것이다.

참고문헌

- 곽래건, "우리 회사랑 잘 맞을까?"…요즘 기업, 채용 때 '컬처핏' 테스트, 조선일보, 2025. 3. 16.
- 김기환, "자소서 복붙 전 SNS 좀 봐라" 요즘 대기업, 컬처핏 따진다, 중앙일보, 2025. 2. 4.
- 김도희, 다문화 시대를 맞이한 한국 직장에 필요한 것('컬처애드'와 '개인주의'), 오마이뉴스, 2024. 7. 23.
- 김인수, [매경 MBA] 덜 똑똑해도 다양하게 뽑아라, 매일경제, 2014. 3. 14.
- 스텔라 김, 기업의 진화는 이제 '컬처핏'이 아닌 '컬처애드', 미주중앙일보, 2024. 10. 16.
- 현정민, 토스·당근도 하는 '컬처핏 면접'…스타트업 채용 관문이라지만 취준생 불만, 조선비즈, 2025. 2. 19.
- 루 아들러, 이병철 옮김, 『100% 성공하는 채용과 면접의 기술』, 진성북스, 2016.
- 리드 헤이스팅스·에린 마이어, 이경남 옮김, 『규칙 없음』, 알에이치코리아, 2016.
- 엘라 F. 워싱턴, 『다정한 조직이 살아남는다』, 이상원 번역, 갈매나무, 2023. 6. 2.
- 정현천, 『다양성, 형평성, 포용성의 시대가 온다』, 트로이목마, 2025.
- 제레미 구체, 『트렌드 헌터』, 정준희 옮김, 리더스북, 2010.

- Boris Groysberg, Chasing Stars: The Myth of Talent and the Portability of Performance, Princeton University Press, 2010.
- Boris Groysberg 외, "The Myth of Talent Portability," Harvard Business Review, 2006.
- David Rock & Heidi Grant, "Why Diverse Teams Are Smarter", Harvard Business Review, 2016.

https://business.linkedin.com/talent-solutions/diversity-inclusion-belonging/why-you-shouldnt-hire-for-culture-fit

https://www.cultureally.com/blog/culture-add-vs-culture-fit

https://www.aihr.com/hr-glossary/culture-add/

https://cxomedia.in/2025/03/05/blue-tokai-appoints-ai-chatbot-as-chief-listening-officer-to-track-employee-sentiment/

06

풀스택 인재

한 우물보다 여러 강을 건너는 사람, '풀스택 인재'가 강하다

#풀스택 #프론트앤드 #백앤드 #데이터베이스
#무경계 #일의경계 #연결

지금 이외에는 다른 시간이란 결코 존재한 적이 없으며
결코 존재하지도 않을 것이다.

- 켄 윌버(Ken Wilber, 『무경계』 저자)

01

풀스택 인재

이제 전체 스킬을 폭넓게 다룰 수 있는 '올라운더 플레이어'가 뜬다

'풀스택 인재(Full-Stack Talent)'란 특정 영역에만 국한하지 않고, 기획·개발·데이터·디자인·마케팅 등 다양한 스킬을 갖춰 문제 해결을 위해 여러 역할을 수행할 수 있는 융합형 인재를 말한다. 이들은 단순히 여러 일을 동시에 처리하는 '멀티태스커(Multitasker)'가 아니라 기획에서 실행·개선까지 전 과정을 주도하는 '엔드투엔드 오너(End-to-End Owner)'다. 쉽게 말해, 문제를 처음부터 끝까지 통합적으로 이해하고 실행할 수 있는 '올라운더 플레이어(All-rounder Player)'다.

원래 '풀스택'이라는 용어는 1990년대 웹 개발 분야에서 프론트엔드(사용자 화면)와 백엔드(서버, 데이터베이스)를 모두 다루는 개발자를 지칭하며 쓰이기 시작했다. 이후 스타트업 문화와 애자일 방식의 확산과 함께 기획, 개발, 마케팅, 운영 전 과정을 수행할 수 있는 사람을 풀스택 디자이

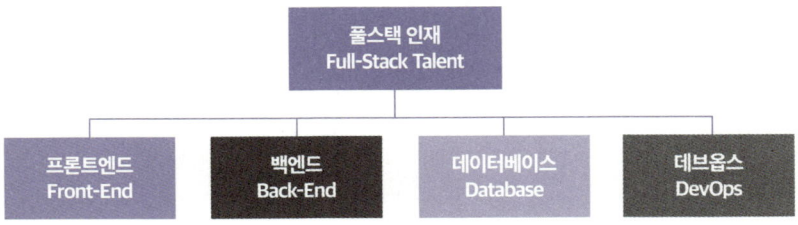

너(Full-Stack Designer), 풀스택 마케터(Full-Stack Marketer), 풀스택 인재(Full-Stack Talent) 등으로 부르게 되었고, HR 분야에서도 전과정 수행 능력을 뜻하는 용어로 확산되었다.

최근 스타트업, 중소·중견 기업, 프로젝트형 조직에서 풀스택 인재 수요가 급증하고 있다. 고도의 전문 기술이 필요한 상황에서 한계를 보일 수 있어 넓이(Breadth)와 깊이(Depth)의 균형이 핵심이다.

과거에는 한 분야의 전문 지식만으로도 커리어를 쌓을 수 있었고, 이러한 단일 분야 전문가를 'I자형 인재(I-shaped Talent)'라고 불렀다. 하지만 전문 분야가 구식이 되면 가치가 급감하고 활용 범위가 제한된다. 디지털 시대에 들어서면서 조직은 한 분야의 깊은 전문성과 다른 분야의 기초 이해를 겸비한 'T자형 인재(T-shaped Talent)'를 선호하게 되었다.

더 나아가 애자일 전환 가속화와 함께 2개 이상의 전문성을 결합한 'π자형 인재(Pi-shaped Talent)'가 부상했다. 야구선수 오타니 쇼헤이처럼 투수와 타자 모두에서 최고 성과를 거두는 '이도류(二刀流)'형 인물이 대표적이다. '이도류'는 일본 검술에서 유래한 말로 현대적으로는 2개의 전문 영역에서 모두 최고 수준 성과를 내는 인재를 의미한다.

디지털 혁명(Digital Revolution) 시대에는 'V자형 인재(V-shaped Talent)'의 가치도 커지고 있다. 한 분야의 깊은 전문성을 보유하다가 산업 변화나 기술 혁신에 맞춰 새로운 분야로 신속히 전환할 수 있는 사람을 말한다. 제조업 엔지니어가 데이터 분석가로, 기자가 콘텐츠 마케터로 전환하는 사례처럼 '학습 민첩성(Learning Agility)'과 '지식 전이 능력(Transferability)'이 핵심이며, 리스킬(Reskilling)·업스킬(Upskilling)·크로스 스킬(Cross-skilling)과 밀접하게 연결된다.

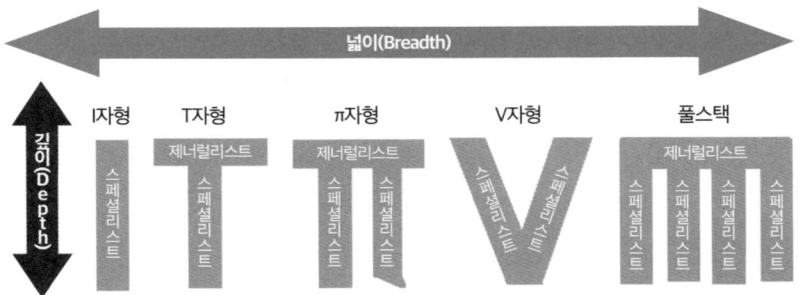

　AX 시대에는 하나의 전문성만으로는 변화 속도를 따라가기 어렵다. 여러 분야에서 깊이 있는 전문성을 갖춘 빗(Comb)형 인재가 필요하다. 이들은 다양한 지식을 단순히 나열하는 수준을 넘어 '깊이 있는 전문성(Deep Specializations)'을 확보하고 융합하여 새로운 가치를 창출한다. 르네상스 시대의 레오나르도 다빈치는 예술, 해부학, 기계공학, 건축, 기하학, 물리학 등에서 모두 깊이 있는 성취를 이룬 대표적인 빗형 인재다.

　과거의 기획·디자인·개발·테스트가 분리되던 환경에서 모바일·애자일 시대에는 이를 통합 수행할 수 있는 인재가 필요해졌고, 실리콘밸리에서는 '풀스택 인재'를 높은 연봉으로 적극 영입하고 있다. 최근 생성형 AI, 특히 챗GPT-5의 발전은 풀스택 인재로 성장하는 시간을 크게 단축시켰다. 자료 조사, 번역, 프로그래밍, 디자인, 글쓰기, 작곡 등 다양한 작업을 AI가 지원하며, 개인은 더 빠르게 다분야 역량을 확보할 수 있다. 앞으로는 AI 활용 능력이 풀스택 인재의 핵심 역량 중 하나가 될 것이다.

　그러나 기술이 아무리 발전해도 변하지 않는 것이 있다. 다재다능한 제너럴리스트(Generalist)이자 다수의 전문성을 갖춘 스페셜리스트(Specialist)로 성장하는 것도 중요하지만, 그보다 먼저 가슴이 따뜻한 '하트스택 인재(HeartStack Talent)'가 되는 것이 필요하다. 인공지능 시대에 필요한 것은 단순히 기술로 무장한 '인공인간'이 아니라 인간다움을 지닌 '온전한 인간'이다.

일을 스킬로 전환할 때 필요한 인재

전통적으로 일은 JD(Job Description)에 명시된 정형화된 업무였지만, 현재는 업무 간 경계가 허물어지고 유연한 가치 창출 활동으로 전환되고 있다. AI와 자동화 기술이 급속히 보급되며 단순 반복 업무는 기계가 수행하고, 인간은 창의적 사고, 전략적 기획, 감성적 판단을 요구하는 과업에 집중해야 한다. 기업은 이에 맞춰 직무 중심 설계에서 여정 기반 설계로 전환하고 있으며, 직원 개개인의 역량과 성장 동선을 중심으로 조직을 재설계하고 있다.

풀스택 인재는 다양한 프로젝트와 역할 변화에도 빠르게 적응하며, 여러 분야의 전문가와 소통하고 협업하는 역량을 바탕으로 조직과 시장에 새로운 가치를 만들어 낸다. 디지털 전환과 초융합의 시대에 풀스택 인재는 직무의 경계에 머무르지 않고, 변화하는 환경에 유연하게 대응하며 지속적으로 성장하는 혁신의 표준으로 자리 잡고 있다. 구글, 마이크로소프트, 아마존, 네이버 등 글로벌 선도 기업뿐 아니라 스타트업에서도 핵심 인재상으로 부상하고 있다.

02

풀스택 인재 – 세계 동향

이제 '풀스택 인재'가 세계를 지배한다

2026년 채용 시장에서 풀스택 인재에 대한 수요는 그 어느 때보다 빠르게 증가하고 있다. 구글, 아마존, 마이크로소프트, 링크드인, 테슬라 등 글로벌 빅테크는 특정 영역의 전문가를 넘어 기술, 기획, 비즈니스, 조직 운영 등 다양한 분야에서 두각을 나타낼 수 있는 인재 채용에 적극 나서고 있다.

딜로이트는 전 세계 93개국에서 약 1만 3,000명의 기업 리더와 구성원을 대상으로 조사한 결과를 담은 「2025 글로벌 인적자원 트렌드」를 발간했다. 이번 리포트는 불확실성이 만연한 경영 환경 속에서 기업이 단기적 성과와 장기적 가치 창출 사이의 균형을 이루기 위한 전략적 통찰을 제공하며, 인적 자원과 비즈니스 성과를 동시에 이끌어 낼 수 있는 총체적 접근법의 중요성을 강조했다. 특히 관리자와 직원 70% 이상에서 직원 가치 제안(Employee Value Proposition, EVP)이 AI 시대에 자신이 일하거나 머물 조직을 결정하는 중요한 요소라고 응답했다. 인공지능(AI)이 향후 인재 유치 경쟁과 조직 정체성 확립에 핵심 요소로 작용할 것임을 시사했다.

보고서는 조직 생존의 핵심 키워드로 '안정적 민첩성(Stagility)'을 제시했다. 조사 결과, 구성원의 75%는 '직장 내 안정성'을, 기업 리더의 85%는 '시장 변화에 적응하는 민첩한 업무 방식'을 각각 중요하게 생각하는 것으로 나타났다. 응답자의 41%가 '가치 창출과 무관한 일'에 시간을 소모하고 있다고 답한 만큼, 근로자가 자유롭게 활용할 수 있는 '비는 시간(Slack)'에 대한 새로운 인식과 가치 부여가 필요하며, 이것이 유연성, 웰빙, 새로운 스킬 습득의 토대가 될 것이라고 분석했다.

마이크로소프트 CEO 사티아 나델라(Satya Nadella)는 '풀스택 인재형 리더'의 대표주자다. 1992년 엔지니어로 입사한 후 개발, 기획, 비즈니스, 조직 경영 전 영역을 직접 경험하며 경영자로 성장했다. 경험은 리더의 정체성을 규정하게 된다. 운영체제 개발, 클라우드 컴퓨팅, 검색, 빅데이터 등 기술 현장에서 실무를 주도했다. 그가 주도한 Azure 클라우드 플랫폼은 기술적 통찰, 전략적 판단, 실행력이 결합되어 '제로(0)에서 수십억 달러 규모의 신사업'으로 성장한 대표 사례다.

CEO 취임 후에는 '그로스 마인드셋(Growth Mindset)'과 '엠퍼시(Empathy)'를 경영 철학으로 내세워 AI·클라우드 중심 재편, 링크드인·깃허브 인수, 조직문화 혁신 등 전사적 변화를 이끌었다. 코로나 시기에도 마이크로소프트가 유연하게 혁신을 지속할 수 있었던 배경에는 나델라가 다양한 역할을 거치며 축적한 암묵지와 리더십이 있었다.

마이크로소프트는 'The Garage'라는 사내 혁신 랩을 통해 신입과 주니어 엔지니어가 2개월간 실제 고객 프로젝트를 기획, 개발, 출시하도록 한다. 나델라 역시 엔지니어, PM, 마케팅, 클라우드 사업 등 다양한 직무를 직접 경험하며 기술, 비즈니스, 조직 관리 역량을 통합한 풀스택형 리더로 자리매김했다. 현재 MS 채용에서 소프트웨어 엔지니어 II, 프로그램 매니저 등 다기능 직군 비중은 40%를 넘어선다.

구글은 2025년 기준 전체 신입 채용자의 약 41%를 'T자형' 역량 보유 인재로 선발한다. 채용 과정은 코딩 테스트뿐 아니라 시스템 설계, 제품

풀스택 인재 - 세계

기업	선호 역량 구조	채용·평가 방식	주요 항목	풀스택 인재 사례	특징
마이크로소프트 (Microsoft)	기술·기획·비즈니스·조직 운영 통합 역량, 리더십·공감·전략·실행력	다기능 직군 비중 40%+, 소프트웨어 엔지니어·PM·클라우드 사업 등 엔드투엔드 경험 중시	'The Garage' 혁신랩, 2개월 고객 프로젝트 실습	사티아 나델라 - 엔지니어→PM→사업총괄→CEO, Azure 제로→수십 억 달러 성장	기술·전략·조직문화 혁신을 통합적으로 주도
링크드인 (LinkedIn)	기술·커뮤니케이션·네트워킹·창의성·문제해결 통합	"조직에 가져올 새로운 가치" 질문, 컬처애드 중시	다양한 경험·사고방식 존중, 멀티도메인 경험 기회 제공	리드 호프만 - 기술·사업·투자·전략 전방위 활동, 네트워크 구축	'연결의 왕', 풀스택 마인드로 조직 혁신
구글 (Google)	T자형 역량(전문+융합), 기획·실행·개선 전 과정 리딩 능력	코딩·시스템 설계·제품 설계·행동면접 병행	'Noogler' 프로그램 12주 순환 프로젝트	순다 피차이 - 크롬 개발·사업 전략, AI·모바일·클라우드 전환	포용적·서번트 리더십, AI+윤리 비전
아마존 (Amazon)	문제정의-고객경험-데이터 분석-운영까지 전 과정 관여, 엔드투엔드 역량	Bar Raiser 제도, 16개 리더십 원칙 평가	'Amazonian Experience'에서 물류·IT·CX 3개 이상 과정 실습	워너 보겔스 CTO - AWS 설계·개발·고객지원 직접 참여	Ownership·Bias for Action 중심, 멀티스킬 리더 48%
테슬라 (Tesla)	엔지니어링·디자인·생산·데이터 등 크로스 도메인 실전 경험	지원 시 크로스 분야 포트폴리오 필수	입사 후 3개월 내 2개 이상 사업부 프로젝트 투입	프란츠 폰 홀츠하우젠 - Model S·3·Y·Cybertruck 전 과정 주도	Zero to One, 빠른 의사결정·유연한 역할 전환

설계, 문제 해결 중심의 행동면접(Behavioral Interview)을 병행하며, 최종 합격자는 'Noogler(신입)' 프로그램을 통해 12주간 실제 서비스 개발, 분석, 디자인 프로젝트를 순환 경험한다. 이처럼 글로벌 빅테크는 '풀스택' 역량을 체계적으로 검증하고, 온보딩 및 실전 경험을 통해 멀티플레이어의 성장을 가속화한다. 각 사의 실제 평가 지표는 기술, 기획, 운영, 커뮤니케이션 능력 등 4~6개 영역에 걸쳐 있으며, 협업력, 문제 해결력, 리더십 등 복합 역량이 최종 승진 및 리더 발탁의 핵심 기준으로 자리 잡고 있다.

03
풀스택 인재 – 국내 동향

    2026년 국내 채용 시장도 글로벌 흐름에 맞춰 풀스택 인재 확보 경쟁이 본격화되고 있다. 특히 스타트업 생태계에서 그 비중은 꾸준히 확대되고 있으며, 2025년 기준 국내 100대 스타트업 중 72%가 '멀티플레이어' 또는 '풀스택' 인재를 핵심 인재상으로 명시했다. 스타트업은 제한된 리소스를 효율적으로 활용해야 하는 특성상 특정 분야에만 집중하는 스페셜리스트보다 여러 역할을 소화할 수 있는 제너럴리스트를 선호한다.

    풀스택 개발자는 다양한 부서와 원활하게 협업하며 프로젝트를 긴밀하게 수행할 수 있고, 초기 아이디어를 빠르게 구현해 비즈니스 인사이트를 도출하는 능력으로 높은 평가를 받는다. 이러한 역량은 웹·모바일 서비스 개발사, 이커머스 플랫폼 등에서도 선호된다.

    네이버는 신사업 TF와 사내 벤처 프로그램 C-Lab을 중심으로 풀스택 인재 비중을 31%까지 확대하며, 채용 시 '풀스택 역량 진단'을 별도로 실시하고 입사 후 6개월 이내 2개 이상의 부서 순환 근무를 의무화해 기술, 서비스, 플랫폼 전반을 아우르는 인재를 육성하고 있다. 대표 사례로 네이버페이 론칭을 주도한 최진석 리더는 개발, 데이터 분석, 서비스 운영, 마케팅까지 전 과정을 직접 리딩하며 올라운더형 역량을 입증했다.

    당근마켓은 '일당백'이라는 조직문화와 인재 전략을 적극 반영하고 있다. 회사는 직무 경계를 최소화해 1명이 여러 역할을 주도적으로 수행하

풀스택 인재 - 국내

기업	선호 역량 구조	채용·평가 방식	육성·온보딩	풀스택 인재 사례	특징
네이버	기술·서비스·플랫폼 전반을 아우르는 기획-실행-운영·전략 통합 역량	'풀스택 역량 진단' 별도 실시, 입사 후 6개월 내 2개 부서 순환 근무	신사업 TF·C-Lab 통해 실전 프로젝트 경험 제공	최진석(네이버페이 론칭, 전 과정 리딩), 석상옥(MIT 박사, 로봇·자율주행 R&D+사업화)	부서 간 순환 경험과 신사업 주도, 첨단 분야 통합 리더십
당근	개발·기획·마케팅 등 다기능 수행, 빠른 출시·개선 주도	실무 과제+2~3개 팀 합동 평가로 다방면 문제 해결력 검증	직무 경계 최소화, 45%가 2개 이상 직무 경험 보유	김용현(기획·개발·전략·운영 전 과정 경험, 전국 플랫폼 확장)	'일당백' 문화, 전사적 전략 통합형 리더십
토스	기획·개발·운영 '1인 3역', 데이터 분석·UI/UX·CS 통합 역량	신입 6개월간 크로스 펑셔널 프로젝트+실무 PT 평가, 결과에 따라 팀 배치·보상 차등	PO 60% 이상이 전 과정 경험, 멀티스킬 필수	이승건(기획·기술·운영·투자·조직문화 직접 주도, 8번 실패 후 유니콘 성공)	실패 학습→민첩 대응, 금융 플랫폼 확장
직방	기술·데이터·마케팅·운영 복합 역량, 신기술·서비스 융합	복수 영역 경험 중시, VR·3D·메타버스 협업 구조	경력·신입 모두 멀티스페셜리스트 육성, 부서 간 유기적 협업	안성우(기술·재무·투자·전략 경험, 부동산→프롭테크 진화)	기술+비즈니스 융합 의사결정, 빠른 전략 실행

는 구조를 운영하며, 전 직원의 약 45%가 개발, 기획, 마케팅 등 2개 이상의 직무 경험을 필수로 갖춘다. 신입 채용 시에도 실무 과제와 2~3개 팀 합동 평가를 통해 다방면의 문제 해결 능력을 검증한다.

김용현 공동대표는 전형적인 풀스택형 리더로 평가된다. 경제학과 졸업 후 삼성물산에서 해외영업·무역 실무를 맡아 글로벌 비즈니스 감각을 쌓았고, 네이버에서 지식iN 등 온라인 서비스 기획을 담당하며 디지털 서비스 역량을 키웠다. 이후 카카오에서 사내 중고거래 게시판을 운영하며 O2O 플랫폼의 가능성을 확인했고, 이를 기반으로 '판교장터'를 창업해

당근마켓으로 성장시켰다. 창업 초기부터 기획, 개발 방향 설정, 비즈니스 전략, 서비스 운영, 커뮤니티 구축까지 전 과정에 깊숙이 관여하며 '빠른 출시와 개선' 전략을 펼쳐 전국 플랫폼으로 확장했다.

토스(비바리퍼블리카)는 개발자, 기획자 채용에서 '1인 3역'을 원칙으로 한다. 2025년 현재 PO의 60% 이상이 기획, 개발, 운영 전 과정을 경험했다. 토스는 신입 입사 후 6개월간 크로스 펑셔널 프로젝트와 실무 PT 평가를 필수화하고, 그 결과에 따라 팀 배치와 보상을 차등 적용한다.

이승건 대표는 전형적인 풀스택형 창업가로 꼽힌다. 치의학과를 졸업하고 삼성의료원 전공의, 공중보건의를 거친 뒤 안정적인 의료인의 길을 뒤로 하고 스타트업 세계에 뛰어들었다. 8번의 창업 실패를 겪으면서 기획, 기술 개발, 서비스 설계, 투자 유치, 조직 운영 등 사업 전 과정을 몸소 경험했고, 이를 바탕으로 2015년 간편송금 서비스 '토스'를 성공적으로 론칭했다.

그는 토스를 단순한 송금 앱에서 종합 금융 플랫폼으로 확장시키며 토스뱅크, 토스증권 등 다양한 금융 사업을 출범시켰다. 이러한 과정에서 제품 개발과 비즈니스 전략, 투자 및 파트너십, 조직문화와 인재 확보까지 전 영역을 직접 주도하며 기술, 비즈니스 조직 운영을 통합적으로 수행할 수 있는 풀스택 역량을 증명했다. 특히 실패 경험을 학습 자산으로 전환하고, 시장 변화에 민첩하게 대응하는 리더십을 발휘해 토스를 기업 가치 수조 원대 유니콘 기업으로 성장시켰으며, 한국 스타트업 생태계에서 차세대 리더십 모델의 모범 사례로 평가받고 있다. 토스는 누적 가입자 수 3,000만 시대를 열었다.

직방은 다양한 역할을 수행할 수 있는 '멀티스페셜리스트' 채용과 육성에 초점을 맞춘다. 직방은 부동산 정보 제공을 넘어 IT, 데이터, UX를 결합한 프롭테크 플랫폼으로 진화했고, 이러한 통합적 접근은 풀스택 인재 전략의 전형적인 성공 사례라 할 수 있다.

국내 주요 IT 기업과 스타트업은 다기능성, 순환 경험, 실전 문제 해결력을 인재 채용과 성장 관리의 핵심 기준으로 삼고 있다. 특히 복수 직무 경험자와 크로스 펑셔널 프로젝트 주도 경험자에 대한 선호가 뚜렷하다. 풀스택 인재는 단순히 여러 분야를 '할 줄 아는' 수준이 아니라 기획, 개발, 운영, 문제 해결을 통합적으로 수행해 빠르게 변화하는 환경에서 조직 혁신을 주도해서 비즈니스 임팩트를 창출하는 핵심 리더형 인재로 자리매김하고 있다.

04

풀스택 인재가 유의해야 할 5가지

'풀스택 인재'란 단일 기술 영역에 국한하지 않고 기획, 실행, 소통, 데이터 분석, 기술 이해 등 여러 기능을 폭넓게 아우를 수 있는 융합형 인재를 의미한다. 일하는 방식이 빠르게 변화하고 있다. 전통적인 직무 중심 인사제도는 점점 그 경계가 흐려지고, 조직은 다양한 프로젝트와 팀 단위로 운영되는 추세다. 이 같은 환경에서 요구되는 인재상이 바로 '풀스택 인재'다. 풀스택 인재란 경계에 얽매이지 않고 다양한 영역의 지식과 역량을 융합하여 여러 역할과 상황에서 가치를 창출할 수 있는 사람을 의미한다.

1. 얕은 지식의 함정을 경계하라

"조금씩만 넓게 알면 하나를 제대로 못해요!" 풀스택 인재의 강점은 다양한 영역의 스킬과 경험에 있지만, 모든 분야를 피상적으로만 이해한다면 실질적인 경쟁력을 갖추기 어렵다. 최소 한두 분야에서는 깊이 있는 전문성을 쌓고, 이를 토대로 다른 영역과 연결하거나 융합하는 전략이 필요하다. 폭넓음과 깊이의 균형이 풀스택 인재의 핵심이다. 조금씩만 알면 결국 대체 가능한 인재가 된다.

2. 고정된 역할에 머무르지 않고, 다양한 관점에서 빠르게 적응하라

"이건 제 일이 아니에요?" 고정된 역할이나 사고방식에 머무르지 않고, 다양한 관점에서 문제를 바라보고 빠르게 적응할 수 있어야 한다. 단순히 '잘하는 일'에만 머무르지 않고, '좋아하는 일'과 '의미 있는 일'까지 커리어의 일부로 받아들여야 한다. 팀과 프로젝트 단위의 다양한 역할을 경험하는 것이 풀스택 역량을 강화한다.

3. 스킬 습득은 목적과 성과로 연결하라

"물경력이 되지 않으려면 어떻게 해야 해요?" 무분별하게 여러 스킬만 쌓는 것은 오히려 커리어의 방향성을 흐릴 수 있다. 자신의 비전과 목표에 따라 필요한 스킬을 목적의식 있게 선택하고, 습득한 역량이 실제 성과로 이어질 수 있도록 해야 한다. 경험과 스킬은 구체적인 성과나 가치 창출로 입증되어야 한다.

4. 협업과 네트워크를 적극적으로 확장하라

"텃세 부리지 마세요!" 풀스택 인재는 혼자만의 역량 개발에 머물지 않고, 다양한 사람과의 협업, 커뮤니케이션, 리더십을 통해 조직 내외에서 새로운 기회를 만들어 낸다. 변화하는 환경에서 팀워크와 네트워크는 혁신과 성장의 중요한 토대가 된다.

5. 지속가능한 성장과 균형을 위해 재충전을 하라

"과도한 업무로 번아웃이 왔나 봐요." 일이 한 사람에게 몰리지 않도록 주의해야 한다. 너무 많은 역할을 무리하게 감당하다 보면 번아웃이나 자기정체성 혼란에 빠질 수 있다. 주기적인 자기 점검과 휴식, 재충전을 통해 균형 잡힌 성장을 이어 가야 한다. 현재와 미래의 스킬 격차를 꾸준히 점검하고, 필요한 부분을 적극적으로 보완하며, 변화에 유연하게 대응할 수 있는 글로벌 마인드셋을 갖추는 것도 중요하다.

참고문헌

- 김대일, 애자일 시대의 풀-스택(Full-Stack) 인재, 컴퓨터월드, 2024. 7. 31.
- 안지섭, 'T형 인재'는 옛말, π형 인재가 뜬다, 독서신문, 2023. 1. 30.
- 오현식, 이어형 카카오엔터 CTO, "고성능·안정성 확보로 안전한 금융 클라우드 제공", 2024. 10. 25.
- 지민구, 非명문대 출신-여성-40대 창업 늘어…스타트업 생태계 급속 확장, 동아일보, 2021. 11. 17.
- 「딜로이트 2025 글로벌 인적자원 트렌드」, 2025.
- 와카스 아메드, 『폴리매스 - 한계를 거부하는 다재다능함의 힘』, 이주만 옮김, 안드로메디안, 2020. 9. 29.
- 콜린 브라이어·빌 카 지음, 『순서파괴』, 다산북스, 2021.
- 피터 홀린스, 『폴리매스는 타고나는가-세상을 바꾸는 융합형 인재들의 힘』, 박지영 옮김, 힘찬북스, 2022. 11. 30.

https://aloa.co/blog/hire-full-stack-developer
https://www2.deloitte.com/xe/en/insights/focus/human-capital-trends/2024/human-capital-strategy-boundaryless-organization.html
https://boottent.com/community/article/20241030144025
https://certibanks.com/KnowledgeArea.aspx?articleid=11

07

커리어 오너십

이제 일은 바뀌어도
커리어의 주도권은 내 손에 있다

#커리어 #오너십 #CDP #IDP #커리어관리
#프로덕트오너 #MVC

남들의 이야기, 남들이 살아온 길에 만족하지 마십시오.
당신만의 신화를 펼치세요.

- 루미(Rumi)

01 커리어 오너십

이제 회사 중심의 관리에서 개인 중심의 오너십이 중요해진다

과거의 커리어 경로가 비교적 안정적이었다면 AI, 자동화, 디지털 전환이 가속화된 지금은 '평생직장'이 아닌 '평생역량'의 시대로 전환되었다. 커리어 오너십(Career Ownership)이 중요해지는 이유는 과거처럼 조직이 개인의 경력을 보장해 주던 시대가 끝났기 때문이다. 평생직장 개념이 무너지고, 대기업과 공공기관조차 구조조정과 사업 재편, 자동화의 영향을 피하기 어려운 환경이 되었다.

링크드인의 「2025 Workplace Learning Report」에 따르면, 직장인의 63%가 향후 2년 내에 스스로 경력 방향을 재설계할 계획이라고 답했다. 최근 커리어 패러다임은 더 이상 조직이 설계하고 관리해 주는 경력 경로를 따르는 것이 아니다.

'커리어 오너십'이란 자신의 경력과 업무에 대해 주도권을 갖고, 스스로 기회를 만들며 책임지는 태도로서 조직 목표와 개인 목표를 스스로 조율해 나가는 마인드셋(Mindset)이다. 기존의 평생직장이 사라지고 전통적 보존을 거부하는 추세에서 '본인이 스스로 책임을 져야 한다.'는 인식이 확산되고 있다. 평생고용의 붕괴, 성과주의의 확산, 연공서열, 내 안온함보다 목표 설정-성과-경력 관리-개인의 충돌이 강조되는 대립이 발생했다. 이제는 고용 안정성보다 평생역량을 유지하고 스스로 경력을 관리하는 능력이 생존의 핵심이 되었다. 여기에 AI와 자동화, 디지털 전환으로 인해 직무와 기술의 수명이 급격히 짧아지고 있다.

"리더는 주인입니다. 리더는 장기적 관점에서 생각하고 단기간의 성과를 위해 장기적 가치를 희생하지 않습니다. 리더는 자신의 팀을 넘어서 회사 전체를 위해 행동해야 합니다. 리더는 절대 '그건 내 일이 아니야.'라고 말하지 않습니다."

아마존이 강조하는 오너십(Ownership) 원칙은 단순히 맡은 일을 수행하는 수준을 넘어 회사 전체의 성공을 자신의 일처럼 생각하고 행동하는 태도를 의미한다. 이는 곧 커리어 오너십의 핵심 정신과 맞닿아 있다. 스타트업의 성지 실리콘밸리에서 부각된 '프로덕트 오너(PO, Product Owner)'는 스타트업이 구성하는 각 프로젝트를 총괄하는 '미니 CEO'로 불린다. 프로젝트 기반의 크로스 펑셔널팀이 확대되고 사내 이동, 사내 벤처, 프리랜스, 긱워크가 늘어나고 있다.

아하 모먼트(Aha Moment), PMF(Product-Market Fit), 그리고 PO(Product Owner)는 제품 성공의 흐름 속에서 긴밀하게 연결된다. '아하 모먼트'는 사용자가 제품이나 서비스에서 가치를 직관적으로 체감하는 순간을 의미한다. 예를 들어, 페이스북에서 첫 10명의 친구를 추가했을 때, 슬랙에서 첫 팀 대화를 시작했을 때처럼 고객이 "이거다!"라고 느끼는 경험이 여기에 해당한다. 이 순간은 제품이 시장에 적합해지는 과정에서 중요한 출발점이 된다.

초기에는 어떤 경험이 아하 모먼트를 만들어 내는지 데이터를 분석하고, 이를 기반으로 제품 기능의 우선순위를 정한다. 이후 고객 집착도를 높이는 개선을 통해 PMF를 가속화하고, 달성 후에는 확장 전략을 수립해 지속 성장을 도모한다. PO는 기능 개발이나 프로젝트 관리에 그치지 않고, 제품의 장기 비전과 고객 가치 창출에 대해 주도적으로 결정하며 그 성과에 대한 책임을 진다. PO의 역할은 제품 성공의 여정에서 자율과 책임을 실천하며, 오너십을 구현하는 대표적인 사례라 할 수 있다.

이제 커리어 관리에서 '커리어 오너십'으로 변하고 있다

전통적인 '커리어 관리(Career Management)'는 조직이 중심이 되어 직원의 경력 경로를 설계하고 관리하는 접근이다. 인사부서나 관리자가 직무 순환, 승진 계획, 교육 기회를 제공하며, 개인은 주어진 틀 안에서 자신의 역량을 개발하는 방식이다. 이는 비교적 안정적인 경력 발전을 보장하지만 조직의 필요에 맞춘 경로라는 한계가 있다.

반면, '커리어 오너십'은 경력의 주도권을 개인이 직접 쥐고 설계하는 개념이다. 어떤 스킬을 쌓을지, 어떤 프로젝트에 참여할지, 어떤 경로로 성장할지를 스스로 결정하며, 필요하다면 조직 밖의 기회도 적극 활용한다. 여기에는 자기 인식, 목표 설정, 학습 투자, 네트워크 확장 등이 포함된다. 단순히 승진이나 이직 기회를 기다리는 것이 아니라 미래에 필요할 역량을 미리 파악하고 학습, 습득하여 새로운 기회를 선제적으로 만드는 방식이다.

02 커리어 오너십 – 세계 동향

스스로 커리어의 주인이 되어라

"정말 중요한 진실인데, 남들이 당신에게 동의하지 않는 것은 무엇입니까?"

『제로 투 원』 저자이자 페이팔 공동창업자인 피터 틸(Peter Thiel)은 채용 면접에서 종종 이런 질문을 던진다. 그는 학교에서 배우는 지식처럼 모두가 동의하는 내용은 차별성을 만들지 못한다고 본다. 오히려 이 질문은 면접자에게 심리적으로 매우 어렵다. 일반적 견해가 아니라는 걸 알면서도 답을 해야 하고, 남들과 다른 생각을 표출하면 손해를 볼 수 있다는 인식이 강하기 때문이다. '모난 돌이 정 맞는다.'는 속담이 이를 잘 설명한다.

그러나 피터 틸은 이런 대답 속에야말로 경쟁이 아닌 독점으로 나아가는 첫 열쇠가 숨겨져 있다고 본다. 뛰어난 아이디어보다 더 희귀한 것은 그것을 드러낼 '용기'라는 것이다. 자신의 경력 주도권을 쥔 사람은 사회적 통념에만 의존하지 않는다. 조직 안팎에서 통용되는 '안전한 정답'이 아니라 자신이 믿는 가치와 통찰을 근거로 차별화된 의견과 실행을 만들어 낸다.

커리어 오너십은 개인이 경력의 주도권을 쥐고 설계·실행하는 능력을 뜻한다. 전 세계적으로 많은 조직이 이를 촉진하기 위한 제도와 문화를 도입하고 있다.

애플 공동 창립자 스티브 잡스는 혁신적인 제품뿐 아니라 독창적인 경영 철학으로도 유명하다. 그중 DRI(Directly Responsible Individual) 개념은 애플의 성과와 조직문화에 큰 변화를 가져왔다. DRI는 조직 내 특정 업무나 프로젝트에 대해 최종적인 결정권과 실행 책임을 지는 사람을 의미한다. DRI의 이름은 회의 안건에 명시되고, 이해관계자들이 "그 프로젝트 DRI가 누구인가?"를 바로 확인할 수 있을 정도로 책임이 명확하다.

이 개념이 도입되기 전에는 프로젝트의 책임이 팀 전체에 분산되어 있었다. 이로 인해 '다른 사람이 하겠지.'라는 태도가 생기고 업무가 지연되거나 마감일을 놓치는 일이 잦았다. 한 결과가 좋지 않을 때 책임이 팀장에게 있는지, 팀원에게 있는지 모호했다. 잡스는 이러한 비효율을 없애고 '변명 없는(No Excuse) 문화'를 만들기 위해 단일 책임자를 지정하는 DRI 방식을 도입했다.

DRI는 자신의 성과가 전적으로 본인에게 귀속된다는 인식 덕분에 더 공을 들이고, 자율성을 바탕으로 창의적인 결과물을 만들어 냈다. 목표와 책임이 명확해져 불필요한 시간 낭비가 줄었다. DRI가 누구인지 알면 해당자에게 바로 진행 상황이나 문제를 문의할 수 있어 의사소통과 의사결정 속도도 향상됐다. 이러한 변화는 프로젝트의 효율성을 높이고, 개발 기간 단축과 품질 향상으로 회사의 이익에도 기여했다.

잡스는 여기서 나아가 DRI에 적합한 인재 채용 기준도 강화했다. DRI는 높은 전문성과 신뢰성을 갖춘 인물이어야 하며, 실패 시 조직에 미치는 영향이 크기 때문에 '누가 봐도 믿을 만한 사람'이어야 했다. DRI는 다양한 의견을 경청하고, 이를 바탕으로 회사에 최선의 결정을 내릴 수 있어야 하므로 '경청 능력'을 필수 역량으로 보았다.

DRI는 스티브 잡스가 고안하고 애플에서 효과가 입증된 이후, 전 세계 기업에서 널리 활용되는 책임 중심 리더십 모델로 자리 잡았다. 조직은 이러한 성과를 기록하고 홍보할 수 있는 환경을 제공함으로써 내부 인재 이동이나 외부 경력 전환 시에도 강력한 포트폴리오로 활용되도록 돕는다. 애플의 결과물 중심 문화는 개인이 주도적으로 성과를 창출하고 이를 장기적인 커리어 자산으로 전환하는 구조를 만들어 커리어 오너십을 자연스럽게 내재화하고 있다.

기회를 통해 역량을 확장하라!

팀 쿡(Tim Cook)의 경력은 커리어 오너십의 핵심 원칙을 조직 리더십 차원에서 실천한 사례다. 그는 IBM과 컴팩에서 경력을 쌓은 후, 1998년 적자 상태였던 애플에 합류했다. 2011년 스티브 잡스의 후임으로 CEO에 오른 뒤에는 공급망 중심의 경영에서 서비스, 환경, 윤리경영으로 전략을 확장하며 애플의 정체성을 재정립했다.

팀 쿡은 애플에서 글로벌 공급망과 운영 효율성을 혁신해 재무 체질을 개선했는데, 이는 '제품 혁신과 운영 효율성의 결합'이라는 개인 철학과 애플의 비전이 맞아떨어진 결과였다. 그는 운영 전문가에서 출발해 제품 출시, 마케팅, 인사 등 경영 전반으로 역할을 확장하며 지속적으로 학습했고, 이를 통해 T자형 리더로 성장했다. 팀 쿡의 행보는 기회 설계, 가치-조직 정렬, 지속 학습과 역할 확장, 그리고 경력 자산의 사회적 확장이라는 커리어 오너십의 본질을 잘 보여 준다.

스탠퍼드 대학교와 MIT는 학생들이 자기주도적으로 경력을 설계하고 실행하는 능력을 키울 수 있도록 다양한 커리큘럼과 프로그램을 운영한다. 이는 커리어 오너십을 교육 단계에서부터 심화하는 접근이다. CDP(Career Development Plan)가 개인이 자신의 의견과 목표를 설계하는 큰 직업 계획이라면, IDP(Individual Development Plan)는 그 경력 계획을 옹호하기 위해 뛰어난 역량 개발과 자기계발 계획에 초점을 맞췄다. CDP가 '어디로 갈 것'에 대한 계획이라면, IDP는 '그곳에 가기 위해 무엇을 할 것인지'에 대한 계획이다.

스탠퍼드 대학교의 BEAM 프로그램(Bridging Education, Ambition & Meaningful Work)은 학생이 자신의 가치와 목표를 탐색하고 이를 바탕으로 경력 로드맵을 설계하도록 돕는다. 워크숍, 1:1 코칭, 멘토링, 인턴십 네트워킹 등을 통해 학생이 주도적으로 커리어를 설계하고 실행하는 경험을 제공한다. 또한 'Design Your Life' 과정과 d.school(Hasso Plattner 디자인 연구소)을 통해 디자인 싱킹 기반 문제 해결력과 자기주도 설계 역량을 강화한다.

독일 지멘스(Siemens AG)의 조 케저(Joe Kaeser) 전 CEO는 "지멘스 직원들의 주인의식이 기업의 미래를 결정한다."고 강조했다. 이는 지멘스의 문화 중 하나인 주인의식(Ownership Culture)을 형성하는 중요한 가치로 기업의 장기적인 성공에 기여했다.

그는 직원들이 회사의 성공에 직접 참여하도록 하기 위한 주주 공유 프로그램(Profit Sharing, Share Matching)을 도입, 운영했다. 이를 통해 직원들은 3주를 구매하면 3년 후 추가로 1주를 무상으로 받는 기회를 누리고 있다. 전 세계 지멘스 직원 중 약 30만 명(전체 직원의 약 80%, 2018년 기준)이 주주로 인정되었다. 지멘스는 전직 직원들이 약 5%의 지멘스 지분을 보유하고 있는 것으로 나타났고, 전 세계 모든 직원(100%)에게 주식 프로그램 참여 기회를 제공하고자 하는 목표를 갖고 있다고 공표했다.

03 커리어 오너십 - 국내 동향

이제 오너보다 오너십이 중요하다

『일의 감각』 저자 조수용 대표는 "나의 고민과 오너의 고민을 일치시키다. 오너보다 더 오너십을 가지면 신뢰를 얻을 수 있다."고 강조한다. 그가 말하는 '일의 감각'은 단순히 미적이거나 직관적인 센스를 의미하는 것이 아니라 맡은 일의 본질을 꿰뚫어 보고 공감을 바탕으로 현명하게 판단하며, 결과를 책임지는 태도에서 비롯한다.

"오너십을 가져라."는 말은 실제로 내가 맡은 일의 주인이 돼라는 말이다. 그러려면 첫 삽을 뜨고, 마지막 흙을 덮는 일까지 직접 살피려 노력해야 한다. 이는 단순히 지시받은 일을 수행하는 차원을 넘어 마치 내가 이 일을 책임지는 주인이라는 관점으로 몰입하는 것을 뜻한다.

"오너십은 '나를 내려놓을 수 있을 때 나보다 일이 더 중요하다고 말할 수 있는 의식 상태'를 말한다. 일을 하는 게 어려운 것이 아니다. 하고 싶은데 참거나, 열심히 했는데 빠지게 되거나, 완성했는데 무너뜨리고 다시 해야 할 때와 같은 상황에서, 자기의 이해관계보다는 조직이 어디로 가야 하는지를 이해하는 사람이 진짜 주인의식 있는 사람이다."

조 대표는 모든 일을 10억 원짜리 의뢰처럼 대하라고 말하며, 그 마음가짐이 신뢰를 만들고 스스로의 기준을 높여 준다고 본다. 결국 '커리어 오너십'이란 자신의 경력과 업무를 주도적으로 설계하고 책임지는 태도이며, 이런 태도가 쌓여 일의 감각을 만든다. 반대로 일의 감각이 있는 사람은 더 강한 오너십으로 일에 임하게 되어 두 개념은 서로를 강화하는 순환 구조를 이룬다.

조수용 대표는 NHN(네이버)에서 사옥 그린팩토리 프로젝트를 총괄했고, 카카오 브랜드총괄 부사장과 공동대표로 2022년까지 회사를 이끌었다. 그는 대한민국 디자인대상, 칸 광고제 수상 등 국내외에서 성과를 인정받았으며, 『나음보다 다름』과 『일의 감각』을 저술했다. 그의 커리어 전반은 커리어 오너십의 전형적인 사례로 볼 수 있다. 조 대표는 기업의 핵심 프로젝트를 단순 수행이 아닌 '내 일'로 여기고 주도적으로 방향을 설계해 왔다. 네이버 시절 사옥 건축부터 매거진, 외식, 호텔 브랜딩, IT기업 경영까지 새로운 영역을 스스로 개척하며 자기 경력의 확장성을 지속적으로 넓혀 왔다.

삼성전자는 '커리어 셀프 매니지먼트' 문화를 장려하며, 직원이 스스로 경력 목표를 설정하고 개발할 수 있도록 다양한 교육 프로그램과 경력 상담 서비스를 운영한다. 특히 '삼성 멤버십 프로그램'을 통해 맞춤형 커리어 개발 기회를 제공하며 개인 주도적 성장 문화를 강화하고 있다. KPI·OKR 기반의 목표 관리, 피드백, 평가 조정 등 모듈형 HR 기능을 제공하며, 수평적 호칭과 자율 의사결정 구조를 확산시켜 직무 오너십과 커리어 오너십 문화를 정착시키고 있다.

LG전자는 '커리어 개발 시스템(CDS)'을 기반으로 직원이 커리어 경로를 직접 설계하고 필요한 역량을 체계적으로 개발할 수 있도록 지원한다. 내부 이동과 직무 순환 제도를 통해 다양한 경험을 제공하며, 자기주도적 경력 관리를 장려한다.

카카오는 '자율 출퇴근제'와 '프로젝트 선택권'을 운영해 직원이 관심사와 역량에 맞는 프로젝트를 선택하고, 이를 바탕으로 경력을 주도적으로 설계하도록 지원한다.

네이버는 '커리어 스텝 프로그램'을 통해 경력 목표 설정과 달성을 위한 교육·멘토링을 제공하며, '커리어 토크' 등 경험 공유와 피드백 문화를 조성한다.

명함 앱 리멤버를 운영하는 리멤버앤컴퍼니는 모든 업무에 DRI를 명시한다. CEO 중심 의사결정 구조는 권한 위임 방식으로 운영한다. '주체적 판단과 결정'을 핵심 키워드로 각 조직과 개인이 담당 업무의 권한과 책임을 직접 지도록 함으로써 오너십을 강화했다. 이를 통해 구성원들은 동료와 깊이 논의하며 '원팀(One Team)'으로 몰입해 일하는 공동체의 힘을 경험한다.

뤼튼테크놀로지스는 구성원이 프로젝트 오너십을 갖고 빠르게 실험, 실행하는 스타트업형 문화를 운영해 직무와 커리어 주도권을 동시에 강화했다. 한국고용정보원 등 HRD 관련 공공기관은 커리어 컨설팅, 경력개발 교육, 진로 탐색 프로그램을 통해 국민과 근로자의 커리어 오너십을 지원하며, 특히 청년·중장년층을 대상으로 한 맞춤형 프로그램을 활발히 운영하고 있다.

'일의 오너십'을 검증하는 이유

'오너' 개인보다 '오너십'이 더 중요한 시대다. 미국 하버드 대학교 심리학과 교수 엘런 랭거의 통제 환상(Illusion of Control) 실험은 사람들이 무작위적이거나 통제 불가능한 상황에서도 자신의 행동이 결과에 영향을 준다고 믿는 경향을 보여 준다.

예를 들어, 주사위 실험에서 참가자들은 높은 점수가 필요하면 세게, 낮은 점수가 필요하면 살살 던졌다. 복권 실험에서도 무작위로 받은 복권보다 자신이 선택한 복권의 가치를 더 높게 평가했다. 이러한 결과는 실제와 무관한 행동에도 '내가 통제한다.'는 착각이 쉽게 형성될 수 있음을 보여 준다.

한국의 기업 환경에서는 이러한 '통제' 심리가 경영 전반에 영향을 미치지만, 동시에 오너 개인의 판단과 행보에 따라 기업이 큰 리스크를 안을 수 있다. 기업들은 인재상 부합 여부를 주로 면접을 통해서 확인하고 있으며, 기업 10곳 중 9곳은 인재상에 부합하는 인재를 채용하기 위해 '심층면접'을 실시한다. 인사담당자가 평가 시 가장 중요하게 보는 인재상 키워드는 '성실성', '책임감', '주인의식', '열정', '전문성', '소통' 등이다.

S&P 500에 속한 기업의 맥킨지 보고서에 따르면, S&P 500에 속한 기업의 1958년 평균수명은 약 61년, 2016년에는 약 18년, 2020년에는 약 15년까지 떨어졌다. 한치 앞을 예측하기 힘든 변화 속에서 기업들이 생존을 위해 고군분투하고 있다.

'자기 효능감(Self-Efficacy)'은 '내가 나를 믿을 때 나타나는 잠재력'이다. 심리학자 앨버트 반두라(Albert Bandura)가 소개한 개념으로 실제 능력과 별개로 자신의 능력을 어떻게 인지하느냐가 중요하다는 것이다. 높은 자기 효능감을 가진 사람은 자신의 가능성을 믿고 도전하며, 그 과정에서 더 높은 성과를 만들어 내는 '선순환(Virtuous Cycle)'을 경험한다. 반대로 자기 효능감이 낮으면 일에 흥미를 잃고 성과가 떨어지면서 '악순환(Vicious Cycle)'이 이어진다.

자기 효능감을 높이는 핵심 원천은 '숙달 경험(Mastery Experience)'이다. 작은 성공과 실패를 반복하며 일에 익숙해지고 능숙해지는 과정이 자신감의 재료가 된다. 마치 망망대해에 홀로 떠 있는 조각배처럼 불안할 때 나에게 헤쳐 나갈 능력이 있다는 믿음이 어려움을 극복하는 힘이 된다. 결국 자신의 능력을 가장 먼저 알아차리고 개발할 수 있도록 스스로를 믿고 지지해야 한다. 내면의 고유성을 인식하고 이를 직업적 선택과 성장(Career Growth)의 중심축으로 삼을 때 장기적인 성장을 이끌 수 있다. 구성원이 자신의 '시그니처'를 발휘할 수 있는 환경을 제공하는 것은 곧 조직 경쟁력을 강화하는 일이다. 조직은 구성원의 자기 효능감을 높이는 경험과 기회를 제공할 때 더 높은 성과와 지속가능한 성장을 동시에 달성할 수 있다.

피로사회에서 '일하지 않을 용기'를 가져라

독일의 철학자 한병철 교수는 『피로사회(Die Müdigkeitsgesellschaft)』에서 현대 사회의 생산성, 자기계발, 긍정성 강박이 개인을 스스로 착취하게 만들고, 결국 만성피로와 번아웃에 이르게 하는 과정을 날카롭게 분석했다. 자칫 자기주도성이 무제한 성과 압박과 결합하면 건강한 주인의식이 아닌 자기착취로 변질될 수 있다. 영국 사회학자 데이비드 프레인의 『일하지 않을 용기(The Refusal of Work)』는 "일만이 존재의 가치를 규정한다."는 통념에 정면으로 질문을 던지며, '일'과 나를 동일시하는 착각에서 벗어나 정체성을 회복하라고 제안한다.

한국 근로자는 OECD 평균보다 연간 39일을 더 일하며, 그만큼 시간의 불평등 속에 살아간다. 노동 중독 사회에서 벗어나 삶의 다양한 가능성을 모색하는 것, 그리고 일을 통한 몰입과 책임만큼 '일하지 않음'을 선택하는 주체적 의지를 갖는 것이야말로 '내 삶의 방향을 내가 결정한다.'는 커리어 오너십의 진정한 모습일 수 있다. '커리어 오너십'은 개인이 스스로의 목표·관심사·가치관에 맞춰 주도적으로 자신의 경력을 스스로 설계·관리하고, 변화에 맞춰 경로를 능동적으로 조정하며, 그 결과에 책임지는 태도를 말한다.

04
커리어 오너십에서 유의할 점 5가지

이제 경력사다리가 사라졌다. 커리어 목표를 향한 직선 경로는 사라지고 세상의 외부 요인들이 끊임없이 자신의 커리어에 영향을 준다. 커리어 여정은 예측하기 어렵다. 존 크롬볼츠(John D. Krumboltz)의 '계획된 우연 이론(Planned Happenstance Theory)'은 예상치 못한 사건과 우연한 기회를 경력 발전의 촉매로 활용하는 방법을 제시한 경력 개발 이론이다. 완벽한 커리어 계획만 세우는 것보다 예기치 못한 기회를 적극적으로 포착, 활용하는 것이 더 현실적이고 효과적이다. 삶에서 만나는 우연한 일에서 값진 기회와 가능성을 발견해야 한다. 커리어 오너십은 빠르게 변화하는 환경 속에서 경력을 주도적으로 설계하고 실행하는 강력한 무기다. 그러나 커리어 오너십을 효과적으로 발휘하기 위해서는 5가지 유의할 점이 있다.

1. 의사결정의 기준이 되는 MVC를 설정하라

기업 홈페이지에 들어가면 MVC(Mission·Vision·Core Values)가 있다. 나의 미션과 비전, 핵심 가치가 조직의 문화와 전략과 일치할 때 성과와 몰입은 장기적으로 유지된다. 이 3가지가 불일치하면 성과 저하와 경력 방향 혼란이 발생할 수 있다. 따라서 직함이나 연봉보다 MVC의 일치도를 우선순위에 두고, 이를 기준으로 기회를 선택해야 한다. 나만의 MVC를 설정하고 어려움이 있더라도 꾸준히 실행해야 한다.

2. 과도하게 개인에게 책임을 강조하면 스트레스가 될 수 있으니 주의하라

커리어 오너십은 개인의 주도성을 강조하지만, 모든 경력 발전을 개인에게만 전적으로 책임지게 하면 부담과 스트레스가 커질 수 있다. 따라서 조직과 환경의 지원이 함께 뒷받침돼야 하며, 변화에 맞춰 조정할 수 있는 적응력(Adaptability)도 필수다.

개인이 경력 목표와 실행 계획을 명확히 세우면 필요한 역량을 스스로 개발하고 변화에 빠르게 대응할 수 있다. 이 과정에서 실패와 시행착오는 피할 수 없으므로, 이를 수용하고 재도전할 수 있는 심리적 안전망과 지원 체계가 필요하다.

'내가 바꿀 수 있는 것'과 '없는 것'을 구분하는 능력이 성숙한 커리어 오너십의 핵심이다. 프로젝트 실패, 성공에 대한 주체성을 강화해야 한다. 지속적인 자기 성찰과 피드백을 통해 경력 방향과 전략을 점검하는 습관이 중요하다.

3. 자신의 업무 스타일을 이해하고 성과 중심으로 브랜딩하라

자신의 일을 즐겨야 성과가 난다. 자신의 업무 스타일(Work Style)을 이해하고 강점에 맞게 최적화하며, 높은 기준을 설정해 꾸준히 유지하고, 자기 태만을 극복해야 한다. 프로젝트 성과, KPI 달성, 배운 점을 기록, 시각화하면 채용이나 승진 과정에서 '강력한 포트폴리오(Strong Portfolio)'가 된다.

성공적인 커리어 관리에는 지속적인 학습이 필수다. 배움은 미래에 대한 불확실성을 줄이고, 자기 효능감과 전문가로서의 자부심을 높인다. 기술과 산업 트렌드 변화에 맞춰 역량을 주기적으로 업데이트하고, 책상 위가 아닌 시장에서 검증해 성과로 연결해야 한다. 이를 위해 '자기주도학습(Self-directed Learning)', '업계 네트워킹(Industry Networking)', 멘토링, 코칭 등 장기적인 학습 인프라를 구축해야 한다. 모호한 역할 분담을 줄여야 업무 속도를 향상한다.

4. '개인 플레이'가 아니라 업계에서 인정받을 만큼 '핵심 역량'을 키워라

새로운 경험을 탐색하려는 호기심(Curiosity)을 가져야 한다. 개인의 커리어 오너십이 조직문화와 맞지 않으면 갈등이나 소외가 발생할 수 있다. 조직 내에서 자율과 책임이 균형 있게 조성되어야 효과적이다. 조직의 비전과 완전히 동떨어진 '개인플레이(Individual Play)'로 비칠 수 있으므로 개인 성장 방향과 조직 목표를 전략적으로 정렬해야 한다. 결과를 예상할 수 없어도 부딪치고 시도해 본다.

업계와 전문 분야에서 인정받는 역량을 우선시해야 한다. 핵심 전문성 1~2개를 심화하면서 '보완 기술(Complementary Skills)'을 확장해 T자형, π

형, 빗형 구조를 만드는 것이 바람직하다. 일을 할 때 오너십으로 핵심 역량을 키워서 성과를 극대화해야 한다.

5. 특정 공식에 얽매이지 않고, 개인의 상황과 목표에 맞는 커리어 디자인을 하라

커리어패스는 경력 동안 거치게 되는 직무·역할·경험의 순서와 방향을 의미하며, 단순한 승진이나 직무 이동의 나열이 아니라 장기적인 경력 목표를 달성하기 위한 단계별 로드맵이다. 획일적 기준보다 실패와 재도전을 허용하는 환경 속에서 정기적인 자기 성찰과 멘토·조직의 피드백을 통해 방향과 역량을 점검·조정해야 한다.

산업 트렌드의 변화를 읽고 전환 시점을 선제적으로 준비하며, 목표 직무에 필요한 경험과 성과를 '백캐스팅(Backcasting)'하여 채워 가는 전략이 필요하다. 네트워크를 단순한 인맥이 아니라 기회 창출과 리스크 대응을 위한 전략 자산으로 관리해야 한다. 관계를 맺고, 시간을 투자하며, 협업 대상을 선택할 때는 '건강한 바운더리(Healthy Boundaries)'를 설정하고, 변화에 맞춰 계획을 유연하게 수정해야 한다.

기존의 '커리어 오너십'은 장기 계획 중심이지만 변화가 빠른 시대에는 실험, 반복, 진화를 중시하는 '커리어 에이전시(Career Agency)'로 전환이 필요하다. 단순히 "5년 후 어디에 있고 싶은가?"가 아니라 "현재 어떤 변화가 나타나고 있으며, 이를 어떻게 발전시킬 수 있는가?"를 묻는 것이다.

참고문헌

- 이현주, 기업 가치 높이는 '베스트 오너십'…정의선 회장, 2년 연속 1위, 한경 MONEY, 2024. 10. 2.
- 정영효, "외국인 인재 부족하다더니"…일본, 놓치고 있는 '이것', 2023. 2. 5.
- 정의진, "토스는 채용 면접관 양성만 1년…최고의 인재, 최고의 대우와 시스템으로 모신다", 한국경제신문, 2025. 7. 21.
- 최진홍, 딜로이트 "AI 시대, '인재 유치'와 '조직 정체성' 핵심으로 부상", 2025. 5. 27.
- 최재호, 직원이 '오너십'을 가지고 일할 수 있는 회사, 이코노미조선, 2020. 9. 27.
- 데이비드 프레인, 『일하지 않을 용기』, 끌리는 책, 2025.
- 신수정, 『커넥팅-일의 길을 찾는 당신을 위한 커리어 포트폴리오 전략』, 김영사, 2024.
- 이향심, 『시그니처-새로운 시대를 대비하는 나만의 경쟁력』, 다산북스, 2020. 4. 23.
- 조수용, 『일의 감각』, REFERENCE BY B, 2024.
- 존 크럼볼츠, 『굿럭-행운은 왜 나만 비켜 가냐고 묻는 당신에게』, 이수경 옮김, 새움, 2012.
- 줄리 주오, 『팀장의 탄생』, 김고명 옮김, 더 퀘스트, 2020.
- 피터 틸, 블레이크 매스터스, 『제로 투 원-스탠퍼드대학교 스타트업 최고 명강의』 이지연 역, 한국경제신문사, 2014.
- 한병철, 『피로사회』, 김태환 번역, 문학과지성사, 2012.

https://www.juliewinklegiulioni.com/blog/career-development/from-career-ownership-to-career-agency-a-new-paradigm-for-growth/

https://www.andreashirschi.org/publicationsblog/2020/11/1/whole-life-career-self-management-a-conceptual-framework

https://dev.to/jamesmh/thoughts-on-career-ownership-4bbc

08

인재 밀도 전략

이제 인재의 '양적 확보'가 아니라 '질적 우위'를 확보하는 전략이 주목받고 있다

#인재밀도 #핵심 인재 #인재영입
#TDP #인재확보 #채용전략

맨해튼에서 택시를 탄다고 가정해 보자. 최악의 기사와 최고의 기사 사이의 차이는 아마 2배 정도일 것이다.
최고의 기사가 목적지까지 15분이 걸린다면 최악의 기사는 30분 정도 걸릴 것이다.
최고의 요리사와 최악의 요리사도 마찬가지다. 대략 3배 정도의 차이가 날 것이다.
그러나 내가 몸담고 있는 사업 분야, 특히 소프트웨어 분야에서는 이야기가 완전히 다르다.
최고의 인재와 최악의 인재 사이의 차이는 100배 이상이다.
좋은 소프트웨어 개발자와 위대한 소프트웨어 개발자 사이에도
50배 혹은 25배의 격차가 존재한다. 이 차이는 거대하고 역동적이다.

- 스티브 잡스(Steve Jobs)

01

인재 밀도 전략

B급 인재는 자신보다 못하는 C급 인재를 뽑는다

직원 수에 집착하는 세상에서 '인재 밀도(Talent Density)'라는 새로운 지표는 최고 기업들의 인재 영입 방식에 조용히 혁명을 일으키고 있다. 스티브 잡스는 "A급 인재는 A급 인재만 뽑고, B급 인재는 C급 인재를 뽑는다."고 말했다. A급 인재는 자신보다 뛰어난 사람을 영입하는 데 주저하지 않으며, 오히려 팀의 성장을 위해 적극적으로 그런 인재를 찾는다. 이는 팀 전체를 더 강하게 만들고, 서로에게 긍정적인 영향과 자극을 주기 때문이다. 반면, B급 인재는 경쟁자가 자신의 자리를 위협할까 두려워하며, 자신보다 능력이 부족하거나 안전하다고 판단되는 인물을 선택하는 경향이 있다.

'인재 밀도'란 조직 내 고성과자가 차지하는 비중, 즉 1인당 성과 창출력을 의미한다. 단순히 인원을 많이 확보하는 것이 아니라 각 구성원이 만들어 내는 가치의 질과 양을 극대화하는 전략이다. 이 개념은 넷플릭스의 공동 창업자 리드 헤이스팅스(Reed Hastings)가 대중화했으며, "창의적 역할에서 최고 인재는 평균 인재보다 최소 10배 이상 뛰어나다."는 철학에서 출발했다. 인재 밀도가 높은 조직일수록 생산성과 혁신성, 수익성이 월등히 높을 수밖에 없다.

인재에 대한 뿌리 깊은 3가지 오해

전 호건어세스먼트 CEO이자 런던 대학교 경영심리학과 토마스 차모로프레무지치 교수는 저서 『인재망상(The Talent Delusion)』에서 인재에 관한 잘못된 통념을 3가지로 정리했다.

① '모든 직원이 인재'라는 믿음은 잘못된 상식이다. 그는 인재를 조직 성과 상위 20%로 정의하며, 이들이 전체 성과의 80%를 창출한다고 설명한다. 나머지 직원 절반이 합쳐도 성과 비중은 10%에 불과하다. 이는 엘리트주의처럼 들릴 수 있으나 과학적으로 입증된 사실이다. 결국 능력과 재능은 구분해야 한다. 능력은 누구나 노력과 경험을 통해 발전시킬 수 있지만, 재능은 상위 1%만이 지닐 수 있는 타고난 능력이다. 예체능처럼 선천적 재능이 필수적인 영역이 있는가 하면, 누구나 꾸준한 노력으로 일정 수준까지는 도달할 수 있는 영역도 존재한다.

② '열심히 하면 누구나 인재가 될 수 있다.'는 믿음은 잘못된 상식이다. 그는 '재능 = 성과 – 노력'이라는 공식을 제시하며, 특정 분야의 뛰어난 성과는 선천적 재능에 기인한다고 설명한다. 노력은 중요하지만 타고난 재능을 대체할 수 없다는 것이다.

③ '좋은 인재는 어떤 일을 맡겨도 잘할 것이다.'라는 믿음은 잘못된 상식이다. 직무마다 최적의 적합성이 있다. 영업에 맞는 성격, 연구에 맞는 성격이 다르며, 성격뿐 아니라 조직문화 적합성도 성과를 결정하는 핵심 요소라고 강조한다. 인재 관리는 "조직 성과의 대부분을 창출하는 핵심 인재를 그들이 가장 잘할 수 있는 자리에 배치하고, 최고의 성과를 낼 수 있는 문화를 조성하는 것"이다. 중요한 소수(5~20%)를 파악하고, 이들이 열정적으로 일하며 조직에 머물게 하는 것이 기업 성과 향상의 핵심

이다. 20:80 법칙을 기억하면 좋다. 반대로 비핵심 인재에 과도한 자원을 투입하면 비용만 크고 효과는 미미하다.

게임체인저를 뽑는 9박스 탤런트 리뷰 매트릭스

9박스 탤런트 리뷰(9-Box Talent Review)는 조직의 인재를 성과(Performance)와 잠재력(Potential)이라는 두 축으로 나누어 3×3 총 9칸의 매트릭스로 분류하는 인재 평가 도구이다. 이 매트릭스는 1970년대에 맥킨지(McKinsey)가 GE와 함께 사업 포트폴리오 분석을 위해 만든 전략 매트릭스에서 나온 개념이다. 이후 HR 분야에서 '성과-잠재력' 기반의 승계 계획과 인재 개발을 위해 변형되어 활용되고 있다.

가로축은 성과를 의미하며 최근 1~2년간의 목표 달성 여부, 업무 영

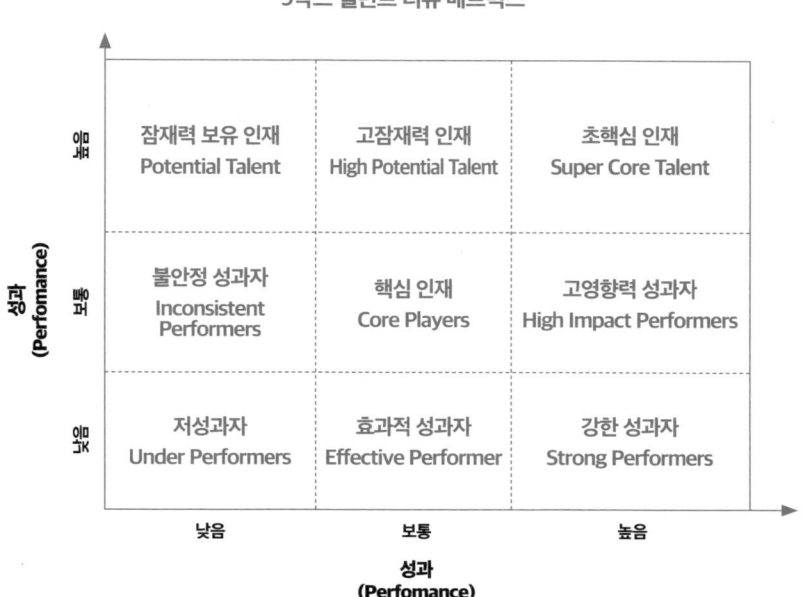

향력, 품질·기한 준수, 난도 높은 과제 해결 성과 등을 종합적으로 평가한다. 세로축은 잠재력을 의미하며 더 복잡하고 큰 역할로 성장할 가능성, 학습 민첩성, 문제 해결력, 리더십 역량, 동기와 포부 등을 고려한다.

평가 과정은 단일 관리자의 판단에만 의존하지 않고 다면 피드백, 정량 성과지표, 자기 리뷰 등을 활용하여 편향을 줄이는 것이 중요하다. 이 매트릭스는 단순히 라벨을 붙이는 도구가 아니라 각 칸에 해당하는 인재의 향후 개발, 배치, 보상 전략을 구체적으로 설계하는 데 목적이 있다. 기업에 적합한 핵심 인재를 채용하는 것은 기업의 흥망성쇠와 관련이 있다.

9박스 탤런트 리뷰는 각 칸별로 인재 개발, 배치, 보상 계획이 반드시 수반되어야 의미가 있다. 리더십 트랙과 전문가 트랙을 동등하게 인정하는 구조가 함께 설계되어야 하며, 평가 과정 전반에서 편향 방지를 위한 사전 기준 설정과 캘리브레이션 회의가 필요하다. 이들은 단순히 뛰어난 역량을 넘어서 전략적 변곡점마다 조직을 혁신하고 팀 퍼포먼스를 한 단계 끌어올릴 '게임 체인저'로 여겨진다.

02

인재 밀도 전략 – 세계 동향

세계적 기업들은 이미 인재 밀도를 구축한다

세계적 기업들은 '소수의 초핵심 인재(Super Core Talent)'에 집중하는 전략을 펼치고 있다. 단순히 많은 인재를 보유하는 것이 아니라 조직 내 인재 밀도를 높여 질적으로 뛰어난 인력을 중심으로 혁신과 성과를 창출하려는 것이다.

애플 역시 소수의 정예 인재로 혁신을 견인한다. '1명의 천재가 100명의 평범한 직원을 대체할 수 있다.'는 신념 아래 전략적 프로젝트와 신제품 개발은 반드시 최고 역량을 가진 인재에게 맡긴다. 이들에게는 전폭적인 자원과 자율성을 보장해 창의적 성과를 극대화한다.

넷플릭스는 이 전략을 대표적으로 실천한 기업이다. 리드 헤이스팅스 전 CEO는 "최고의 인재 몇 명이 보통 인재 수십 명보다 더 큰 가치를 만든다."고 강조하며, '컬처데크(Culture Deck)'를 통해 자율성과 동시에 최고의 성과를 요구하는 문화를 정착시켰다. 닷컴 위기 당시 인력의 3분의 1을 감축했음에도 남은 인재들의 몰입과 창의성이 오히려 강화되면서 생산성이 높아진 경험이 이를 뒷받침한다.

이후 넷플릭스는 '인재 밀도'를 기업문화의 핵심 축으로 삼고, 'Keeper Test'를 도입했다. 매니저가 "이 인재가 회사를 떠난다면 반드시 붙잡을 것인가?"라는 질문을 던져 유지 여부를 결정하고, 성과가 미흡한 인재는 빠르게 정리한다. 대신 A급 인재에게는 업계 최고 수준의 보상과 더불어 '자유와 책임(Freedom & Responsibility)' 원칙을 부여해 창의적 성과를 극대화했다. 출장 시 일등석 탑승이나 자유로운 의견 개진처럼 파격적인 자율권을 보장하는 한편, 그에 따른 책임은 전적으로 임직원 개인이 지도록 설계한 것이다.

이 같은 고밀도 인재 전략은 소수 정예 체제를 통해 몰입과 창의성을 강화하고, 결과적으로 넷플릭스의 직원 1인당 연간 매출을 259만 달러에 이르게 했다. 그러나 인재 밀도가 높아질수록 경쟁 압력, 번아웃, 불안정성과 같은 부작용도 함께 나타날 수 있다. 따라서 심리적 안전감, 명확한 보상 체계, 신뢰 기반의 문화가 균형 있게 뒷받침되어야 지속가능성이 확보된다. 초핵심 인재 전략은 '사람 수'를 늘리는 것이 아니라 '한 사람의 영향력'에 집중하는 미래지향적 채용 방식이라 할 수 있다.

아마존의 인재 밀도 전략은 제품 개발 방식과 동일한 철학에서 출발한다. 아마존은 고객 경험에서 불편을 먼저 정의하고, 이상적인 결과를 설정한 뒤 역으로 개발 계획을 세우는 '워킹 백워드(Working Backwards)' 방식을 적용한다. 인재 전략 또한 같은 원리다. 최종적으로 확보, 유지하고자 하는 '최적 인재(Right People)'의 모습과 경험을 먼저 그린 후, 이 기준에서 역산해 채용, 온보딩, 유지, 성장 개발의 전 과정을 설계한다. 채용은 일회성 이벤트가 아니라 지속적인 파이프라인 관리이며, 후보자와의 관계는 단기 거래가 아닌 장기적 파트너십으로 다루어진다.

특히 아마존은 '레이징 더 바(Raising the Bar)' 제도를 통해 채용 품질을 보장한다. 이는 모든 신규 입사자가 기존 인재 평균 수준을 뛰어넘어야 한다는 원칙이다. 이를 위해 채용 과정에는 '바 레이저(Bar Raiser)'라 불리는 숙련 평가자가 반드시 참여한다. 이들은 채용 부서에 속하지 않고 조직 전체의 관점에서 후보자의 역량, 문화 적합성, 성장 가능성을 검증하며, 필요 시 채용 결정에 거부권을 행사할 수 있다. 이렇게 매 채용마다 인재 수준을 끌어올림으로써 아마존은 인재 밀도를 체계적으로 관리한다.

아마존의 철학은 제품 전략과 인재 전략 모두에서 일관된다. 제품 개발에서는 '역산'을 통해 시장 적합성(Product-Market Fit)을 확보하고, 인재 전략에서는 '역산'을 통해 인재-조직 적합성(Talent-Organization Fit)을 강화한다. 출발점을 최종 목표로 설정하기 때문에 실행 과정에서도 방향을 잃지 않는 것이다.

유니레버(Unilever)는 차세대 리더 확보를 위해 'Future Leaders Pipeline'을 운영한다. 대학생과 신입을 대상으로 장기 인턴십, 글로벌 교육, 정규직 전환 과정을 일관되게 설계하며, ATS와 TRM 데이터를 통합해 지원자의 경력, 평가, 참여도를 장기적으로 추적 관리한다.

코인베이스(Coinbase)는 '각 자리에 뛰어난 인재만 배치하겠다.'는 원칙을 바탕으로 인재 밀도 전략을 실행하고 있다. 채용 시에는 후보자가 팀의 평균 수준을 끌어올릴 수 있는지 여부를 핵심 기준으로 삼으며, 스펙이나 경력 연차보다 실질적인 성과와 조직문화 적합성을 중시한다. 이 기준에 미치지 못하는 인재에 대해서는 후한 퇴직 패키지를 제공해 조직의 전반적인 인재 품질을 일정 수준 이상으로 유지한다.

채용 과정은 구조화된 평가 도구를 통해 일관성과 공정성을 확보하고 있다. 인지 역량과 컬처핏을 함께 평가하며, 이를 정량화하여 편향을 최소화한다. 특히 인턴십 제도를 적극 활용해 잠재력 있는 인재를 미리 검증하고 장기적으로 확보하는데, 전체 신규 채용의 약 20%를 인턴 출신으로 채우는 것을 목표로 한다.

코인베이스의 특징은 최고경영진이 모든 채용 승인 과정에 참여한다는 것이다. CEO와 COO가 직접 채용을 승인함으로써 채용 기준을 최고 수준으로 유지하고, 전략적으로 중요한 인재만을 영입하도록 한다.

채용 이후에도 성과 관리가 철저하다. 분기별로 성과를 결과와 행위 2가지 축에서 평가하고, 슬랙(Slack) 기반의 내부 피드백 도구를 통해 실시간으로 피드백을 수집한다. 이러한 방식은 핵심 인재를 조기에 식별하고 성과 추세를 지속적으로 파악하는 데 도움이 된다. 2024년부터는 임원 성과평가 항목에 '인재 밀도 유지' 지표를 반영해 조직 전체가 인재 품질 유지에 책임을 지도록 설계했다.

결국 '인재 밀도 전략'은 단순히 우수한 사람을 뽑는 차원을 넘어 채용 – 검증 – 관계 구축 – 성과 관리 – 책임 부여까지 연결되는 전사적 관리 체계다. 이를 통해 단기적인 채용 성과뿐 아니라 장기적인 혁신 역량과 조직문화의 정체성을 동시에 강화하고 있다.

신속하게 활용할 수 있는 인재 파이프라인을 구축하라

짐 콜린스는 조직 성공의 출발점을 '옳은 사람'에서 찾았다. 그는 "옳은 사람을 버스에 태우고, 잘못된 사람은 내리게 하라."고 강조하며, 전략보다 먼저 인재 구성이 우선임을 밝혔다. 이어서 "사람이 아니라 옳은 사람이 가장 중요한 자산이다."라는 말로 단순히 인력을 확보하는 것이 아니라 조직의 가치와 목표에 부합하며 장기적으로 성과를 만들 사람을 선발하는 것이 핵심임을 분명히 했다.

인재 파이프라인은 공석이 생겼을 때 신속하게 활용할 수 있는 잠재 후보자 풀을 만드는 것을 목표로 한다. 이를 통해 채용 시간을 단축하고, 내부·외부 인재를 꾸준히 확보해 조직에 지속적으로 공급할 수 있다. 네트워킹, 직원 추천, 수동 후보자 타깃 홍보 등 다양한 채용 전략이 포함되며, 채용 및 온보딩에 소요되는 시간과 비용을 절감하고, 지속적인 학습과 개발 문화를 촉진해 직원 참여와 성과를 높인다. 승계 계획에도 기여하여 핵심 직책에 적합한 후보자를 미리 발굴, 육성함으로써 은퇴나 이직 시 원활한 전환을 보장한다.

우수 인재 확보를 위해서는 고정관념에서 벗어나 폭넓은 시야로 잠재 후보자를 발굴해야 한다. 기존의 소싱 방식을 벗어나 '고성과 인재 풀'에 속하는 후보자를 유치하는 데 집중해야 한다. 업계 컨퍼런스에 참석하거나 해당 분야에서 우수한 프로그램을 보유한 대학과 협력하는 것도 고성과자를 유치하는 좋은 방법이다. 추천 네트워크 활용, 구인 게시판·온라인 포럼·소셜 미디어 탐색, 강력한 고용주 브랜드 구축, 추천·가입 보너스 제공, 명확한 직무 기대치 설정, 채용 기술 도입 등을 통해 채용 효율을 높일 수 있다.

인재 파이프라인 최적화를 위해서는 전문가 채용 서비스를 활용해 조직에 적합한 인재를 유치·평가·온보딩하는 전략을 수립하고, 고용주 브랜드 강화를 지원받을 수 있다. 지원자 추적 시스템(ATS)과 같은 기술을 사용하면 채용 프로세스를 간소화하고, 인재 유치·평가·진행 상황 관리를 보다 효율적으로 수행할 수 있다. 링크드인, 업워크(UpWork), 피버(Fiverr), 인디드(Indeed) 등 온라인 리소스(Online Resources)와 온디맨드 마켓플레이스(On-Demand Marketplace)를 통해 채용 관련 정보와 모범 사례를 얻고, 전문가와 네트워크를 형성하는 것도 효과적이다.

'커리어 그로스(Career Growth)'는 성장과 확장에 초점을 맞추어 도전, 학습, 역량 강화를 통해 미래 가능성을 넓히는 개념이다. '커리어 매니지먼트(Career Management)'는 체계적 관리에 초점을 두고 경력 계획, 평가, 개발 로드맵을 통해 안정성과 방향성을 유지한다. 두 개념은 상호 보완적이며, 성장만 있으면 소진되고 관리만 있으면 정체된다.

03

인재 밀도 전략 – 국내 동향

'최복동'을 아시나요?

'최복동'은 '최고의 복지는 동료'라는 의미다. 직장 만족도와 성과를 좌우하는 핵심 요소는 결국 '사람'이라는 뜻이다. 토스, 카카오페이 등은 '최복동'이라는 조직문화 키워드를 중심에 두고, 자율·책임·동료애를 기반으로 한 독특한 문화를 운영하고 있다. 좋은 동료는 생산성을 높이고, 몰입도를 향상시키며, 스트레스를 줄이고, 이직률을 낮춘다. '최복동'은 단순히 성격이 좋은 사람이 아니다. 가치와 원칙에 기반을 두고 행동하며, 팀의 성과와 문화를 동시에 높이는 동료다. 이런 사람이 곁에 있을 때 조직은 더 단단해지고, 성과가 자연스럽게 따라온다.

토스는 '최복동' 문화를 강조한다. 이형석 CTO는 토스가 임직원에게 최고 수준의 자율과 책임을 부여하고, 원활한 동료 간 소통을 통해 과감한 개발이 가능한 환경을 만들었다. 그는 "문제를 해결하는 과정에서 동료와 충분히 의견을 나누고 성취를 함께 경험할 수 있다."며, 「슬래시 2024」에서 공유한 토스의 치열한 고민과 경험이 개발자들의 문제 해결에 도움이 되길 바란다고 덧붙였다.

결국 두 기업의 공통점은 '좋은 동료'가 최고의 복지라는 믿음을 기반으로, 이를 조직문화의 중심 가치로 실천하고 있다는 점이다. 이러한 문화는 단순한 복지 차원을 넘어 긍정적 에너지를 전사적으로 확산시키고 협업의 질을 높이는 핵심 동력으로 작용한다.

카카오페이도 전사 차원에서 동료 간 칭찬과 긍정적인 협업 문화를 장려하는 프로그램 '최복동'을 시행 중이다. 구성원은 협업 과정에서 '건강하게 일하는 문화'를 선도한 동료에 대한 사연을 익명으로 제출하고, 조직문화 담당팀이 이를 접수해 11개 사례를 선별한 뒤 전사 투표를 진행한다. 투표 시 특정 인물에게 몰표가 쏠리는 것을 방지하기 위해 후보자의 이름은 공개하지 않는다. 최종 상위 5개 사례에 선정된 구성원은 꽃다발과 감사패가 담긴 '최복동 굿즈 패키지'를 받으며, 11개 사례에 포함된 구성원 전원에게 감사 트로피, 상품권 등 선물이 전달된다. 추천 사연이 한 건이라도 접수되면 추천 이유를 담은 편지가 함께 전달돼 동료의 마음을 전한다. 실제로 이 프로그램에는 100건이 넘는 사연이 접수될 만큼 호응이 높았다.

어느 정도 이름난 기업이라 해도 인재가 알아서 찾아오던 시대는 이제 지났다. 대기업, 중견기업, 중소기업, 스타트업, 어디를 가든 기업에서는 인재를 확보하기 위해서 노력하는 직무가 있다. 요즘 알려지기 시작한 직무가 바로 'TA(Talent Acquisition)'다. HRBP(HR Business Partner)는 각 부서의 전략과 인력 현황을 가장 잘 이해하고 있어 TA팀이 언제, 어떤 스킬을 가진 인재를 확보해야 하는지 명확하게 파악할 수 있도록 돕는다. 이를 통해 채용 시기와 우선순위를 정확히 설정하고, 현업의 요구사항을 HR 언어로 번역해 TA팀이 활용할 수 있는 구체적인 JD와 채용 요건으로 정리한다.

채용 과정 전반에서 TA와 HRBP는 긴밀하게 협력한다. 채용 니즈 파악 단계에서는 부서별 인력 계획과 역할 정의를 공유하고, 시장 동향과 채용 트렌드를 함께 검토한다. JD와 평가 기준 설계 단계에서는 직무별 핵심 스킬과 성과·역량 요건을 정의하고, 컬처핏 요소까지 반영한다. 후보자 소싱과 평가 단계에서는 HRBP가 면접위원 구성과 평가 훈련을 지원하고, TA가 후보자 발굴과 선별을 맡아 평가표 설계와 편견 최소화를 함께 추진한다. 오퍼 및 온보딩 단계에서는 TA가 조건 협상과 제안을 진행하고, HRBP가 초기 적응과 성과 달성을 지원한다. 채용 후에는 채용 품질(Quality of Hire), 유지율(Retention Rate) 등 지표를 함께 분석해 다음 채용 전략에 반영한다.

이 협업이 성공하려면 공통 KPI를 설정하고, 채용 퍼널과 성과 지표를 데이터 기반으로 공유하며, 정기적인 미팅을 통해 채용 현황과 인재 시장 변화를 점검해야 한다. 또한 채용 이후의 온보딩과 성과 관리까지 연계하여 장기적으로 인재 유지율과 조직 성과를 높이는 전략이 필요하다.

요즘은 네카라쿠배-당토-직야-몰두센-마에그원

요즘은 국내 주요 플랫폼 기업으로 꼽히는 일명 '네카라쿠배(네이버, 카카오, 라인, 쿠팡, 배달의민족)'로도 부족하고, '네카라쿠배 - 당토(당근마켓, 토스) - 직야(직방, 야놀자) - 몰두센(몰로코, 두나무, 센드버드) - 마에그원(마이리얼트립, 에이블리,

그린랩스, 원티드랩)'까지 IT 기업에서 금융권으로 눈을 돌리는 개발자나 취업 준비생들이 생기기 시작했다. 국내 기업들은 최근 인재 밀도 전략을 통해 조직의 성과를 '평균의 힘'이 아니라 '상위 인재의 몰입도'에서 끌어올리는 방향으로 전환하고 있다.

삼성전자는 전사 차원의 핵심 인재 풀을 운영하며, 차세대 리더 후보군과 기술 명장을 별도로 선발해 집중 육성한다. 산학 협력, 공모전, 인턴십 등을 통해 조기에 발굴한 우수 인재를 장기적으로 관리하며, 정기적인 탤런트 리뷰를 통해 성장 가능성과 배치 전략을 지속적으로 점검한다. 삼성전자는 글로벌 인재 확보에 총력을 기울이며, 애플·지멘스·퀄컴·제너럴모터스(GM) 등 세계적 기업 출신 임원들을 핵심 조직에 영입·배치했다.

LG이노텍은 해외 매출 비중이 95%에 달하며, 고객사 대부분이 해외에 있어서 외국인 유학생 등 글로벌 인재의 필요성이 특히 크다. 2021년부터 국내외 대학 및 대학원에 재학 중인 유학생을 대상으로 채용 연계형 인턴십을 운영하며, 조기 확보 전략에 힘을 싣고 있다. LG그룹 계열사 중 외국인 유학생만을 대상으로 인턴십을 운영하는 곳은 LG이노텍이 유일하다.

정준호 LG이노텍 인재확보팀장은 「외국인 유학생 네트워크 200(ISN 200)」 행사에서 "외국인 유학생이 한국에 와 열심히 공부하고 있음에도 그 역량을 충분히 활용하지 못하는 것은 유학생뿐 아니라 한국에도 큰 손실이다."라고 강조했다. 그는 "국내뿐만 아니라 해외 구성원들과 함께 일할 수 있는 인재를 확보하기 위해 적극적으로 나서고 있다."고 덧붙였다. "가장 중요한 건 기존 구성원들이 글로벌 인재와 협업할 수 있는 조직문화 인식을 바꾸는 것"이라며 "LG이노텍이 그 변화의 선도자가 되고, 유학생들이 한국에서 더 많은 기회를 잡을 수 있도록 돕겠다."고 말했다. '글로벌 인재 조기 확보(Early Talent Acquisition)' 전략은 해외 매출 비중이 높은 기업일수록 경쟁 우위를 결정짓는 핵심 요소다.

외부 투자 유치 없이 연매출 200억 원을 돌파한 스타트업이 있다. 글로벌 알람 앱 '알라미' 운영사 딜라이트룸이다. 알라미는 237개국 앱스토어와 플레이스토어에 진출한 수면 및 기상 솔루션이다. 기상 과제를 완수해야 알람을 해제할 수 있는 '미션 알람', 수면 품질을 분석해 점수로 제공하는 '수면 분석', 숙면 유도를 위한 각종 음원 등 다양한 기능을 제공한다. 2024년 기준 평균 월간활성사용자(MAU)만 약 450만 명에 달한다. 97개국 애플 앱스토어와 구글 플레이스토어에서 수면 및 알람 부문 다운로드 1위에 올랐다. 이를 바탕으로 2024년 매출 240억 원, 영업이익 131억 원을 기록했다.

네이버 계열 벤처캐피털(VC) 스프링캠프 손균우 심사역은 "딜라이트룸의 성장세는 업계에서도 모르는 사람이 없을 정도로 고무적"이라며 "조직원 생산성을 극대화하는 기업문화로 말미암아 '한국의 넷플릭스'로 통한다."고 평가했다. 전체 직원 대비 고성과자 비율을 의미하는 '인재 밀도'에 집중하는 전략도 딜라이트룸과 넷플릭스 두 회사의 공통점이다.

매해 최대 성과를 갱신하는 딜라이트룸 직원 규모는 고작 30명이다. 섣부른 채용을 지양하고 철저한 검증을 통해 인재를 채용한다. 덕분에 2024년 딜라이트룸 1인당 영업이익은 4.4억 원에 달했다.

신재명 딜라이트룸 대표는 "딜라이트룸은 탁월한 전문가로 구성된 뛰어난 회사를 추구한다."며 "높은 인재 밀도와 빠른 실행력으로 지금까지 글로벌 시장에서 성장을 거듭해 왔다."고 말했다. 직원 만족도도 업계 최상위권이다. 잡플래닛 평점은 5점 만점 4.8점이다. '한국의 넷플릭스', '성숙한 조직문화', '능력 있는 동료' 등 긍정적인 평가가 나온다.

양승화 딜라이트룸 리드는 "각 분야에서 최고를 지향하는 전문성을 갖춘 동료들과 이들이 원활하게 협업하고 깊은 유대 관계를 맺을 수 있도록 독려하는 조직문화는 딜라이트룸만의 강점"이라고 말했다.

인재 영입은 소문만 믿지 말고, 발로 검증하라

인재 밀도 전략(Talent Density Strategy)의 본질은 '뛰어난 인재를 모아 조직의 성과 밀도를 높이는 것'이다. 그러나 여기에는 한 가지 중요한 전제가 있다. 평판이나 이력만으로 판단하지 않고, 직접 검증하는 과정이 반드시 필요하다는 점이다.

'코트의 마법사'로 불린 최희암 전 연세대 농구 감독은 이 원칙을 철저히 실천한 인물이다. 그는 과거 소문이나 평판만 듣고 선수를 영입했다가 실패한 경험을 한 뒤 직접 전국을 돌며 후보를 검증하는 방식을 택했다. 경기장을 찾아 훈련 과정을 지켜보고 지도자, 부모, 지인들과 인터뷰하며 다각도로 선수의 역량과 태도를 평가했다. 그 결과 문경은, 이상민, 서장훈, 우지원 등 국가대표급 선수들이 그의 끈질긴 설득과 진심 어린 관리 끝에 연세대 유니폼을 입게 됐다. 정성스럽게 영입한 인재일수록 팀에 깊이 헌신한다는 사실을 잘 보여 주는 사례다.

은퇴 후 최희암 감독은 산업계로 자리를 옮겨 현재 고려용접봉 부회장으로 활동하고 있다. 농구에서 익힌 리더십을 기업 경영에 적용했지만, 그는 곧 스포츠와 기업의 본질적인 차이를 깨달았다. 스포츠는 목표가 단일하다. 모든 선수가 '승리' 하나를 향해 움직인다. 그러나 기업은 이해관계자와의 조율, 다양한 의견의 수렴, 장기 전략의 설계가 필요하다. 사람을 움직이기 위해서는 명령보다 진심 어린 소통과 먼저 배우려는 태도가 더 강력한 도구임을 체득했다.

필자는 채용솔루션, 명함관리앱 리멤버(최재호 대표)가 주최한 「HR Power Shift」 컨퍼런스에서 '채용의 권력 이동 : 인재의 양극화 시대'를 주제로 강연하면서, 초핵심 인재 개념을 다음과 같이 정의했다. '초핵심 인재'는 핵심 인재를 넘어 기업의 성패를 좌우하고 미래 경쟁력을 실질적으로 견인하는 결정적 인물이다. 그들은 '있으면 좋다.' 수준이 아니라 '없으면 안 되는' 존재다.

초핵심 인재의 3가지 조건은 다음과 같다.

① 미션 중심 인재는 조직의 비전과 전략을 자신의 일처럼 받아들이고 실천하는 사람으로 단순히 KPI를 달성하는 것이 아니라 존재 자체가 조직의 전략이 되는 인물이다.

② 복합역량 보유자는 기술력 + 소통력 + 리더십이 결합된 하이브리드형 인재로 한 분야의 전문성을 넘어 영역을 연결하고 확장할 수 있는 사람이다.

③ 체인지메이커는 변화를 추진하는 사람으로 위기를 기회로 전환하고 기존 질서를 넘어서는 혁신가이다. 조직과 시스템을 개선, 재설계할 수 있는 실행력을 갖춘 사람이다.

채용은 단발성 이벤트가 아니라 지속적인 인재 발굴과 관계 관리가 핵심이다. 초핵심 인재는 '관리 대상'이 아닌 '관계'로 대해야 하며, 복지나 단기 인센티브보다 미션, 영향력, 자율성 중심의 동기부여가 효과적이다. 평가 역시 일반적인 성과 지표가 아니라 영향력 중심의 성과 프레임을 적용해야 한다.

초핵심 인재는 성과를 만드는 주역이자 위기 상황에서 조직을 구하는 힘이므로 이들을 어떻게 찾고 관계를 만들며 성장시키느냐가 조직 경쟁력의 성패를 가른다. 질적 우위가 양적 확대보다 강한 경쟁력을 만든다. 초핵심 인재를 단순히 확보하는 것을 넘어 이들에게서 몰입과 헌신을 이끌어 내는 설계가 필요하다. 리더는 명령보다 관계와 신뢰로 사람을 움직인다. 스포츠와 기업을 막론하고 현장에서의 검증은 실패 확률을 줄이는 강력한 도구다.

글로벌 인재 전쟁 속 한국 두뇌 유출 가속화

한국의 '브레인 드레인(Brain Drain, 두뇌 유출)' 현상이 가속화할 수 있다는 우려가 크다. 세계 주요국이 AI, 반도체 등 전략 기술과 산업 경쟁력을 강화하기 위해 인재 유치에 속도를 내면서 고급 인력 취업 이민비자(EB1, EB2)를 받아 미국행을 선택하는 사람이 급증하고 있다. 국내 AI 관련 학부생, 대학원생 사이에서 '아메리칸 드림'이 확산하면서 국내보다 해외로 눈을 돌리고 있다. 국내 기업들은 그렇지 않아도 부족한 AI 인재를 확보하는 것이 더욱 어려워지는 실정이다. '인재 싸움'이 핵심인 AI 무대에서 자칫 국내 경쟁력 약화로 이어질 수 있다는 우려가 커진다.

스탠퍼드 대학교 인간중심연구소(HAI)가 발표한 「AI 인덱스 2025」에 따르면, 한국은 이스라엘, 인도, 헝가리, 터키에 이어 다섯 번째로 AI 인재 유출이 많은 국가로 나타났다. 우리나라는 인구 1만 명당 AI 기술 보유자의 순유출 규모가 -0.3명으로 10만 명당 3명은 국외로 빠져나갔다. 부족한 AI 인재가 해외로 유출되면서 한국 IT 기업들의 AI 인재 부족 문제도 한계에 달했다.

소프트웨어정책연구소에 따르면, 2023년 기준 국내에서 AI 사업을 하는 기업 2,354곳 중 81.9%가 "AI 인력이 부족하다."고 답했다. 향후에는 더 심각하다. 고용노동부는 2027년까지 AI 분야에서만 1만 2,800명의 신규 인력이 부족할 것으로 내다봤다. 실제 글로벌 빅테크 기업의 연구원 초봉은 국내 기업과 10배 이상 차이가 나기도 한다. 구글, 아마존, 오픈AI의 주요 연구직군의 연봉은 '부르는 게 값'일 정도다.

세계 AI 인재 확보 경쟁이 심화되고 있다. 미국은 글로벌 AI 인재의 '블랙홀'로 시장을 주도하는 빅테크가 몰려 있고 파격적인 보수를 제시해 전 세계 상위 20%에 해당하는 AI 연구 인력 상당수를 흡수하고 있다. 중국 역시 정부 차원에서 AI 인재 확보에 사활을 걸고 있으며, 일부 기업은 신입 초봉을 자국 평균의 8배 이상으로 책정하는 등 공격적인 채용에 나서고 있다. 일본은 최근 AI 고급 인재 '순 유입국'으로 전환되었는데, 해외 인재에게 배우자 취업 지원, 영주권 요건 완화, 가사도우미 고용 허용 등 다양한 인센티브를 제공하고 있다.

오픈AI 연구원의 초봉은 약 11억 3,000만 원으로, 국내 기업과 비교조차 어려운 수준이다. 스위스 국제경영개발연구원(IMD)의 「세계 인재 순위 2024」 보고서에 따르면, 한국의 '해외 고숙련 인재가 느끼는 기업 환경 만족도'는 2023년 기준 47위로 2015년(37위)보다 10계단 하락했다. 국내 고급 인재들의 만족도도 낮아 미국과 중국 같은 해외 시장으로 눈을 돌리는 사례가 늘고 있다.

경직된 노동 시장과 연공서열 중심의 해묵은 보수 체계, AI 등 패권 경쟁에서 한국이 차지하는 낮은 위상 등은 핵심 인재의 이탈을 부추기는 요인이 된다. 업계는 젊은 인재를 잡아 둘 수 있는 실질적인 생태계 마련이 시급하다고 지적한다. 국내 인재 유출을 막지 못하는 상황에서 해외 우수 인재 유치는 더욱 어려운 과제이기 때문이다.

04
인재 밀도를 높이는 채용에서 유의해야 할 5가지

오늘날 기업의 경쟁 우위는 단순한 인력 규모가 아니라 조직에 속한 인재의 질, 즉 인재 밀도에서 결정된다. 시장 경쟁이 치열해질수록 우수 인재를 확보하고 유지하는 것이 기업 성과의 핵심이 된다. 이에 따라 채용 과정은 지속적으로 더 효과적이고 효율적인 방향으로 개선되고 있다.

마케팅에서 CRM(Customer Relationship Management)이 고객 관계를 강화해 매출을 높이는 전략과 기술이라면, 채용에서는 TRM(Talent Relationship Management)이 잠재적 인재와의 관계를 설계·관리하는 핵심 도구로 자리 잡고 있다. CRM이 고객 유지와 확장을 가능하게 하듯, TRM은 채용 전 단계부터 인재와의 신뢰 기반 관계를 구축해 필요할 때 빠르게 전환할 수 있는 토대를 만든다. 특히 인재 밀도 전략은 저성과 인재, 핵심 인재, 그리고 초핵심 인재에 이르는 스펙트럼을 관리하고, 조직 내 A급 인재 비중을 지속적으로 높이는 것을 목표로 한다. 이는 단순히 좋은 사람을 뽑는 것이 아니라 '최적의 인재'를 찾아 장기적으로 몰입, 성장할 수 있게 하는 과정이다.

이러한 흐름은 기업들이 이제 인재와의 관계를 고객 관계만큼 전략적으로 중요하게 다루기 시작했음을 보여 준다. 특히 인재 경쟁이 가속화되는 환경에서 채용부터 유지, 성장에 이르는 전 주기 전략이 필요하다. 채용담당자와 조직이 반드시 유의해야 할 5가지 핵심 사항을 제시한다.

1. A급 인재만을 뽑아 팀을 꾸려라

"최고 아니면 채용하지 않는다."는 원칙이 많이 알려져 있지만 '최고'의 기준은 업계, 직무, 조직 상황에 따라 달라질 수 있다. 실제로는 '최고의 인재(Best People)'보다 '최적의 인재(Right People)'를 선발하는 것이 더 중요하다.

무조건 최고 인재만이 성과를 만드는 것은 아니다. 핵심 포지션에는 최고를, 다른 포지션에는 역할과 성장 가능성에 맞는 최적 인재를 배치해야 한다. 스펙, 성과 지표보다 기술 역량 + 문화 적합성 + 성장 가능성을 종합적으로 평가해야 한다. 단순 충원용 C급 인재 채용은 인재 밀도를 빠르게 떨어뜨린다. 반대로 A급 인재를 적시에 선발하면 팀 기준과 기대치가 높아진다. 이를 위해 채용 퍼널의 병목을 신속히 제거하고, 정교한 프로세스로 효율성과 인재 밀도를 동시에 확보해야 한다.

2. 일괄 공지 대신 개인화된 메시지로 후보자 경험(CX)을 디자인하라

고성과, 고잠재 인재 유치를 위해서는 일괄 공지 대신 개인화된 메시지가 필요하다. PVP(Personalized Value Proposition)는 채용, 마케팅, 브랜딩 등에서 쓰이는 개념으로 개인 또는 세분화된 타깃 그룹의 특성, 필요, 상황에 맞춰 제안 내용을 맞춤 설계하는 것을 말한다. PVP는 '개인화된 가치 제안'을 의미하며, 한 사람 또는 특정 그룹이 왜 이 제안을 선택해야 하는지를 설득하는 메시지를 그들의 상황과 선호에 맞게 최적화한 것이다.

기존의 EVP(Value Proposition)가 조직이 제공하는 가치를 일반적이고 보편적인 수준에서 제시하는 것이라면, PVP는 대상을 세분화(Segmentation)하고 데이터와 행동 분석을 기반으로 그에 맞춘 맞춤형 가치로 설계한다. 후보자의 경력, 기술, 이동 가능 시점에 맞춘 제안과 멘토링, 프로젝트 초청, 콘텐츠 제공이 효과적이다.

TRM(Talent Relationship Management)과 ATS(Applicant Tracking System)를 활용해 세분화, 캠페인 A/B 테스트, 응답률·참여도 지표를 기반으로 성과를 관리한다. 채용 과정, 일정, 평가 기준을 투명하게 공유하고 합격, 불합격 여부뿐 아니라 간결한 피드백을 제공해야 한다. 온보딩 후에는 약속한 역할과 성장 경로, 보상 원칙이 실제 경험과 일치해야 한다. 이는 후보자 경험이 고용주 브랜딩(Employer Branding)으로 환류되어 향후 인재 유입과 전환률에 직접적인 영향을 미친다.

3. 기존 팀에 긍정적 변화를 주는 컬처애드 인재를 선별하라

인재 밀도는 단순한 '능력 합계'가 아니라 '공유된 가치관'과 '협업 방식'에서 나온다. 직무별 최적 성격·배경이 다르다는 전제를 두고, 커뮤니티·부트캠프·리턴십 등 다양한 경로로 인재를 유입시키며, 심리적 안전감을 보장해야 한다. 경력, 스펙만으로는 진짜 역량을 가늠하기 어려우므로 행동 기반 인터뷰(Behavioral Interview), 과제형 평가(Work Sample Test), 평판조회(Reference Check) 등을 병행해 기술, 리더십, 문화 적합성을 입체적으로 검증해야 한다.

평가 과정에서 최근 효과, 헤일로 효과 등 편향을 방지하고, 리더십/전문가 이원 트랙을 동등하게 인정해 불필요한 승진 경쟁을 낮춘다. 다양성과 포용성은 '미덕'이 아니라 혁신과 리스크 분산의 핵심 요소로 다루어야 하며, 기존 팀에 긍정적 변화를 주는 '컬처애드' 인재를 선별하는 것이 중요하다.

4. 핵심 역량 중심의 선발 기준을 일관되게 적용하라

'좋아 보이는 사람'이 아니라 해당 직무의 성과에 직접적인 영향을 주는 핵심 역량을 압도적으로 잘하는 인재를 우선해야 한다. 직무별 Must-have Skills와 Nice-to-have Skills을 명확히 구분하고 일관되게 적용해야 한다. 채용 목표와 지표(예 : Talent Density %, 우수 인재 전환율, 후회 이직률, Time-to-Fill 등)를 설정하고, TRM·ATS 데이터를 기반으로 월·분기 단위 리뷰와 개선 실험을 반복한다. 채용 과정에서 잠재적인 후보자들의 정보를 모아 둔 '인재 풀'은 '보관'이 아니라 이벤트, 커뮤니티, 사내 기술 세미나 등을 통해 지속적으로 활성화해야 한다.

5. 채용 후 유지와 경력 성장 전략을 채용 단계에서부터 명확히 제시하라

인재 밀도는 채용 순간에만 결정되는 것이 아니라 채용 후 유지와 경력 성장(Career Growth) 전략에 따라 지속된다. 최고 인재(Top Talent)는 도전적인 과제, 영향력 있는 역할(High-Impact Role), 충분한 자율성과 공정한 보상을 제공받을 때 몰입한다. 이를 위해 경력 경로(Career Pathway)와 영향력 발휘 기회를 채용 단계에서부터 명확히 제시해야 한다.

과도한 의존과 번아웃을 막기 위해 로드매핑(Road Mapping), 미션 로테이션(Mission Rotation), 코칭·휴식 제도, 백업 인력 체계를 마련한다. 보상에는 '개인 성과(Individual Performance)' 뿐 아니라 팀 기여(Team Contribution), 멘토링, 지식 전수를 반영해 '스타 의존'이 아닌 '팀 생산성(Team Productivity)'을 높여야 한다. 새 제도·도구는 관리자 교육(Manager Training & Development), 정책 핸드북(Policy Handbook), FAQ(Frequently Asked Questions), 오피스아워(Office Hour) 등으로 '현장 사용성(Field Usability)'을 확보해야 정착된다.

참고문헌

- 강정아, 네카라쿠배, 예전 같지 않나봐?…'옛 신의 직장'으로 역이직하는 개발자들, 조선비즈, 2025. 2. 19.
- 김예지, 카카오페이 '최복동', '언박싱 데이' 뭐길래…임직원 만족도 5점 만점에 '4.9점', 파이낸셜뉴스, 2023. 10. 19.
- 박민웅, 정준호 LG이노텍 인재확보팀장 "해외 매출 비중 95%…인턴십으로 밀착 지원", 이투데이, 2024. 8. 22.
- 박세정·차민주, "10명 중 4명은 해외로" 국내 AI 인재 '아메리칸 드림' 확산, 헤럴드경제, 2025. 6. 2.
- 송명규, 연봉 7천 아니면 어때, 코딩 재밌으면 됐지, 한겨레21, 2024. 9. 26.
- 오병훈, 토스 이형석 CTO, "토스의 최고 복지는 동료"…금융혁신에 한계는 없다, 디지털데일리, 2024. 9. 12.
- 유준호, 韓인재 '엑소더스' 심각 작년 5800명 미국 갔다, 매일경제, 2025. 8. 15.
- 이덕주, 인재에 대한 세가지 오해, 매일경제, 2017. 6. 23.
- 이본영, '두뇌수지 적자' 한국…지난해 AI 인재 순유출 심화, 한겨레, 2025. 6. 17.
- 이상덕, 삼성, 글로벌 인재 확보 총력 애플 출신 최재인 부사장 영입, 매일경제, 2025. 5. 18.
- 이지은, 1인당 영업이익 4.4억원…'한국의 넷플릭스' 꿈꾸는 스타트업, 이데일리, 2024. 11. 28.
- 임혜선, '불닭 회사'가 뷰티 전문가 영입?…삼양, 김정수式 인재 실험, 아시아경제, 2025. 7. 21.
- 홍상지, 인재가 회사 다 키운다…'인재 사냥꾼' TA 키운다, 중앙일보, 2025. 8. 12.
- 대니얼 코일, 『최고의 팀은 무엇이 다른가』, 박지훈 역, 웅진지식하우스, 2018.
- 박하늘·전민아, 『리크루터의 채용 실무 가이드』, 루비페이퍼, 2023.
- 신원무, 『Top Line에 기여하는 HR』, LG경영연구원, 2011. 6. 7.
- 앤드루 맥아피, 『긱 웨이-초격차를 만드는 괴짜들의 마인드셋』, 이한음 역, 청림출판, 2025.

https://eddy.com/hr-encyclopedia/9-box-talent-review/

https://www.getbenepass.com/blog/talent-acquisition-process

https://www.blockmedia.co.kr/archives/951286

https://www.growthspace.com/post/career-growth-and-development

https://joshbersin.com/2024/03/how-to-create-talent-density/

09

크로스 스킬링 확산

다른 직무의 역량을 학습하고
이를 실무에 통합하는 다기능화 전략으로 바뀐다

#크로스스킬링 #통합학습 #내부인력육성
#직무교육 #업스킬링 #리스킬링

적응력은 '버티기 위해 적응하는 것'과
'이기기 위해 적응하는 것'의 강력한 차이에 있다.

- 맥스 맥키언(Max McKeown)

01
크로스 스킬링 확산

사일로화된 팀을 구하기 위한 '크로스 스킬링' 확산

　최근 디지털 전환과 인재 채용 경쟁이 심화되면서 많은 기업이 외부 영입보다 내부 인력을 전략적으로 육성하는 방식을 선호하고 있다. 특히 사일로(Silo) 현상, 즉 부서나 팀이 자신의 영역과 목표에만 집중해 다른 부서와의 정보 공유와 협업이 단절되는 구조는 조직 전체의 목표 정렬을 어렵게 하고 중복 업무, 의사결정 지연, 혁신 저하를 초래한다. 변화가 빠른 시장 환경에서 사일로 구조는 신속한 대응을 가로막는 주요 걸림돌이 된다.

　코로나19 팬데믹과 같은 외부 충격은 각 부서가 독립적으로 움직이는 방식으로는 불확실성에 대응하기 어렵다는 점을 분명히 보여 주었다. 원격·하이브리드 근무 확산, 공급망 불안, 고객 경험 변화 등 복합적 과제에 대응하기 위해서는 부서 간 경계를 허물고 인력을 융합, 활용하는 전략이 절실하다. 이러한 흐름 속에서 크로스 스킬링, 즉 구성원이 자신의 주 직무, 전문 분야 외에 다른 직무나 부서의 역량을 습득하도록 하는 제도가 주목받고 있다.

　① 크로스 스킬링(Cross-skilling)은 단순한 보조 업무 학습이 아니라 직무 범위를 확장해 다양한 상황에 유연하게 대응할 수 있도록 하는 다기능화 전략이다. 이를 통해 부서 간 언어와 프로세스를 이해하고 협업 속도와 품질을 높일 수 있다. 예를 들어, 마케팅 담당자가 데이터 분석 기초를 익

업스킬링 vs 리스킬링 vs 크로스 스킬링

구분	업스킬링(Upskilling)	리스킬링(Reskilling)	크로스 스킬링 (Cross-Skilling)
정의	현재 직무에서 더 높은 성과를 내기 위해 기존 분야의 기술과 역량을 심화하는 것	완전히 새로운 직무로 전환하기 위해 새로운 기술과 역량을 학습하는 것	현재 직무 외 인접·다른 직무의 기술을 학습해 다기능 역량을 확보하는 것
목적	현 직무 전문성 강화	직무 전환 및 재배치	다기능 인재로 성장, 유연한 역할 수행
예시	개발자가 새로운 프로그래밍 언어를 배우거나 최신 프레임워크 숙달	제조업 근로자가 데이터 분석·코딩을 배워 IT 직무로 이동	마케터가 데이터 분석 역량을 습득, 디자이너가 UX 리서치 수행
적용 상황	성과 향상, 경쟁력 유지	산업 변화·구조조정·자동화로 인한 직무 변경	애자일·헬릭스 조직, 프로젝트 기반 협업, 직무 융합 필요 시
성과	생산성 향상, 전문성 심화	새로운 분야에서의 고용 가능성 확대	부서 간 협업 강화, 인력 운용 유연성 확대
핵심 효과	직무 내 경쟁력 강화	경력 전환 기회 확대	직무 간 장벽 해소·혁신 촉진
투자 범위	동일 직무 내 교육·훈련	새로운 직무 교육·훈련	다기능·융합형 교육·훈련
대표 산업 적용 사례	IT 개발, 금융, 제조 등	전통 제조업 → IT 전환, 오프라인 판매 → 이커머스	스타트업, 글로벌 빅테크, 다기능 팀 운영 조직

히면 데이터팀과의 커뮤니케이션 효율이 향상되고 의사결정까지의 시간이 단축된다. 반대로 개발자가 UX 설계 원리를 배우면 디자인팀과의 협업 과정에서 시행착오를 줄일 수 있다. 이처럼 크로스 스킬링은 사일로 구조를 해소하고 내부 인재가 여러 기능을 수행할 수 있도록 함으로써 외부 채용 비용과 시간을 절감하고 조직의 민첩성과 혁신 역량을 높인다.

② 업스킬링(Upskilling)은 현재 직무에서 더 높은 성과를 내기 위해 해당 분야의 기술과 역량을 심화하는 전략이다. 예를 들어, 개발자가 최신

프로그래밍 언어를 숙달하거나 마케터가 데이터 기반 의사결정 능력을 고도화하는 경우다. 목표는 현 직무의 전문성을 강화해 성과와 경쟁력을 유지하는 것이다. 특히 애자일(Agile)이나 헬릭스(Helix)형 조직처럼 유연성과 속도를 중시하는 환경에서 직무 간 장벽을 낮추고 부서 간 협업을 촉진한다. 애자일이 개발 과정의 속도와 유연성을 높인다면, 데브옵스(DevOps)는 이를 운영과 배포까지 확장해 전 과정의 흐름을 최적화한다. 실제로 많은 조직이 애자일 + 데브옵스를 결합해 개발 - 배포 - 운영을 하나의 민첩하고 지속적인 사이클로 운영한다.

③ 리스킬링(Reskilling)은 직무 자체를 바꾸기 위해 새로운 기술과 역량을 습득하는 과정이다. 산업 구조 변화, 자동화, 구조조정 등으로 인해 기존 직무가 사라지거나 축소될 때 특히 필요하다. 예를 들어, 제조업 종사자가 데이터 분석과 코딩을 배워 IT 분야로 전환하거나 오프라인 영업 인력이 이커머스 전문가로 전직하는 사례가 대표적이다. 리스킬링의 목적은 경력 전환과 재배치이며, 새로운 직무에 필요한 교육과 훈련이 핵심 투자 대상이다. 이를 통해 전혀 다른 분야에서의 고용 가능성을 확대하고, 커리어 전환 기회를 넓힐 수 있다.

업스킬링은 깊이, 리스킬링은 방향 전환, 크로스 스킬링은 폭과 융합을 강화하는 전략이다. 기업은 3가지 접근법을 상황과 목표에 맞게 조합해 활용함으로써 기술 격차를 해소하고, 인재 경쟁력을 높이며, 변화하는 시장 환경 속에서도 지속가능한 성장을 도모할 수 있다.

최근 각광받는 '아웃스킬링(Outskilling)'은 직원들에게 구직 시장에서 경쟁력을 유지하는 데 필요한 기술을 재교육하는 것을 의미한다. 일부 기업은 해고된 직원들이 새로운 일자리를 찾을 수 있도록 아웃스킬링을 통해 직원들의 역량을 강화한다. 기업 입장에서는 퇴직 예정자나 직무 축소 대상 인력에게 재취업·커리어 전환 기회를 제공함으로써 고용 안정성을 높이고, 동시에 사회적 책임(CSR)도 이행하는 효과가 있다.

급변하는 경영 환경에 적응하기 위해서는 다양한 부서에서 여러 사람이 모여 각자의 스킬로 협업하고 소통하는 방식이 유리하다. 채용/온보딩에서 퇴사/오프보딩으로 직원 여정에서 바라보는 관점을 확보해야 한다.

기업이 크로스 스킬링을 도입하면 기술 격차를 해소하고 업무 안정성을 높이며, 주요 직위의 대체 가능성을 확보해 인력 공백 상황에도 대비할 수 있다. 직원의 기술 세트를 확장해 향후 역할 변화에 대비시키고, 성장 기회를 제공해 동기부여와 유지율을 높일 수 있다. 외부 채용보다 내부 인재 재교육을 통해 채용·교육 비용을 절감할 수 있으며, 바쁜 시기에는 부서 간 지원을 원활하게 해 업무량을 효율적으로 조정할 수 있다.

과거에는 학위나 특정 기술 숙련도가 채용의 주요 기준이었다면, 이제는 얼마나 다양한 기술과 역할을 수행할 수 있는지가 인재 평가의 핵심 기준이 되고 있다. 이러한 이유로 크로스 스킬링은 향후 2026년까지 확산이 예상되는 미래형 인재 육성 전략으로 주목받고 있다.

02
크로스 스킬링 – 세계 동향

세계 기업에서도 크로스 스킬링이 대세가 된다

　세계적인 디자인 회사 IDEO는 혁신적인 문화와 다양한 학문을 아우르는 접근 방식으로 잘 알려져 있으며, 교차 훈련(Cross-training)의 대표적 사례를 보여 준다. 팀 브라운(Team Brown) CEO는 T자형 인재 육성에 중요한 역할을 했다. T자형 인재는 한 분야에서 깊은 전문성을 갖춘 동시에(세로획), 사업의 다양한 영역에 대한 폭넓은 실무 지식을 보유한 사람(가로획)을 의미한다. IDEO는 면접 과정에서 협력적이고 공감적인 성향을 면밀히 검토하며, 채용 전 인턴십을 통해 지원자와 조직이 서로를 충분히 이해할 수 있는 기회를 제공한다.

　IDEO의 조직 운영 방식은 애자일 원칙을 기반으로 한다. 애자일 조직은 부서 간 경계를 허물고 변화에 신속하게 대응하는 구조로 기획, 마케팅, IT 등 필요한 기능을 모두 포함한 다기능(Cross-functional) 팀으로 구성된다. 각 팀은 명확한 업무 권한과 책임을 부여받아 짧은 주기로 실행하며, 2주 단위로 업무 계획을 수립하고 팀원별 업무를 배분한다. 진행 상황은 매일 10분간의 '체크인, 체크아웃' 회의를 통해 공유한다.

　성과 관리는 각 팀이 맡은 고객 미션의 수행 결과를 중심으로 이루어지며, 그 결과를 상황판(Dashboard)에 공개해 누구나 볼 수 있도록 한다. 이렇게 하면 팀 간 성과가 투명하게 공유되어 조직 전체가 같은 정보를 바

테크놀로지팀 vs 크로스 펑션팀

탕으로 움직일 수 있다. 여기에다 매달 또는 분기마다 진행 상황을 점검하면서 과제, 투자, 인력 배치의 우선순위를 빠르게 다시 정한다. 이런 방식은 여러 단계를 거치는 복잡한 보고 체계나 1년에 한 번만 성과를 평가하는 전통적인 피라미드형 조직과 달리 변화가 빠른 환경과 위기 상황에서도 신속하고 유연하게 대응할 수 있도록 해 준다.

요즘 PO(Product Owner)에게 요구되는 역량을 보면, '인플루언싱 피플(Influencing People)' 항목이 있다. 결국 협업하는 과정에서 조직의 생산성을 높이려면 다양한 직무의 담당자들에게 지속적으로 코칭 또는 피드백을 진행해야 한다. 더불어 프로덕트를 함께 만드는 구성원에게 수평적인 리더십을 발휘할 수 있어야 한다. 커뮤니케이션 역량도 중요하다. 이는 단순히 프로덕트 오너에게만 해당하는 이야기는 아니다. 기술의 발전과 더불어 디지털 혁신이 계속되면서 함께 일하는 구성원 간의 시너지를 높여 비즈니스에 기여할 수 있는 소프트 스킬이 중요해진다.

크로스 펑션팀(Cross-functional Team, CFT)은 마케팅, 개발, 디자인, 영업 등 서로 다른 부서와 전문 영역의 구성원이 하나의 프로젝트나 목표를 위해 협업하는 팀을 말한다. 우리말로 '기능횡단팀', '자율기능팀' 등으로 번역할 수 있다. CFT팀의 팀원은 공동의 프로젝트나 협력하여 달성해야 할 목표가 있을 때 요구되는 특정 역량과 스킬에 근거하여 선택된다. 기능의 경계를 넘어 시너지를 창출하는 것이 특징이며, 이러한 팀이 효과적으로 작동하기 위해서는 구성원 개개인의 크로스 스킬 역량이 필수적이다.

크로스 스킬은 한 사람이 본인의 주 직무 외 다른 분야의 기술과 지식을 습득하고 활용하는 능력을 의미한다. 예를 들어, 개발자가 마케팅 분석 툴을 다룰 수 있는 경우가 해당된다. 크로스 스킬이 있는 팀원은 의사소통과 의사결정을 빠르게 하고, 특정 인원이 부재할 때도 업무를 보완하며 프로젝트 지연을 최소화할 수 있다. 또한 다양한 기능을 이해해 새로운 관점에서 문제를 바라보고 창의적 해결책을 제시하며, 팀 내 상호 교육과 멘토링을 통해 조직 학습을 촉진한다.

채용 과정에서도 크로스 스킬은 중요한 역할을 한다. 크로스 펑션 인터뷰(Cross-functional Interview)는 지원 직무 부서뿐 아니라 다른 부서 면접관이 함께 참여해 후보자의 부서 간 협업 능력, 다양한 사업·기능 영역에 대한 이해도, 다직무 환경 적응력을 평가하는 면접 방식이다. 이 과정에서 크로스 스킬을 보유한 지원자는 타 부서의 전문 영역 질문에도 설득력 있게 답변하고, 부서별 용어와 프로세스를 이해하며, 다양한 역할을 수행할 잠재력을 보여 줄 수 있다. 이는 기업이 다기능 인재를 선발하고 부서 간 벽을 낮추는 문화 조성에 기여한다.

넷플릭스는 콘텐츠 제작팀의 데이터 분석과 마케팅 이해도를 높이기 위해 내부 크로스 스킬 교육을 의무화하고 있다. 크로스 스킬에 의해 조직의 유연성·생산성·혁신성이 극대화되며, 채용·평가·운영 모든 단계에서 시너지를 발휘한다.

IBM은 'Your Learning'이라는 통합 학습 플랫폼을 통해 직원들이 부서 경계를 넘어 다양한 직무 역량을 습득할 수 있도록 지원한다. 이 플랫폼은 AI 기반 추천 기능을 갖추고 있어 개인의 경력 목표, 기존 역량, 현재 프로젝트와 연계된 맞춤형 크로스 스킬링 과정을 제안한다. 이를 통해 개발자는 UX 디자인이나 클라우드 아키텍처를, 마케팅 담당자는 데이터 분석이나 AI 모델 이해 과정을 학습할 수 있다.

IBM은 프로젝트 기반 협업 시 다중 역량을 보유한 인재를 우대하며, 복합 프로젝트나 부서 간 협력이 필요한 업무에 우선 배치한다. 또한 교육 이수 후 발급되는 '스킬 배지(Skill Badge)' 제도를 운영해 직원의 역량을 공식 인증하고, 이를 사내 프로필과 링크드인 등에 표시할 수 있도록 한다. 이 배지는 인사평가, 승진, 프로젝트 참여 선발 시 중요한 근거로 활용되며, 직원이 스스로 커리어를 설계하고 업스킬링, 크로스 스킬링을 경력 관리의 핵심 도구로 삼도록 유도한다.

아마존의 크로스 스킬링 전략은 대표적으로 'Career Choice' 프로그램을 통해 구현되고 있다. 이 제도는 2012년에 시작되어 전 세계 14개국에서 운영되고 있다. 직원들이 IT, 물류, 데이터 분석 등 기존 직무와 다른 분야를 학습하고 경력 전환까지 지원받을 수 있도록 설계되었다. 연간 최대 5,250달러까지 교육비를 지원하며, GED·학위·자격증 과정 등 폭넓은 학습 경로를 제공한다. 400개 이상의 교육 기관과 제휴해 온라인·오프라인 학습을 병행할 수 있고, 유연한 근무 스케줄로 수강 기회를 보장한다. ESL(English as a Second Language) 과정을 제공하여 다양한 언어권 출신 직원들이 언어 장벽 없이 업무에 몰입할 수 있도록 돕는다. 이를 통해 높은 만족도(4.9/5)와 직무 가능성 향상(98%)이라는 성과를 거두었다.

프로그램 참여자는 창고, 물류 직무에서 시작해 IT, 데이터 분석, 항공 정비, AI 등 전문 분야로 전환하는 사례가 많으며, CompTIA A+ 자격증 취득이나 학위 취득을 통해 승진하는 경우도 보고된다. Career Choice는 AWS Training & Certification, Machine Learning University, Technical Apprenticeship 등 아마존의 다른 기술 교육 프로그램과 연계되어 클라우드, 머신러닝 등 신기술 분야로의 이동을 촉진한다. 이처럼 Career Choice는 학습과 인증, 그리고 직무 전환까지 이어지는 완결형 크로스 스킬링 모델로 내부 인재의 다기능화와 경력 유연성을 동시에 강화하는 전략적 도구로 작동하고 있다.

아마존은 '바 레이저(Bar Raiser)' 제도를 통해 타 부서 전문가가 면접에 참여해 협업 역량(Collaboration Skills)과 다기능 수행 가능성(Cross-functional Capability)을 평가한다. 아마존은 '적어도 한 가지 면에서는 기존 직원보다 월등히 앞선 인재를 뽑는다.'는 원칙을 바탕으로 채용한다. 이를 위해 채용 과정 전반을 책임지고 꼼꼼히 살피는 '바 레이저'를 지정해 면접 품질과 기준을 유지한다. 전통적 채용 방식의 문제점은 분명하다. 면접 직후 평가서를 작성하지 않으면 직감을 잊기 쉽고, 면접자 간 공유 과정에서 편견이 생길 수 있다. 직무 목적과 요구사항이 명확하지 않으면 구체적 사례로 지원자를 검증하기 어렵다.

채용에서 가장 경계해야 할 것은 '개인 편향((Individual Bias)'과 '성급한 결정(Rushed Decision)'이다. 단순히 자신이 좋아하는 유형의 사람만 뽑거나 절박함에 프로세스를 무시하면 결국 인재를 제대로 알아보지 못하고 편협한 인력 구조를 만들 수 있다. 따라서 면접을 준비할 때는 직무기술서(Job Description)를 구체적으로 작성해야 한다.

예를 들어, 영업 대상, 수준 명확화, 전화 인터뷰에서 맞지 않는다고 판단되면 과감히 제외하고, 대면 면접은 5~7명의 객관적인 인터뷰어가 진행한다. 단, 면접 후 직접 부하직원이 될 사람은 면접관으로 적절하지 않다. 대면 인터뷰에서는 '지원자의 과거 행동이 우리 조직의 일하는 원칙에 얼마나 부합하는가?'를 중점적으로 본다. 특히 문제 해결력과 목표 달성 방식을 구체적 질문으로 확인한다. 이때 STAR 기법(상황, 과제, 행동, 결과)을 활용하면 효과적이다.

피드백 작성은 면접 직후 15분 안에 완료한다. '매우 채용(Strong Hire)', '채용(Hire)', '채용하고 싶지 않다(No Hire)', '매우 채용하고 싶지 않다(Strong No Hire)' 4단계로 평가하며, 제출 전까지 다른 면접자와 토론할 수 없다. 이후 회의에서 채용 원칙에 부합하는지를 다시 검토하며 최종 결정을 내린다.

바 레이저 프로세스의 핵심은 '채용을 단순한 선발이 아닌 전략'으로 다루는 것이다. 정확한 직무 정의, 편향 최소화, 체계적 피드백, 원칙 기반의 토론 과정을 통해 조직은 장기적으로 인재 밀도를 높이고 지속가능한 성과를 만들어 낸다.

마이크로소프트는 'Skills for Jobs' 프로그램을 통해 전 세계 직원과 일반인을 대상으로 AI, 데이터, 사이버보안 등 신기술 교육을 무료 또는 저비용으로 제공하며 학생, 커리어 전환자, 기술 전문가 등 다양한 학습자층을 지원한다. 이 과정에는 AI 리터러시, 사이버보안 마이크로디그리, 무코딩 애플리케이션 개발(Power Platform), AI 개발자 과정, 데이터 역량 강화 등이 포함된다.

2020년 이후 전 세계 8,000만 명 이상에게 디지털 교육을 제공했고, 아프리카에서는 2026년까지 100만 명 이상에게 AI·사이버보안 기술을 교육하는 프로젝트를 진행 중이다. 내부적으로는 'AI 스킬 구축 가속화' 전략을 통해 마케팅·영업·엔지니어링 등 전 직군에 맞춤형 학습 경로를 제공하고, 프로젝트 기반의 다기능 역량 강화와 전 부서 간 협업을 촉진한다. 마이크로소프트의 크로스 스킬링 핵심은 ① 신기술 중심 교육 접근성 확대, ② 글로벌 규모의 기술 인재 육성, ③ 내부 전 직군 맞춤형 학습 체계와 협업 문화 강화로 요약된다.

구글은 제품 초기 개발 단계에서부터 크로스 펑션 스쿼드 형태로 팀을 구성하므로 채용 과정에서도 지원자의 부서 간 협업 역량을 중점적으로 평가한다. 이를 위해 크로스 펑션 인터뷰(Cross-functional Interview) 방식을 적용하며, 지원 직무 부서 외에도 엔지니어, 디자이너, 마케터 등 다른 부서 전문가가 면접관으로 참여해 협업 능력, 커뮤니케이션, 조율 역량을 검증한다. 평가 포인트는 전문 분야 깊이(전문성)와 타 분야 이해·협업 폭(크로스 스킬)이다.

면접에서는 제품 초기 아이디어 구상, 기능 우선순위 결정, 마케팅 론칭 전략과 같은 복합 과제를 제시하고, 부서별 이해관계 조율 과정을 시뮬레이션한다. 이를 통해 다부서 의견 충돌 시 설득, 조율, 우선순위 설정 능력과 문제를 새롭게 정의하고 해결책을 제안하는 창의성을 본다. 구글의 채용 과정은 실제 업무와 유사한 협업·의사결정 경험을 제공하며, '혁신·자율·협업'이라는 조직문화와 부합하는 인재를 선별하는 역할을 한다.

월마트는 '월마트 아카데미(Walmart Academy)'를 중심으로 현장(스토어·물류) 직원의 역량을 디지털, 데이터, 신기술, 리더십으로 확장하는 크로스 스킬링 체계를 운영한다. 2016년 설립 후 2022년 전 세계 230만 명 임직원을 대상으로 하나의 글로벌 아카데미로 통합했으며, 디지털과 오프라인 학습을 결합해 직무 전환과 역할 확장을 지원한다. 기업문화의 핵심은 현장 친화적 디지털, 데이터 리터러시다.

사내 학습 포털에는 'Data & Digital Literacy' 과정이 상시 개설되어 데이터 기반 비즈니스 인사이트 도출, 주요 디지털 도구 활용, 신기술 운용법을 교육한다. 이를 통해 계산, 재고, 머천다이징을 넘어 데이터를 읽고 의사결정에 반영할 수 있는 데이터 기반 의사결정 문화를 정착시켰다. 교육 방식에서는 몰입형 XR/VR 실습을 적극 활용한다. 예를 들어, '픽업 타워(Pickup Tower)' 신기술 교육을 VR로 전환해 학습 시간을 8시간에서 15분으로 단축(-96%)했고, XR 학습자는 비(XR)학습자보다 사후 평가 점수가 높게 나타났다.

월마트는 현재 전국 매장에 VR 헤드셋을 보급하고, 약 30개 이상의 VR 모듈(신기술, 고객 응대, 컴플라이언스 등)을 운영한다. 이러한 인프라는 직무 경계를 넘는 내부 전환을 가능하게 한다. 매장 점원과 부서 매니저가 함께 매장 운영 데이터, 고객 흐름, 신기술 활용을 학습해 자동화 물류센터, 옴니채널 피킹, 패킹 등 신역할로 자연스럽게 이동할 수 있다. 이는 내부 인재 이동성과 재배치 속도를 높여 채용 시 외부 충원 부담을 줄이고 내부 성장 경로를 강화한다.

월마트는 2026년까지 업·크로스 스킬링에 10억 달러를 투자할 계획이며, 미국에서만 연간 40만 명 이상이 교육을 받는다. ESG·인재 보고서에는 OJT+아카데미 병행 구조와 교육 - 배치 - 승진을 연결하는 경력 경로 설계가 명시되어 있다. 월마트의 채용과 인재 전략은 '채용 후 지속적 재교육과 내부 이동'을 전제로 설계되며, 채용은 '잠재력 확보', 아카데미는 '역할 확장'의 공식으로 설계된다. 이와 같이 장기적인 관점에서 채용이 이루어져야 한다.

어떤 경우에는 아무리 노력해도 확보하기 어려운 경쟁력이 있지만 이번에 다룰 주제는 기업 경영자가 만들어 내고 전략적으로 운용할 수 있는 매우 강력한 인적 자원 경쟁력이다. 바로 고위 임원진을 중심으로 한 임원팀(Executive Team)이다. 임원 협력(C-suite Collaboration)은 단순히 매주 회의에서 각 부서 사안을 보고, 논의하는 수준을 넘어 하나의 팀처럼 유기적으로 운영되는 것을 의미한다. 이러한 협력 필요성 증가는 다기능팀의 등장 배경과도 맞닿아 있다. 과거에는 비교적 고정적이고 예측 가능한 환경이었지만, 오늘날의 사업 환경은 훨씬 복잡하고 불확실성이 커서 한 분야의 지식만으로는 문제 해결이 어려워졌다.

CFT팀을 운영할 때 예상되는 어려움과 한계를 극복하기 위해서는 3가지를 주의해야 한다.

① 명확한 목적과 비전 공유 : 명확한 비전이나 목표가 설정되지 않으면 팀원들은 혼란에 빠질 수 있다. 팀원들이 목표를 잘 이해하여 모든 사람이 목표뿐만 아니라 프로세스 단계마다 가장 적합한 방법을 찾을 수 있어야 한다.

② 자율성과 권한 위임 : 팀 또는 개인이 결정할 수 있는 자율성과 권한이 확보되지 않는 경우에도 어려움을 겪을 수 있다. 다양한 팀원의 의

견을 통합하고 실행하기 위해서는 충분한 리소스와 권한이 필요하다.

③ 효과적인 커뮤니케이션 : 데일카네기트레이닝의 연구에 따르면, 팀원 간의 상호 작용이 감소할수록 높은 성과를 낼 가능성도 낮아진다. 특히 AI 시대에는 기술이 계속 발전함에 따라 최신 기술이나 정보뿐만 아니라 효과적인 대인 관계 스킬 및 커뮤니케이션 스킬이 있어야 성공적인 협업이 가능하다는 것을 알 수 있다.

03

크로스 스킬링 – 국내 동향

국내에서도 크로스 스킬링이 중요하게 뜬다

국내에서도 크로스 스킬링을 중요시하는 이유는 최근 인재 채용이 어려워진 상황도 영향을 미쳤으나 무엇보다 기존의 사업 구조를 경험한 직원들을 육성하는 방식이 더 효과적이라고 판단했기 때문이다. 비즈니스 방향이 새롭게 재편되면서 기존에 수행하던 직무를 전환해야 하는 경우가 많아지는 것도 내부 인재 육성 교육을 더 선호하게 되는 이유 중 하나다. 최근의 인재 교육은 디지털 전환에 맞는 인재 확보와 함께 구성원의 구조를 개선하는 목적도 있다. 즉 부서 간, 직무 간 기술 격차를 줄임으로써 직무 간 이해도를 높이고 그에 따른 시너지 효과를 얻기 위해서이다.

국내 주요 기업들은 내부 인력의 다기능화와 부서 간 장벽 해소를 위해 다양한 형태의 크로스 스킬링을 전략적으로 도입해 조직의 애자일화, 신성장 동력 확보, 인재의 커리어 유연성 강화를 추진하고 있다. 내부 인력의 다기능화와 부서 간 장벽 해소를 위해 다양한 형태의 크로스 스킬링 전략을 운영하고 있다. 이는 단순한 교육 프로그램이 아니라 채용 단계에서부터 중요하게 평가되는 역량이자 입사 후 경력 개발과 승진의 핵심 기준으로 작용한다. 국내 IT 기업 또한 애자일 스쿼드 팀에서 '멀티 롤' 수행 가능성을 KPI에 반영하고 있다.

코오롱인더스트리 FnC부문(코오롱FnC)은 신입사원 공개채용 1차 면접인 '리쿠르팅 데이'를 진행했다. 이번 프로그램은 열린 채용 문화 확산을 목표로 지원자의 패션에 대한 진정성과 다방면의 역량을 평가하기 위해 기획됐다. 면접의 핵심은 지원자가 '패션 챌린저'가 되어 3가지 미션을 수행하며 패션 관련 역량과 열정을 증명하는 방식이었다. 미션을 통과할 때마다 스탬프를 받는 형식을 적용해 몰입도와 재미를 높였다.

'다중 미니 면접(Multiple Mini Interview, MMI)'을 패션업계 특성에 맞게 변형하여, 짧고 다양한 면접을 통해 직무 중심이 아닌 종합 역량을 평가했다. 면접 이후에는 1년 차 신입사원과의 자유로운 대화를 통해 실제 현장 경험과 조언을 들을 수 있는 시간도 마련했다. 이러한 구성은 지원자가 부담 없이 자신의 역량을 표현하고, 회사 문화와 비전을 체감할 수 있도록 하는 데 초점을 맞췄다.

정주화 코오롱FnC 인사기획파트 PL(PART Leader)은 "미래의 패션 리더로 성장할 수 있는 인재를 발굴하기 위해 열린 채용과 창의적인 평가 방식을 지속적으로 시도할 것"이라고 밝혔다.

네이버는 개발, 기획, 디자인 등 주요 직군 간의 자유로운 커리어 순환제를 통해 구성원이 특정 도메인에 머무르지 않고 다양한 업무를 경험하도록 한다. 신사업 TF와 신기술 도입 프로젝트 참여 기회를 열어 T자형 인재와 멀티 플레이어로 성장할 수 있는 기반을 제공한다. 이러한 환경에서의 크로스 스킬링은 실무 전환 속도를 높이고 프로젝트 완성도를 높이는 효과가 있다.

채용 과정에서는 지원자의 협업 경험, 다분야 프로젝트 참여, 신기술 학습 이력을 중점적으로 검증하며, 면접에는 개발·디자인·서비스 기획 등 협업 가능성이 높은 부서 담당자가 참여한다. 대표 질문은 "본래 직무와 다른 영역의 프로젝트에 참여했던 사례와 그 과정에서의 역할 변화는 무엇이었나요?"로 부서 간 이해도와 적응력을 실전처럼 평가한다.

카카오는 단기 직무 체험 프로그램과 사내 프로젝트팀 빌딩을 활성화해 구성원 주도의 신사업 제안과 부서 간 협업을 장려한다. 이러한 활동은 직무 간 경계를 낮추고, 직무 이동과 융합 역량을 자연스럽게 키우는 크로스 스킬링 구조를 만든다. 특히 부서 간 인력 순환 시 새로운 분야의 기본 역량을 단기간에 습득할 수 있도록 내부 러닝 플랫폼을 활용한다. 채용에서는 창의적 아이디어 제안, 갈등 조정 경험, 새로운 분야 도전 사례를 평가하며, 면접에서는 "기존 업무 범위를 넘어 새로운 프로젝트에 참여한 경험과 그 과정에서 배운 점은 무엇입니까?"를 묻는다.

삼성전자는 전통적인 잡로테이션(Job Rotation)에 더해 AI·SW 융합 역량을 강화하는 멀티 스킬링 교육을 확대한다. 개발자에게는 AI 전문가 과정을, 디자이너에게는 AI 기반 디자인 교육을, 전 직원에게는 생성형 AI 프롬프트 엔지니어링 교육을 제공한다. 이를 통해 기술 - 비즈니스 융합 역량을 사내에서 직접 길러내고 부서 간 협업 시 시너지를 높인다. 채용에서는 기술 전문성과 이를 타 영역에 적용한 사례를 평가하며, 면접에는 마케팅·UX 등 연관 부서가 참여해 "본인의 기술을 마케팅, UX, 제품 전략 등 다른 부서의 업무에 적용한 경험이 있습니까?"를 심층적으로 묻는다.

현대차그룹은 제조, 디지털, 서비스를 연결하는 전방위 인재 육성에 집중하며 스마트팩토리, AI 기반 R&D, 신사업 TF 등에서 크로스 스킬 교육을 확대한다. 글로벌 부서 간 교차 근무와 협업 기회를 늘려 다문화, 다분야 협업 역량을 강화하고 해외 근무 인력과 국내 조직 간 지식, 기술 공유 프로그램을 운영한다. 채용에서는 해외 프로젝트 경험, 산업 간 지식 융합 사례를 중점적으로 평가하며, 면접에서는 "다문화·다분야 팀에서의 협업 경험과 그 과정에서의 갈등 조율, 그리고 새로운 기술 도입 시 발휘한 리더십은 무엇입니까?"를 묻는다.

LG전자는 개방형 조직문화를 기반으로 다양한 분야를 거치는 인재 순환 체계를 운영한다. IT, 제품 기획, UX 등 융합 프로젝트를 확대하고 외부 전문가 및 타 기업 경력자와의 협업을 장려해 다분야 역량을 갖춘 인재를 육성한다. 크로스 스킬링의 일환으로 프로젝트별 멀티 롤 수행을 장려하며, 이를 통해 직무 경계를 넘나드는 인재를 발굴한다. 채용에서는 다양한 배경의 사람들과 협력해 성과를 낸 경험과 다중 역할 수행 능력을 중요하게 평가하며, 면접에서는 "본래 직무 외 영역에 기여한 경험과 그 과정에서 발휘한 핵심 역량은 무엇입니까?"를 구체적으로 설명하도록 유도한다.

이처럼 국내 주요 기업의 크로스 스킬링은 인재 순환제, 직무 체험, 융합형 교육, 글로벌 협업 등 다양한 형태로 운영되며, 채용과 면접 과정에서 이를 검증하는 크로스 펑션 인터뷰와 긴밀하게 맞물린다. 이는 단일 직무 역량을 넘어 부서 간 협업 경험, 역할 확장 가능성, 융합 역량을 종

크로스 스킬링

기업	크로스 스킬링 운영 방식	면접 질문 예시
네이버	개발·기획·디자인 등 직군 간 자유로운 커리어 순환제 운영, 신사업 TF·신기술 프로젝트 참여 기회 확대, T자형 인재 및 멀티 플레이어 성장 지원	- 기존 직무 외의 프로젝트나 부서 업무에 참여한 경험이 있으신가요? - 있다면 어떤 역할을 하셨나요? - 새로운 기술이나 도메인을 단기간에 학습하고 실무에 적용한 사례를 말씀해 주세요. - 부서 간 협업 과정에서 의견 충돌이 있었을 때, 이를 어떻게 조율하셨나요?
카카오	단기 직무 체험 프로그램 운영, 사내 프로젝트팀 빌딩 활성화, 구성원 주도의 신사업 제안과 부서 간 협업 강화	- 단기 직무 체험이나 파일럿 프로젝트에 참여해 본 경험이 있나요? - 그 과정에서 가장 크게 배운 점은 무엇인가요? - 새로운 아이디어를 제안하고 실제로 실행까지 연결했던 경험이 있다면 설명해 주세요. - 타 부서를 지원하거나 협력하며 얻은 인사이트는 무엇인가요?
삼성전자	전통적 잡 로테이션과 AI·SW 융합 멀티 스킬링 교육 확대, 생성형 AI 프롬프트 엔지니어링 포함 전 직원 기술 교육	- 본인의 전문 기술을 다른 분야에 접목시킨 경험이 있나요? 어떤 성과를 냈나요? - 신기술을 학습한 뒤 이를 프로젝트에 적용한 구체적인 사례를 말씀해 주세요. - 직무 전환 과정에서 어려움이 있었다면, 어떻게 극복하셨나요?
현대자동차그룹	제조·디지털·서비스 분야 연계 인재 육성, 스마트팩토리·AI 기반 R&D·신사업 TF 확대, 글로벌 부서 간 교차 근무 제공	- 글로벌 프로젝트나 다국적 팀과 함께 일한 경험이 있으신가요? 어떤 역할을 맡으셨나요? - 다른 산업 분야의 지식을 현재 업무에 접목한 사례가 있나요? - 신기술이 도입되면서 업무 역할이 변화한 경험이 있다면, 어떻게 적응하셨나요?
LG전자	개방형 조직문화 기반 인재 순환 배치, IT·제품 기획·UX 융합 프로젝트 확대, 외부 전문가 및 타 기업 경력자와 협업 문화 장려	- 다양한 배경을 가진 팀원과 협업한 경험이 있나요? 어떤 방식으로 시너지를 냈나요? - 본래 맡은 직무 외에 추가로 기여한 사례를 말씀해 주세요. - 외부 전문가나 다른 기업과 협업하면서 얻은 가장 큰 배움은 무엇인가요?

합적으로 평가함으로써 입사 후 곧바로 조직의 혁신, 자율, 협업 문화를 실천할 수 있는 인재를 선발하는 장치로 기능하고 있다.

채용에서 크로스 스킬링이 주목받는 이유

① 즉시 투입 가능성 : 여러 기술과 역할을 수행할 수 있는 인재는 프로젝트 배치와 조직 운영에 유연성을 준다.

② 문제 해결력 검증 : 다른 분야와의 융합 경험은 복합적 문제 상황에서의 창의적 해결 능력을 보여 준다.

③ 조직문화 적합성 : 협업과 개방성을 중시하는 기업문화와 잘 맞는 인재를 선발하는 데 유용하다.

④ 성장 잠재력 평가 : 단일 직무를 넘어 지속적으로 학습·적응해 온 이력은 향후 리더십 후보로 성장 가능성을 높인다.

크로스 스킬링은 기업의 경쟁력 강화를 위해 반드시 주목해야 하는 전략이다.

① 팀과 부서 전반의 역량을 다각화하여 생산성을 높인다. 명확한 목표와 전략 아래 진행되는 크로스 스킬링은 구성원들의 동기부여를 촉진하고, 일관된 성과 창출을 가능하게 한다.

② 다재다능한 인재를 확보함으로써 추가 채용에 필요한 시간과 비용을 절감할 수 있다. 다양한 업무를 수행할 수 있는 인력이 많아지면 기존에 여유가 없어 미뤄졌던 과제도 효과적으로 처리된다.

③ 직원 이탈률 완화에 기여한다. 단조로운 업무와 성장 기회 부족으로 인한 퇴사를 방지하고, 새로운 학습과 도전의 기회를 제공함으로써 장기

근속과 직무 몰입도를 높인다.

④ 긍정적인 조직문화를 형성한다. 부서 간 이해와 협업이 촉진되어 소통과 상호 존중이 강화되며, 다양한 관점에서 문제를 바라보고 회사 목표에 적극적으로 기여하는 문화가 자리 잡는다.

⑤ 최신 기술과 업무 트렌드에 대한 적응력을 높인다. 부서 간 신기술과 업무 방식을 공유함으로써 전사적인 디지털 전환 속도를 높인다. 예를 들어, 데이터 분석 역량을 습득한 디자이너가 보다 정밀하고 타깃 맞춤형 결과물을 제작할 수 있는 등 실무 적용 범위를 확장시킨다. 이처럼 크로스 스킬링은 생산성, 비용 효율성, 인재 유지, 조직문화, 기술 적응력 측면에서 모두 기업의 지속가능한 성장을 뒷받침하는 핵심 전략이다.

크로스 펑션 인터뷰는 채용 과정에서 해당 직무 부서뿐 아니라 실제 협업 가능성이 높은 다른 부서 면접관까지 함께 참여해 지원자를 다각도로 평가하는 방식이다. 이 면접은 단일 직무 역량만이 아니라 부서 간 협업 능력, 다양한 업무 환경 적응력, 타 분야 이해도를 동시에 검증하는 데 목적이 있다. 특히 실제 업무에서 빈번히 발생하는 부서 간 조율, 의사결정 상황을 시뮬레이션하는 경우가 많아 채용 단계에서부터 조직의 협업 문화와 맞는 인재를 선별할 수 있다. 이러한 특성 때문에 크로스 펑션 인터뷰는 준비와 운영 과정에서 주의할 점이 많다. 평가 부서의 다양성만큼 관점과 기준이 다를 수 있다. 크로스 펑션 인터뷰에서 주의해야 할 5가지를 정리하면 다음과 같다.

① 부서별 관점과 평가기준의 차이를 사전에 조율해야 한다.

각 부서는 지원자를 바라보는 시각과 우선순위가 다르다. 마케팅은 시장 적합성과 커뮤니케이션 능력을, 개발팀은 기술 역량과 문제 해결력을 중시할 수 있다. 사전 브리핑을 통해 평가 항목과 중요도를 맞추지 않으면 면접 후 평가가 분산되고 의사결정이 지연될 수 있다.

② 질문의 균형을 유지하며 전문성과 협업 역량을 모두 검증해야 한다.

특정 부서의 전문성 질문에 치우치면 크로스 펑션 인터뷰의 본질인 '부서 간 협업 적합성' 검증이 약해진다. 직무 깊이(Vertical)와 협업 폭(Horizontal)을 균형 있게 확인하는 질문 설계가 필요하다.

③ 면접관 간 중복 질문을 제거하고 평가 편향을 미리 방지해야 한다.

동일한 질문을 여러 면접관이 반복하거나 한 부서의 시각이 전체 평가를 지배하지 않도록 조율해야 한다. 질문 역할 분담표를 작성해 각 면접관이 다른 영역을 집중적으로 평가하도록 한다.

④ 지원자에게 다양한 시각을 체험하게 할 수 있도록 해야 한다.

면접은 채용 평가 도구인 동시에 지원자가 조직문화를 미리 경험하는 기회다. 실제 협업 과정과 유사한 시뮬레이션 과제나 부서 간 의견 충돌 상황을 제시해 지원자의 대응 방식을 관찰한다.

⑤ 최종 피드백은 통합 관점에서 제공해야 한다.

면접 후 피드백은 개별 부서의 의견을 단순 나열하기보다 부서 간 평가를 종합한 '통합 역량 진단' 형태로 제공해야 한다. 이를 통해 지원자도 자신의 강점과 개선점을 명확히 이해할 수 있고, 조직 입장에서도 채용 판단의 일관성을 확보할 수 있다.

04
크로스 스킬링에서 유의해야 할 5가지

크로스 스킬링은 자신의 전문 분야 외에 인접 직무의 역량을 학습하고 실무에 통합하는 다기능화 전략을 말한다. 예를 들어, 마케터가 데이터 분석을 익히고, 개발자가 UX를 이해하며, 디자이너가 고객 리서치를 수행하는 방식이다. 이를 통해 한 사람이 여러 역할을 유연하게 수행할 수 있으며, 특히 애자일 조직에서 유연한 역할 교대와 부서 간 협업을 가능하게 한다. 요즘 조직은 '무엇을 전공했는가?'보다 '어떤 영역까지 연결하고 해석할 수 있는가?'를 더 중시한다.

1. 다기능화를 추구하더라도 본업의 경쟁력을 잃지 말아야 한다

평가 시즌에 대비하려면 핵심 직무 전문성을 유지하는 것이 중요하다. 다기능화를 추구하더라도 본업의 성과와 경쟁력을 잃지 말아야 하며, 새로운 기술 습득은 이를 강화하는 방향이어야 한다. 크로스 스킬링을 통해 다양한 분야에 관심을 갖고 꾸준히 역량을 확장하는 직원은 인사평가와 급여 인상에서 긍정적인 인상을 줄 수 있다. 이는 단순히 직무역량만 향상시키는 경우보다 높은 평가와 피드백을 받을 가능성을 높인다.

2. 번아웃을 예방하려면 익숙한 업무에서 벗어나 새로운 기술을 배워야 한다

번아웃을 예방하려면 익숙한 업무에서 벗어나 새로운 기술을 배우고, 부서 간 교류와 브레인스토밍을 통해 업무 신선도를 높이는 것이 효과적이다. 이 과정은 동기부여를 강화하고 일에 대한 흥미를 회복시키며 번아웃 위험을 줄인다. 단순한 지식 습득에 그치지 않고 새로 배운 기술을 어떤 프로젝트와 성과 창출에 적용할지 구체적인 활용 계획을 세우는 것이 중요하다.

3. 커리어 성장은 여러 부서의 업무를 경험하며 시야와 문제 해결 능력을 넓혀야 한다

다양한 경험을 통한 커리어 성장은 여러 부서의 업무를 경험하며 시야와 문제 해결 능력을 넓히는 데서 시작한다. 크로스 스킬링을 통해 인접 분야의 교육과 실무를 익히면 직무 만족도와 전문성을 동시에 높일 수 있다. 예를 들어, 콘텐츠 제작자가 SEO나 소셜미디어 부서와 협업하며 업무 흐름을 이해하면 콘텐츠의 완성도와 생산성을 향상시킬 수 있다.

4. 변화하는 직무 환경과 경력 전환 가능성에 대비해 다각화할 수 있는 기회를 잡아야 한다

크로스 스킬링은 변화하는 직무 환경과 경력 전환 가능성에 대비해 커리어 포트폴리오를 다각화할 수 있는 기회를 제공한다. 다양한 역량을 갖췄더라도 모든 업무를 혼자 떠맡기보다 필요 시 지원하면서도 팀원 간 역할 경계와 협업 체계를 존중하는 것이 중요하다. 이 과정에서 습득한 기술과 경험은 급여 향상, 경력 확장, 이직 준비 등 미래 성장의 발판이 될 수 있으며, 이력서와 면접에서 강력한 경쟁력으로 작용한다.

5. 다양한 스킬을 습득한 직원은 부수입 창출 기회를 확보할 수 있다

크로스 스킬링을 통해 다양한 기술을 습득한 직원은 프리랜스, 부업 등 부수입 창출 기회를 확보할 수 있다. 정규 근무 이후에도 익힌 역량을 활용해 다른 업종에서 활동할 수 있으며, 이는 국내에서 확산 중인 N잡러, 프리랜서 트렌드와 맞닿아 있다. 또한 다중 역량은 인사평가에서 긍정적으로 작용해 승진, 보상, 경력 성장으로 이어질 가능성이 높다. 이를 위해 습득한 기술은 최신 트렌드로 꾸준히 업데이트하고, 실무에 반복 적용해 경험치를 지속적으로 쌓아야 한다. 이렇게 '미래 대비(Future-proof)' 형으로 조직을 재편한 기업만이 흔들리지 않는 면역력을 갖추고, 승자의 DNA를 확보할 전망이다.

참고문헌

- 강혜진, 포스트 코로나 시대, 다기능 팀 위주로 조직을 정비하라, 조선일보, 2020. 7. 14.
- 곽용희, "그 직원 일 못해" 이 말 함부로 했다가…큰일 난다 '경고', 한국경제신문, 2022. 12. 18.
- 전윤미, 잘 써야 할 '양날의 칼'?…데브옵스와 애자일, 애플경제, 2023. 12. 10.
- 장지민, 성공하는 기업을 만드는 사내 어벤저스 '임원 팀', 2019. 5. 7.
- 조상록, "디지털 시대 비즈니스 전환, 인재 영입보다 직원 육성 선호", IT조선, 2022. 11. 22.
- 리드 헤이스팅스, 에린 메이어, 『규칙 없음-넷플릭스, 지구상 가장 빠르고 유연한 기업의 비밀』, 이경남 옮김, 알에이치코리아(RHK), 2020.
- 콜린 브라이어, 빌 카, 『순서 파괴-지구상 가장 스마트한 기업 아마존의 유일한 성공 원칙』, 유정식 역, 다산북스, 2021. 2. 26.
- 킴 스콧, 『실리콘밸리의 팀장들』, 박세연 옮김, 청림출판, 2019.

https://www.ubob.com/insight/detail_view/1424
https://www.talentneuron.com/hr-glossary/cross-skilling
https://clickup.com/ko/blog/113099/cross-functional-collaboration
https://www.aihr.com/blog/cross-training-employees/
https://executiveacademy.at/en/knowledge/executive-education/upskilling-multiskilling-cross-skilling

10

시니어 크래프팅

퇴직이 아닌 전환, 인생 후반부의 새로운 가능성을 열다

#시니어크래프팅 #시니어 #크래프팅
#잡크래프팅 #일의의미 #직업가치 #밸런슈머

직무 크래프팅은 경력의 어느 시점에서도 자신의 일에
새로운 의미와 방향을 찾을 수 있게 한다.
- 에이미 브레즈니에브스키(Amy Wrzesniewski)

01

시니어 그래프팅

GG세대, 새로운 소비의 주역이 되다

　65세 이상 인구 1,000만 명 시대를 앞두고 'GG세대(Grand Generation)'가 소비 시장의 블루오션으로 부상하고 있다. 과거 기업들이 고령 소비자를 돌봄의 대상으로만 보았다면 이제는 구매력과 영향력을 갖춘 핵심 소비 집단으로 주목해야 한다.

　대한상공회의소의 「GG 마켓 공략 보고서」(2025)에 따르면, 시니어 시장은 소득에 따라 양극화되어 있지만 중간층을 중심으로 한 'GG마켓'은 개척의 여지가 크다. GG세대는 1950~71년생으로 은퇴 전후에도 경제, 사회, 여가 활동을 활발히 이어 가는 세대를 의미한다. 이들은 스스로를 '시니어'로 여기지 않으며 실제 나이보다 10년 이상 젊게 생활하는 '감성 나이' 기반의 소비 성향을 보인다. 건강 관리와 외모 가꾸기에 적극 투자하며 이너뷰티, 건강기능식품, 맞춤형 케어푸드 등 '일상 속 노화 관리' 시장을 성장시키고 있다. 디지털 친화적인 '실버 서퍼(Silver Surfer)'의 증가도 두드러진다.

　GG세대는 디지털 기기와 인터넷 사용에 능숙해 헬스케어, 생활지원 서비스 등 ICT 기반 제품과 솔루션 수요가 확대될 전망이다. 시간과 경험의 가치를 중시해 프리미엄 여행, 맞춤형 활동, 자기 과시적 소비에도 적극적이다. 특히 기대수명 연장으로 20년 이상 혼자 생활하는 1인 가구가 늘어나면서 연령, 생애주기, 라이프스타일별로 나뉘는 '마이크로마켓(Micro-Market)'이 형성되고 있다. 이에 맞는 세분화된 전략과 맞춤형 서비스가 필수적이다.

'내 노후는 내가 책임진다.'는 가치관 속에서 자립적 노후를 지원하는 서비스 외주화와 특화 상품은 새로운 '니치마켓(Niche Market)'으로 부상하고 있다. GG세대의 소비 패턴은 과거와 다르다. '디토(Ditto) 소비'처럼 선호 브랜드를 반복 구매하는 경향이 강해 브랜드 충성도가 높다. 따라서 기업은 GG세대와 공감대를 형성할 수 있는 시니어 인플루언서를 적극 활용해야 한다.

이제 '슬로에이징'에서 '프로에이징'으로 트렌드가 변하고 있다

최근 노화 관리 트렌드는 '슬로에이징(Slow-Aging)'에서 '프로에이징(Pro-Aging)'으로 이동하고 있다. 슬로에이징은 주름, 체력 저하 등 노화 징후를 늦추고 젊음을 유지하려는 전략으로 시술, 보충제, 집중 관리 중심이다. 프로에이징은 나이듦을 자연스럽게 받아들이며 건강, 자기다움, 품격을 강조하는 철학으로 웰니스와 액티브 시니어 문화와 연결된다. 기대수명 증가와 가족, 결혼관 변화로 연령, 성별 중심의 소비 패턴은 약화되고 취향과 개성 기반의 선택이 확대되고 있다. 마우로 기엔 교수가 제안한 '퍼레니얼(Perennial)' 개념은 세대에 얽매이지 않고 자신만의 라이프스타일과 소비를 추구하는 흐름을 설명한다.

'시니어 크래프팅(Senior Crafting)'은 중·장년층 인력이 자신의 경력과 강점, 관심사, 건강 상태, 삶의 목적을 반영해 일의 방식과 의미를 능동적으로 재설계하는 활동을 뜻한다. 단순히 기존 경력을 연장하거나 은퇴를 준비하는 것이 아니라 축적된 경험과 역량을 새로운 방식으로 활용해 조직과 개인 모두의 가치를 창출하는 것을 목표로 한다.

구체적으로는 업무 과제를 조정하거나 새로운 활동을 창출하고, 동료·상사·고객과의 관계를 강화하며, 일의 목적 자체를 새롭게 정의하는 과정이 포함된다. 핵심은 개인과 일의 적합도(Person-Job Fit)를 높이고, 일에 대한 의미감과 몰입도를 유지하면서 신체적·정신적 건강을 관리해 '성공적 고령화(Successful Aging at Work)'를 실현하는 것이다.

특히 불확실성이 큰 환경에서 중요한 것은 '인지적 크래프팅(Cognitive Crafting)'이다. 이는 직무를 바라보는 관점과 해석을 재구성하여 기존 업무의 가치를 새롭게 발견하고 긍정적인 자기 정체성을 강화하는 방식으로 장기적인 몰입과 동기부여에 핵심적인 역할을 한다.

하버드 대학교 J. 리처드 해크먼(J. Richard Hackman)과 일리노이 대학교 그레그 R. 올드햄(Greg R. Oldham)의 직무특성이론(Job Characteristics Theory, 1976)은 직무 설계를 하향식(Top-down)으로 바라봤으나, 2010년 이후 변화 속도가 빨라지면서 자기주도(Self-Directed)의 상향식(Bottom-up) 설계 필요성이 강조되었다. 이에 따라 조직은 열린 대화와 학습 기회를 제공하고, 교육 프로그램과 피드백 체계를 갖춰 구성원의 자발적 재설계를 지원해야 한다.

'시니어 크래프팅'은 경력 후반부를 '축소'가 아닌 '재창조'의 시기로 전환하는 전략이다. 개인은 자기주도적으로 경력을 설계해 지속가능한 일과 삶을 만들고, 조직은 고경력 인재의 축적된 경험과 역량을 새로운 가치로 전환해 경쟁력을 높일 수 있다. 고령화 사회와 인재난 시대 모두에서 '시니어 크래프팅'은 개인의 자아실현과 조직의 지속가능성을 동시에 강화하는 핵심 인적 자원 전략으로 자리 잡을 전망이다.

02

시니어 크래프팅 – 세계 동향

기대수명과 경제력이 모두 높아진 'GG세대'가 부상하고 있다. 이들은 건강수명이 길어지고 교육 수준까지 향상되면서 잠재력이 더욱 커질 것으로 전망된다. 이러한 흐름 속에서 '에이지테크(Age-Tech)'라는 신조어가 등장했다. 에이지테크는 '노화(Aging)'와 '기술(Technology)'의 합성어로, 시니어의 자립 생활을 지원하는 일상 보조 기술부터 돌봄 인력의 부담을 줄이고 인력 부족에 대비하는 돌봄 기술, 그리고 시니어가 이러한 기술을 활용할 수 있도록 하는 에이지테크 리터러시까지 포괄한다. 특히 인공지능(AI), 로봇, 센싱, 사물인터넷(IoT), 가상현실(VR) 등 빠르게 발전하는 다양한 첨단기술이 모두 적용될 수 있다.

미국 라스베이거스에서 열린 「CES 2025」에서 제시된 중요 기술 목표는 '더 오래 사는 삶, 더 건강한 삶, 더 나은 삶'이었다. 이는 에이지테크가 단순한 기술을 넘어 시니어의 독립성과 연결성, 또 삶의 질을 향상시킬 수 있는 핵심적 트렌드로 올라선 것이다. 에이지테크의 글로벌 시장 규모는 빠르게 성장하고 있다. 2020년 약 1,800조 원에서 올해 4,500조 원가량으로 크게 확대됐는데 이는 연평균 23%의 높은 성장률이다. 이미 유럽 각국을 비롯해 미국, 일본 등은 국가 차원에서 연구개발(R&D) 투자에 적극 나서고 있다. 테크 전문 미디어인 테크크런치와 엔가젯, 시넷 등에서도 에이지테크가 미래 생활과 사회 전반의 혁신을 주도할 핵심 기술로 자리 잡을 전망이다.

'시니어 크래프팅'은 고령 인력의 경험과 기술을 조직 내에서 새로운 가치로 재설계해 활용하는 전략이다. 이는 단순한 인력 유지에 그치지 않고, 축적된 경험과 지식을 조직 성장의 핵심 자원으로 전환한다. 전 세계 주요 기업들은 '시니어 크래프팅'을 인재 관리의 중요한 축으로 삼으며, 이를 통해 세대 간 지식 전수와 지속가능한 인재 전략을 동시에 실현하는 모범 사례를 만들어 가고 있다.

네덜란드 필립스(Philips)는 55세 이상 직원을 대상으로 '잡 크래프팅 워크숍(Job Crafting Workshop)'을 운영해 개인의 강점과 관심사에 맞춘 맞춤형 역할을 설계하고, R&D나 품질 관리 등 새로운 분야로 전환하도록 지원한다.

독일 지멘스(Siemens)는 '실버 탤런트 풀(Silver Talent Pool)'을 통해 품질 감사, 안전 관리, 글로벌 프로젝트 자문 등 신뢰와 경험이 중요한 핵심 업무에 시니어 인력을 배치한다.

영국 NHS(국가보건서비스)는 숙련 의료진을 '클리니컬 멘토(Clinical Mentor)'로 전환해 신입 교육, 환자 안전 캠페인, 민간 보건 프로젝트에 참여시키고 있다.

미국 AARP(American Association of Retired Persons)는 시니어 전문가를 대상으로 비영리 기관 경력 전환을 지원하는 '앙코르 펠로십(Encore Fellowship)'을 운영한다. 이는 경험 많은 전문가를 목적 지향적인 비영리 단체와 연결하여 역량을 강화하고, 다양한 리더십을 강화하며, 앙코르 경력을 추구하는 사람들에게 강력한 진로를 제시한다. 2009년 처음 시작된 앙코르 펠로십은 영향력 확대와 혁신을 위한 전략적 전환이다. 이러한 흥미로운 전환을 통해 더 많은 비영리 단체에 봉사하고, 더 많은 지역 사회를 지원하며, 변화를 만들어 갈 준비가 된 전문가들에게 더 큰 가치를 제공할 수 있게 되었다. 단순한 펠로십을 넘어 지역 사회와 변화 주도자 모두에게 윈윈(Win-Win)이다. 앙코르 펠로십은 비영리 단체와 지역 사회가 가능성의 힘을 실현하도록 지원한다.

GG세대는 생물학적 나이보다 10년 이상 젊다고 느끼며 살아가고, '감성 나이(Mind-aging)'를 기준으로 소비한다. 따라서 기업은 실제 연령이 아닌 감성 나이에 맞춘 상품·서비스 기획이 필요하다. 예를 들어, 미국의 카디스 아이웨어(Caddis Eyewear)는 나이와 관련된 고정관념을 깨는 다양한 색상과 스타일의 돋보기안경을 출시해 인기를 끌었다.

GG세대는 나이에 맞춘 제품보다 자신을 역동적으로 보이게 하는 제품과 서비스를 선호하는 경향이 강하다. 또한 가족뿐 아니라 친구, 이웃과의 관계에서 정서적 안정감을 찾으며 커뮤니티 활동을 중시한다. 이에 따라 기업은 GG세대 전용 커뮤니티를 조성하고 이를 활용해 브랜드 충성도를 높이는 전략을 수립할 수 있다. 미국의 시니어 커뮤니티 플랫폼 행크(Hank)는 GG세대가 관심사를 공유하고 새로운 인연을 만들 수 있는 공간을 제공하며 높은 호응을 얻고 있다.

중국에서는 '낳을수록 가난해진다.(越生越穷)'는 말이 유행이다. '소황제'처럼 키운 자녀가 부모에 기대 사는 '컨라오족(노부모를 뜯어먹는 부류)'으로 전락하는 사례가 많아졌기 때문이다. 이 때문에 중국 정부가 2015년 한 자녀 정책을 폐기하고 두 자녀 정책을 실시한 뒤에도 중국의 출생 인구는 계속해서 감소했다.

일본은 세계에서 가장 빠르게 고령화가 진행되는 국가 중 하나로 시니어 크래프팅 사례가 매우 풍부하다. 출산율 저하와 평균수명 연장으로 인해 '노후 30년 시대'가 현실이 되었고, 공적 연금만으로는 안정적인 생활을 보장하기 어려운 상황에서 고령층의 경제, 사회 참여가 필수 과제로 떠올랐다. 일본 정부와 기업은 이를 해결하기 위해 다양한 시니어 크래프팅 전략을 도입했다.

예를 들어, 도요타(Toyota)는 '스킬 패스포트(Skill Passport)' 제도를 통해 시니어 인력의 경험과 기술을 데이터베이스화하고, 이를 품질 혁신, 안전 관리, 후배 양성 프로젝트 등에 전략적으로 재배치한다. 미쓰비시전기(Mitsubishi Electric)는 은퇴 예정자를 대상으로 '세컨드 커리어 개발 프로그램'을 운영하여 기존 경력을 지역 사회 활동이나 중소기업 자문 등으로 확장시키도록 지원한다.

일본의 지방자치단체들은 '지역 재취업 지원 센터'를 통해 고령층이 지역 기반의 일자리(관광 안내, 지역 특산물 마케팅, 전통 공예 교육 등)에 참여하도록 연결한다. 이는 단순히 생계 지원을 넘어 시니어가 자신의 전문성과 관심사를 반영해 새로운 사회적 역할을 설계하도록 돕는 시니어 크래프팅의 대표적인 사례다. 결국 일본 사례는 고령층을 '부양 대상'이 아니라 '경험 자산을 가진 생산 인력'으로 전환함으로써 초고령사회의 인력난과 세대 간 지식 단절 문제를 동시에 해결하려는 전략적 접근이라고 볼 수 있다.

일의 의미를 재정의하는 시니어 크래프팅

일의 의미는 개인의 정체성(Identity)과 깊이 연결된다. 예일 대학교의 에이미 브레즈니프스키(Amy Wrzesniewski)와 미시간 대학교의 제인 E. 더튼(Jane E. Dutton)은 2001년 연구에서 잡 크래프팅을 '과업 크래프팅(Task Crafting)', '관계 크래프팅(Relational Crafting)', '인지 크래프팅(Cognitive Crafting)' 3가지로 구분했다. '과업 크래프팅'은 업무 범위나 방식을 조정하는 것이고, '관계 크래프팅'은 업무 수행에 필요한 사회적 관계와 네트워크를 새롭게 형성·강화하는 활동이며, '인지 크래프팅'은 일에 대한 의미와 관점을 재구성하는 과정을 말한다.

시니어 크래프팅은 고령 근로자가 자신의 경력, 건강, 동기와 같은 개인적 요인을 고려하여 업무의 내용(Task), 관계(Relational), 인식(Cognitive)을 주도적으로 재구성하는 전략을 말한다. 이는 단순한 업무 재배치가 아니라 자신의 직무를 더 의미 있고 지속가능하게 만드는 자발적 변화 과정이다.

에라스무스 로테르담 대학교의 마리아 C. W. 팀스(Maria C. W. Tims), 아널드 B. 바커(Arnold B. Bakker), 단체 더크스(Daantje Derks)는 2012년 직무요구-자원모델(Job Demands-Resources Model)에 기반을 둔 잡 크래프팅의 4가지 하위 요소를 제시했다. 이는 구조적 직무자원 증가(Increasing Structural Job Resources), 사회적 직무자원 증가(Increasing Social Job Resources), 도전적 직무요구 증가(Increasing Challenging Job Demands), 방해 직무요구 감소(Decreasing Hindering Job Demands)다.

연구에 따르면, 이러한 잡 크래프팅 활동은 직무만족(Job Satisfaction), 직무몰입(Work Engagement), 조직몰입(Organizational Commitment)을 높이며, 이는 궁극적으로 조직 생산성(Organizational Productivity) 향상으로 이어진다.

피츠버그 대학교의 페트루 L. 기튤레스쿠(Petru L. Ghitulescu)는 잡 크래프팅이 조직 몰입에 긍정적 영향을 미친다고 보고했다. 이를 조직 내에서 효과적으로 구현하기 위해서는 리더십(Leadership), 조직문화(Organizational Culture), 지원 시스템(Support System)이 뒷받침되어야 한다.

연구에 따르면, 고령 근로자가 자신의 강점(Talent & Character Strengths)을 업무 설계에 반영하면 몰입도와 성과가 높아진다. 성장 중심(Promotion-focused) 크래프팅은 경력 후반부의 만족과 건강을 향상시키지만, 위험 회피 중심(Prevention-focused) 크래프팅은 오히려 동기를 저하시킬 수 있다. 실제 사례에서도 시니어 크래프팅의 효과가 확인된다. 일부 글로벌 제조 기업은 시니어 엔지니어를 신입사원 멘토이자 프로젝트 품질 자문 역할

시니어 크래프팅

구분 / 유형	조정형 크래프팅 (Accommodative Crafting)	활용형 크래프팅 (Utilization Crafting)	개발형 크래프팅 (Developmental Crafting)
정의	나이에 따른 신체·인지 능력 저하 등 손실을 보완하거나 조정하는 방식	현재 보유한 지식·경험·역량을 적극적으로 활용해 부족한 자원을 메우는 방식	새로운 기술 습득과 역량 향상을 통해 여전히 성장·발전을 추구하는 방식
주요 방법	- 신체 부담이 적은 업무로 재배치 - 업무 속도·시간 조정 - 보조 장비·디지털 도구 활용	- 후배 멘토링 및 코칭 - 기존 전문 지식을 적용한 자문 역할 - 매뉴얼·교육 자료 제작	- 신기술·디지털 역량 교육 참여 - 자격증·학위 취득 - 신사업·혁신 프로젝트 참여
기대 효과	- 피로 감소 및 건강 유지 - 지속 가능한 업무 수행 가능 - 경력 후반기 일·삶 균형 확보	- 조직 내 전문성 확산 - 업무 품질 향상 - 후속 세대 역량 강화	- 자기 효능감 향상 - 경력 후반기 동기 부여 - 변화하는 환경에 대한 적응력 강화
예시	- 장시간 회의 대신 온라인 보고 채택 - 반복 작업 자동화 시스템 도입 - 물리적 이동이 적은 프로젝트 배정	- 특정 산업 규제 해석·자문 제공 - 기술·노하우 전수 프로그램 운영 - 위기 상황에서 경험 기반 해결책 제시	- AI·데이터 분석 툴 학습 - ESG 관련 전문 과정 수료 - 글로벌 협업 프로젝트 리드

로 재배치해 경험과 노하우를 전사적으로 확산시키는 동시에 개인의 역할 만족도를 높였다.

교육 분야에서는 고령 교사가 수업 외에 교육과정 개발, 후배 교사 코칭, 학부모 커뮤니케이션을 담당하도록 직무를 재설계한 사례가 있다. 이는 단순한 은퇴 연장이 아니라 역할 재정의와 전문성 확장을 통해 기여도를 극대화한 경우다. 조직 차원에서도 시니어 크래프팅을 촉진하는 인사제도가 필요하다.

네덜란드 틸뷔르흐 대학교 HRM 전공 도리엔 T. A. M. 쿠이(Dorien T. A. M. Kooij) 교수는 고령 근로자와 경력 후반기 인재 관리 분야에서 세계적으로 주목받는 연구자다. 나이가 들어감에 따라 변화하는 신체, 인지 능력과 경력 동기를 어떻게 조직 차원에서 지원하고 활용할 수 있는지에 관한 연구를 지속적으로 수행해 왔다. 특히 2022년 연구에서는 시니어 인재가 직무와 역할을 재설계하는 3가지 접근 방식을 제시했다.

첫째, '조정형 크래프팅(Accommodative Crafting)'은 신체, 인지 능력 저하 등 나이와 관련된 손실을 완화하기 위해 직무를 조정하는 방식이다. 둘째, '활용형 크래프팅(Utilization Crafting)'은 현재 보유한 지식과 경험을 적극 활용해 부족한 자원을 보완하는 접근이다. 셋째, '개발형 크래프팅(Developmental Crafting)'은 여전히 성장하려는 욕구를 반영해 자신의 역량과 역할을 최적화하는 전략이다.

이 연구는 시니어 크래프팅이 단순한 직무 조정이 아니라 경력 후반기의 의미와 가치를 재정의하는 핵심 전략임을 보여 준다. 성장 기회 제공, 직무 자율성 확대, 다기능 프로젝트 배치와 같은 기회 중심 HR 관행은 고령 근로자의 크래프팅 행동을 촉진한다.

이러한 제도는 인력 유지율 향상, 기술 격차 해소, 세대 간 지식 전수라는 효과로 이어진다. 시니어 크래프팅의 철학적 기반이 되는 잡 크래프팅은 구성원이 자신의 흥미, 강점, 가치에 맞춰 직무를 자율적으로 재설계(Proactive Job Redesign)하는 과정이다.

가격과 품질의 균형을 중시하는 '밸런슈머' 트렌드 확산

장기화된 경기 침체와 고물가로 소비 심리가 위축되면서 가성비, 가심비, 요노(YONO)에 이어 가격과 품질의 균형을 중시하는 '밸런슈머(Balansumer)'가 새롭게 주목받고 있다. '밸런슈머'는 균형(Balance)과 소비자(Consumer)의 합성어로 단순히 저렴한 제품을 고르는 것이 아니라 합리적인 비용을 지불하더라도 높은 품질과 혜택을 제공하는 제품을 선택하는 소비자를 의미한다. "꼭 필요한 것만 사고 불필요한 구매는 자제한다."는 응답이 80.7%, "보여 주기식보다 실용적인 소비를 선호한다."는 응답이 89.7%로 나타났다. 이는 올해 밸런슈머 트렌드가 지속 확산될 가능성을 보여 준다.

이에 따라 기업들은 가격 경쟁을 넘어 품질, 효율, 환경 가치를 모두 갖춘 실속형 제품 라인업을 강화하고 있다. 기술 경쟁력과 노하우를 기반으로 환경 친화성과 경제성을 동시에 갖춘 제품 혁신에 주력하는 분위기다. 밸런슈머는 합리성과 품질, 지속가능성을 동시에 추구하는 소비자층으로 경기 침체 속에서도 시장 영향력이 커지고 있다. 이에 발맞춰 기업들은 환경 가치, 제품 완성도, 경제성을 아우르는 제품 혁신으로 고객 만족과 장기적 성장을 동시에 도모하고 있다.

03

시니어 크래프팅 – 국내 동향

시니어 크래프팅의 시대가 온다

　행정안전부에 따르면 한국은 이미 만 65세 이상 고령 인구 비율이 20%를 넘어선 초고령사회에 진입했다. 고령 인구는 2030년 1,300만 명, 2040년 1,700만 명에 이를 것으로 전망되며, 결국 국민 3명 중 1명이 노인이 되는 셈이다. 기대수명 또한 꾸준히 늘어나 2023년 기준 60세 남성은 평균 23.4년, 여성은 28.2년을 더 살 것으로 예상된다. 이는 은퇴 후 20~30년이라는 긴 시간을 생산적으로 보낼 새로운 전략이 필요함을 의미한다.

　이러한 환경에서 중요한 개념이 '시니어 크래프팅'이다. 단순히 일을 연장하는 것이 아니라 개인의 강점과 변화된 신체적, 정신적 조건에 맞춰 역할을 재구성하는 접근이다. 고령 인력은 축적된 암묵지와 현장 경험을 바탕으로 멘토, 트레이너, 프로젝트 어드바이저 등 조직에 필요한 새로운 역할을 수행할 수 있다. 기업 입장에서도 퇴직 후 버려지는 인적 자원을 재설계된 직무와 프로젝트로 활용하는 전략이 필요하다.

　최근 조사에 따르면, 5060세대는 이전 세대보다 경제적으로는 풍요로워졌지만 노후에 대한 심리적 불안은 여전히 크다. 하나금융연구소의 「5060 시니어 더 넥스트(The Next) 라이프」 보고서에 따르면, 맞벌이가 77.2%를 차지하고, 절반 이상이 "이전 세대보다 더 풍요롭다."고 응답했다. 그럼에도 불구하고 가능한 늦게까지 소득 활동을 이어 가려는 이유는 단순히 경제적 부담 해소를 넘어 건강과 여유 있는 삶을 유지하기 위해서였다. 그러나 72%는 여전히 노후 준비가 부족하다고 답해 체계적 지원의 필요성을 보여 준다.

기업들도 이에 맞춰 다양한 모델을 운영하고 있다. 삼성전자는 50대 이상 엔지니어를 신입사원 교육, 기술 문서화, 멘토링 역할로 전환해 세대 간 지식 전수를 강화한다. 현대자동차그룹은 '시니어 안전 드라이빙 데이'를 통해 고령 운전자의 대응 능력을 높이고 지역사회 안전 리더로서의 역할을 장려한다. 포스코는 '명장 프로젝트'를 통해 기술과 인성을 겸비한 시니어를 '명장'으로 선정하는 등 특별승진과 혜택을 제공하며 후배 양성과 품질, 안전 개선에 기여하게 한다. 또한 전문 직무 교육을 연계해 어르신들에게 바리스타, 언어발달지도사 등 새로운 일자리를 제공한다.

하나금융그룹은 중장년층이 창업을 통해 경제 활동을 지속할 수 있도록 '하나 파워 온 세컨드라이프' 프로그램을 확장 운영 중이다. 지식형, 협동조합형, 공간 기반형 등 맞춤형 창업 과정을 제공하고 교육, 컨설팅, 모의 피칭을 거쳐 실제 창업 실행까지 지원한다. 이후에도 공유오피스 제공, 법무 지원, 멘토링, 보상금을 통해 지속적으로 관리하며 조기 퇴직자 등에게 새로운 경제적 기회를 마련한다.

초고령사회에서 시니어 크래프팅은 개인에게는 '성공적 고령화(Successful Aging at Work)'를, 기업에는 '경험과 역량을 잇는 지속가능한 자원 활용'을 가능하게 한다. 이는 단순한 복지 차원을 넘어 고령 인력이 새로운 가치 창출 주체로 자리 잡도록 돕는 미래 인사 전략이라 할 수 있다.

전문가도 필요할 때 빌려 쓴다

"전문인력 어디서 빌려 올 수 없나?"

인플레이션과 고금리, 글로벌 경기 둔화 '삼중고'로 국내 기업들이 인력 운영 전략을 바꾸고 있다. 고정 인건비 부담을 줄이면서 핵심 전문인력을 확보해야 하는 딜레마 속에서 필요할 때만 전문가를 빌려 쓰는 시대가 온다. 최근 직장으로서의 '잡(Job)'보다 일 자체의 가치를 중시하는 '워크(Work)' 중심으로 문화가 바뀌고 있다. 그야말로 프로젝트 단위로 전문가를 '구독'하듯 활용하는 시대다.

조직은 5B 접근 방식으로 Build(내부 역량 육성), Buy(정규 채용), Borrow(외부 전문가 활용), Bridge(공백 연결), 그리고 Bot(자동화) 전략을 병행하며 인력 문제에 대응하고 있다. Borrow는 필요한 기능을 외부 전문가로 바로 채우는 효과적인 수단이며, 특히 신속한 프로젝트 대응력과 전문성 확보에 강점이 있다. 단, 종종 조직문화에 깊이 녹아들기 어렵다는 한계도 있다.

시장조사업체 비즈니스 리서치 인사이트에 따르면, 글로벌 '긱 이코노미 플랫폼' 시장은 2023년 29조 3,600억 원에서 2032년 154조 2,444억 원으로 연평균 20% 이상 성장할 전망이다. '긱 이코노미 플랫폼'은 디지털 기술을 기반으로 단기 또는 임시적 업무를 중개하는 서비스다. 에어비앤비와 같이 개인 자산을 단기 임대하거나, 우버(Uber)와 같이 운전자가 운송 서비스를 제공하는 플랫폼이 있으며, 최근에는 프리랜서와 기업을 연결하는 플랫폼이 주목받고 있다.

'SaaS(Software as a Service)'는 인터넷을 통해 소프트웨어를 설치 없이 제공하는 서비스 모델로 사용자는 웹 브라우저나 앱을 통해 접근하며 주로 구독형 요금제를 사용한다. 해외에서는 Microsoft 365, Salesforce, Zoom

이 대표적인 사례이며, 국내에서는 기업용 생산성 SaaS 카카오워크(Kakao Work), 기업용 협업툴 SaaS 잔디(JANDI), 회계·ERP 솔루션 더존 Smart A, 인사 분야 SaaS 레몬베이스(Lemonbase), 전자계약 서비스 SaaS 모두싸인(Modusign)이 활용되고 있다.

'PaaS(Platform as a Service)'는 애플리케이션 개발과 운영에 필요한 플랫폼(개발 도구, 런타임, 데이터베이스 등)을 서비스 형태로 제공하는 모델이다. 개발자는 서버나 인프라 관리 없이 애플리케이션 개발에 집중할 수 있다. 해외 사례로는 Google App Engine, Heroku, AWS Elastic Beanstalk가 있으며, 국내에서는 네이버 클라우드 플랫폼 PaaS, NHN Cloud, KT ucloud biz PaaS 등이 있다.

'IaaS'(Infrastructure as a Service)는 서버, 스토리지, 네트워크 등 IT 인프라를 가상화해 필요할 때 즉시 사용할 수 있도록 제공하는 서비스다. 사용자는 하드웨어 구매나 유지 보수 부담 없이 손쉽게 확장할 수 있다. 해외에서는 아마존웹서비스(AWS), Microsoft Azure, Google Cloud Compute Engine이 대표적이며, 국내에서는 네이버 클라우드 IaaS, KT Cloud, LG CNS Cloud Infra 등이 있다.

SaaS는 '소프트웨어 완제품 사용', PaaS는 '개발 환경 제공', IaaS는 '인프라 자원 제공'에 각각 초점을 두며, 기업은 이를 필요에 맞춰 결합해 활용한다. XaaS(Anything as a Service)는 'X'에 대체되는 용어에 따라 인터넷을 통해 사용자에게 서비스로 제공되는 제품, 툴, 기술 등을 뜻한다. 기본 개념으로 IaaS, PaaS, SaaS 외에도 MaaS(Mobility as a Service), CaaS(Construct as a Service), PaaS(Produce as a Service)도 등장한다.

LaaS(Logistics as a Service)는 서비스로의 물류를 뜻하며 배달앱이나 기업의 물류 관리를 앱으로 제공하는 사업들이 속한다. 이 모든 것을 통합한 TaaS(Transportation as a Service)라는 개념도 있다. BaaS(Banking as a Service), 소규모 업체가 공장을 스마트하게 구독할 수 있는 FaaS(Factory as a Service) 등 매우 다양한 산업 영역에서 실제 활용되는 개념이자 신사업의 영역이다.

심지어 서비스로의 국가인 CaaS(Country as a Service)를 지향하기도 한다. 사티아 나델라 마이크로소프트(MS) CEO는 "AI 에이전트 등장으로 SaaS의 본질이 변화할 것"이라고 예측한 바 있다. 나델라 CEO는 "앞으로 SaaS는 AI 에이전트가 직접 오케스트레이션하는 시대가 될 것"이라며 "단순한 애플리케이션이 아니라 인간과 협력하는 AI 에이전트가 기업 핵심이 될 것"이라고 강조했다.

시니어 크래프팅은 단순한 재취업이 아니라 삶의 의미와 전문성을 결합한 맞춤형 커리어 설계를 지향한다. 조직은 시니어 구성원에게 역량 진단, 역할 전환 프로그램, 멘토링 등을 체계적으로 지원해야 한다. 사회적으로는 퇴직 인구의 사회적 자원화, 세대 간 경험 전수, 시니어 커뮤니티 활성화로 이어진다. 삼성, LG, 포스코 등 기업 내 시니어 전문가, 트랙 대기업은 은퇴 예정 임직원을 사내 멘토, 컨설턴트, 프로젝트 어드바이저로 전환해 축적된 경험을 후배에게 전수하거나 신사업에 기여하도록 한다. 이를 통해 조직은 지식 자산을 보존하고, 시니어는 전문성을 지속적으로 발휘할 수 있다.

50대 이후 퇴직자가 자신의 전문성을 살려 컨설팅, 교육, 1인 창업, 사회적 기업 설립 등 자기주도 창업과 창직을 통해 제2의 커리어를 설계하는 사례가 늘고 있다. 예를 들어, 퇴직 후 '경영 멘토'나 '커리어 코치'로 활동하며 새로운 시장에서 가치를 창출한다. 퇴직 후 비영리단체, 사회

복지관, 협동조합 등에 참여해 사회공헌·NPO 참여, 경영지원, 멘토링, 교육기획 등 사회공헌 활동을 수행하며, 세대 간 경험 전수와 사회적 가치 실현에 기여한다.

퇴직은 끝이 아니라 '넥스트 커리어'의 시작

기대수명 증가와 고령화 속에서 시니어 인력의 '일하는 시간'이 길어지고 있다. 한국은 이미 초고령사회에 진입했으며, 60세 이후에도 20년 이상 일하거나 활동할 수 있는 환경이 보편화되고 있다. 이러한 변화는 단순한 노후 대비를 넘어 시니어 스스로 경력을 재설계하고 새로운 가치 창출 방식을 찾아야 하는 시대로 이끌고 있다. 이를 뒷받침하는 개념이 바로 '시니어 크래프팅'이다. 시니어 크래프팅은 은퇴 전후의 경험과 역량을 토대로 업무, 역할, 관계를 재구성하여 의미와 몰입을 높이는 전략이다.

① 리커리어링(Re-careering)은 기존 직무나 산업을 벗어나 전혀 다른 분야로 경력을 전환하는 과정이다. 단순한 이직이 아니라 커리어 방향을 근본적으로 재정의하고 새로운 기술, 자격을 습득해 '넥스트 커리어'로 도약하는 전략이다. 예를 들어, 은행원이 데이터 사이언티스트로, 제약회사 연구원이 헬스케어 스타트업 기획자로, 교사가 기업 HRD 전문가로 전향할 수 있다. 시장 변화, 개인 가치관, 신기술 등장 등 다양한 요인에 의해 촉발되며, 자기주도성이 강하게 요구되는 고위험·고성과형 전략이다.

② 리인턴(Re-intern)은 경력 전환이나 복귀를 준비하는 사람이 인턴십 형태로 실무에 재진입하는 방식이다. 뛰어난 경력을 지닌 경우라도 실제 업무 환경, 팀 문화, 프로세스 적응 여부는 별도 검증이 필요하므로 '시험 무대' 역할을 한다. 예를 들어, 해외 체류 후 복귀한 전문가가 프로젝트

매니지먼트 인턴으로 참여하거나, 육아로 경력단절이 있었던 여성이 스타트업 SNS 마케팅 인턴으로 복귀하는 경우다. 비교적 저위험, 단기 적응형 경로로 네트워크 복원과 실무 감각 회복에 효과적이다.

③ 리턴십(Returnship)은 제도화된 재취업 프로그램으로 일정 기간 프로젝트, 인턴 형태로 참여해 조직 적응과 실무 감각을 회복한 뒤 정규직으로 전환되는 제도다. 1980년대 영국의 다프네 잭슨 교수가 고안한 경력단절 과학자 복귀 펠로십이 기원이며, 현재 글로벌 기업들이 적극 운영 중이다. 예를 들어, 구글은 'gCareer' 프로그램을 통해 2년 이상 경력단절이 있었던 전문가에게 6개월간 프로젝트와 멘토링을 제공하고, 성과가 우수할 경우 정규직 채용으로 연계한다.

04
시니어 크래프팅에서 유의해야 할 5가지

'시니어 크래프팅'은 단순히 새로운 일을 찾는 활동이 아니다. 경력 후반에 접어든 시니어가 자신의 강점과 경험을 바탕으로 변화하는 조직 환경과 기술 요구에 맞춰 역할을 재설계하고 역량을 재정비하는 전략적 과정이다. 이는 그동안의 경력을 단순히 이어 가는 것이 아니라 은퇴 이후를 포함한 다음 경력 단계를 새롭게 정의하고, 사회와 조직에 새로운 가치를 창출하는 여정이다.

급변하는 비즈니스 환경 속에서 시니어 크래프팅은 풍부한 전문성과 현장 경험을 조직의 핵심 과제와 연결해 혁신을 이끌 수 있다. 그러나 준비와 탐색 없이 성급히 추진하면 역할 혼란이나 조직 내 저항이 발생할 수 있으므로 충분한 사전 계획이 필수적이다. 다음은 시니어 크래프팅을 추진할 때 고려해야 할 5가지 핵심 사항이다.

1. '남이 정한 길'에 벗어나 '내 관심사가 넘치는 길'을 닦아라

남들이 정한 길에 자신을 억지로 맞추면 안 된다. 대부분의 시니어는 남들의 시선을 의식하고 직업을 선택하게 된다. 새로운 직업을 발견하는 것보다 낡은 직업을 벗어나는 것이 더 어렵다. 경력 후반의 경쟁력은 과거의 경험과 전문성, 그리고 진정으로 '좋아하는 일'에서 나온다. 자신이 '잘하는 것'과 흥미 있는 분야를 분석해 새로운 '역할 리디자인(Role Redesign)'을 해야 한다. 새로운 프로젝트, 사회참여 기회에 도전해야 한다. '기존 직업에 자신을 맞췄던 것'이 전반기라면, 후반기에는 '내 관심과 흥미가 가는 곳'이 직업이 되는 것이다. 막연한 동경으로만 머물지 말고 구체적인 실행 계획을 세워야 한다. 매주 30분씩 나의 '흥미 지도'를 업데이트하고, 그것과 연결되는 직무·활동을 찾아본다. 결국 내 관심사가 '세컨드커리어'를 만든다.

2. 막연한 꿈에 머물지 말고 작은 목표부터 시작하라

'언젠가 해 보고 싶다.' 수준에서 멈추면 안 된다. 모호한 목표는 실행력을 떨어뜨린다. 단기 목표와 장기 비전을 균형 있게 세우고, 작은 성취를 발판 삼아 점차 확장하는 것이 좋다. 커리어 목표(Career Goal)는 작게 시작하되 방향을 크게 잡아야 한다. 중요한 것은 미루지 말고 지금 시작해야 한다는 것이다. 목표는 완벽하지 않아도 된다. 명확한 목표는 불확실한 환경에서도 흔들림 없이 나아가게 하는 나침반이 된다. '이번 달 안에 할 수 있는 목표'와 '3년 뒤 이루고 싶은 모습'을 함께 적어 두고 정기 점검한다.

3. 과거 전문성에만 안주하지 말고 다양한 활동으로 확장하라

기존 전문성에만 안주해 변화를 거부하면 안 된다. 잡 크래프팅을 실현하는 개인의 방향성이 조직의 목표와 부합하지 않거나, 서로 갈등을 겪는 상황이 발생할 수도 있다는 점을 고려해야 한다. 취미, 봉사, 교육, 멘토링 등 서로 다른 활동을 병행하면 시니어 시절에도 성장 곡선을 이어 갈 수 있다.

현재 프로젝트를 통해 꾸준히 실전 역량을 키우고(On-the-job Experience, 70%), 다른 동료와의 협업, 멘토의 피드백, 티타임, 스몰토크, 회의를 하고(Informal Learning, 20%), 정형 학습을 통해 배우면(Formal Learning, 10%), 자연스럽게 '넥스트 커리어'로 이어질 '연결고리'가 생긴다. 다양한 경험은 자기 효능감을 높이고 예상치 못한 기회를 만든다. 과거 경력에만 의존하지 말고 새로운 영역으로 확장해야 한다. 특히 세대 간 지식, 경험 나눔 활동은 본인과 사회 모두에게 가치를 준다. 최소 월 1회 새로운 모임, 활동에 참여해 네트워크와 경험을 확장한다.

4. 강한 관계에만 매달리지 말고 약한 관계를 넓혀라

생계와 관계를 따로 떼어 생각하면 안 된다. 가족·친구·동료와의 유대는 정서적 안정과 동기부여의 원천이며, 일을 오래 지속할 수 있는 체력과 마음가짐을 갖게 한다. 여기서 특히 주목할 것은 '느슨한 관계(Weak Ties)'다. 이는 감정 강도와 접촉 빈도가 낮은 지인 관계지만 서로 다른 집단을 잇는 다리 역할을 하며 새로운 정보와 기회를 가져온다. '강한 관계(Strong Ties)'는 가족, 가까운 친구, 오래 함께한 동료처럼 정서적 유대와 신뢰가 깊지만 네트워크가 폐쇄적일 수 있어서 새로운 정보나 기회 획득에 제한이 있을 수 있다. 스탠퍼드 대학교 마크 그라노베터(Mark Granovetter) 교수는 구직에서는 가까운 친구보다 '지인의 지인'이 일자리 정보와 추천을 더 자주 제공한다는 사실을 보여 줬고, 로널드 버트의 '구조적 공백(Structural Holes)' 이론은 단절된 집단 사이를 연결하는 브로커가 정보 우위를 갖는다는 점을 설명한다.

디지털 환경에서도 이 효과는 확인되었다. 2022년 사이언스(Science)에 실린 링크드인 사용자 2,000만 명을 대상으로 무작위로 배정한 실험은 강한 유대보다 '적당히 약한 유대'가 실제 채용·이직을 더 높였고, 효과는 비선형적이며 중간 강도의 약한 관계가 최적임을 밝혔다. 쉽게 설명하면 산업, 직능, 지역을 가로지르는 가교형 연결을 넓힐수록 실제 채용, 이직으로 이어질 확률이 커진다는 것이다. 실무적으로는 강한 유대에만 매달리는 습관을 버리고 컨퍼런스, 온라인 커뮤니티, 동문 네트워크에서 만난 사람들과 가볍게라도 접점을 유지해야 한다.

'가끔 연락하는 사람들'이야말로 다음 기회를 열어 줄 확률이 높으니 '연락이 끊긴 지 6개월 이상 된 지인'에게 매월 1번 안부를 전한다. 휴면 관계를 되살리면 시야가 넓어지고 고립감이 줄어들며 새로운 기회의 문이 열린다. 다중관계(Multiplex Ties)는 동일한 사람이 직장, 취미, 우정 등 복수의 사회적 맥락에서 연결될 때 나타나는 복합적, 역동적 관계를 말한다.

5. 성과만 좇지 말고, 건강을 위해 근육을 만들어라

빠른 성과에만 매달리면 결국 건강이 무너지고, 건강이 무너지면 어떤 계획도 실행력을 잃는다. 시니어 크래프팅의 출발점이자 완성 조건은 체력과 정신적 회복력이다. 단기 성과에 집착할수록 신체적, 정신적 소진이 가속화되고 회복이 어려워진다. 남녀 모두 40대 중반~50대 초반부터 근육량이 서서히 줄어들며, 60대 이후에는 근육 단백질 합성 능력이 눈에 띄게 떨어지는 '아나볼릭 저항성(Anabolic Resistance)'이 나타난다.

아나볼릭 저항성은 노화에 따라 당연히 생기는 현상이지만 운동과 영양 전략으로 충분히 완화할 수 있다. 심지어 70~80대도 꾸준히 운동하면 근육량과 기능이 향상된다는 연구가 많다. '미국 피트니스의 아버지'로 불리는 전설적인 트레이너 잭 라랭(Jack LaLanne)은 "운동은 왕이고, 영양은 여왕이다. 이 둘을 합치면 왕국이 된다."고 말했다.

EU(EFSA) 기준으로, 성인 여성 2.0L, 성인 남성 2.5L의 충분한 수분 섭취와 7~9시간의 수면은 회복력을 높인다. 여기에 취미 활동, 자연 속에서 보내는 시간, 사회적 교류를 더하면 자기 회복력이 배가된다. 결국 건강과 근육은 단기적 성과를 위한 '변수'가 아니라 장기적 성과를 가능하게 하는 '상수'이다. '시니어 크래프팅'은 '규칙적인 운동', '균형 잡힌 영양', '충분한 휴식'이라는 3가지 기둥 위에서만 완성된다.

"모험은 그 자체로 가치가 있다." 여성 최초 대서양 단독 횡단 비행사 아멜리아 에어하트(Amelia Earhart)의 말이다. 한 번에 무리하는 것보다 꾸준히, 그리고 서서히 강도를 높이는 탐험가의 마인드셋이 가장 중요하다. 모든 전략은 자신과 조직의 상황, 그리고 그 맥락에 맞게 조정될 때 비로소 최고의 효과를 발휘한다.

참고문헌

- 김남기, MZ세대에서 GG세대로…시니어 트렌드 7 Habit, 이모작뉴스, 2025. 2. 3.
- 김태호, XaaS로 통하는 모든 테크 서비스…"챗GPT 너마저", 한국경제, 2023. 1. 30.
- 문혜진, 초고령사회 '큰손', 요즘 시니어 소비 트렌드 어떻게 바뀌나?, 브라보마이라이프, 2025. 1. 6.
- 손봉석, 현명하고 합리적인 소비, 스마트한 '밸런슈머' 사로잡는 제품 인기, 스포츠경향, 2025. 4. 1.
- 신영빈, 가성비·요노 이은 '밸런슈머' 소비 트렌드 온다, ZDNET Korea, 2025. 3. 30.
- 이진주, 55~74세 'GG세대'가 온다…소비시장 큰손으로 부상한 시니어층 잡으려면, 경향신문, 2025. 1. 30.
- 최은주, "이러다 정규직 사라질 판"…직원 채용 안 하고 잠깐 '빌려 쓴다', 헤럴드경제, 2025. 7. 21.
- 최태우, 초고령화 사회…시니어 시장서 '에이지테크' 성공하려면, IT BizNews, 2025. 6. 25.
- 백수진, 「잡 크래프팅으로 몰입하게 하라」 HR insight, 2023. 1. 25.
- 리처드 J. 라이더·데이비드 A. 샤피로, 『인생의 절반쯤 왔을 때 깨닫게 되는 것들』, 김정홍 역, 위즈덤하우스, 2011.
- 브라이언 딕, 라이언 더피, 『나의 일을 의미있게 만드는 방법』, 박정민·지승희 공역, 박영스토리, 2016.

https://blog.clap.company/jobcrafting/

https://www.uppermichiganssource.com/2025/04/12/senior-crafting-connections-brings-generations-together/

PART 3

HOW
지금 당장 어떻게 할 것인가?

재능은 남들이 맞히지 못하는 과녁을 맞히지만,
천재는 남들이 보지 못하는 과녁을 맞힌다.

- 아르투어 쇼펜하우어(Arthur Schopenhauer)

01
대한민국 업종별로 인재 전략이 전방위로 고도화된다

AI가 업종을 개편하고 있다. AI가 글을 쓰고 이미지를 만드는 속도가 화이트칼라보다 더 빨라졌다. 앞으로는 인간과 인공지능 인간의 경계가 더욱 흐려질 가능성이 크다. 기술 격차가 잘못된 방향으로 확대되지 않도록 선견지명을 가진 경영진들은 이미 AI를 활용해 맞춤형 재교육과 역량 강화 계획을 추진하고 있다. AI, 데이터, 클라우드 기술의 확산은 산업의 경계를 허물고 플랫폼 기업이 제조, 금융, 유통까지 아우르는 시대를 열었다.

업종 구분의 의미가 희미해지면서 기업은 기술, 서비스, 콘텐츠가 결합된 하이브리드 모델로 재편되고 있다. 특히 IT, 마케팅, 운영처럼 분리돼 있던 기능이 하나의 직무 안에서 융합되는 '하이브리드 직무(Hybrid Job)'가 늘어나고 있다. 과거처럼 특정 업종 경험만을 평가하는 방식은 힘을 잃고 있다. 다양한 영역을 넘나들며 새로운 가치를 창출할 수 있는 '융합 역량'과 여러 직무에 적용 가능한 '전이 가능한 스킬셋(Transferable Skillset)'이 중요해졌다.

후보자의 역량, 성향, 경험 데이터를 바탕으로 한 '초개인화 채용'이 확산되며, 전 과정에서 AI와 데이터 분석을 활용한 '증거 기반 의사결정(Evidence-Based Decision Making)'이 표준이 되고 있다. 이제 과거처럼 단순한 경력이나 레퍼런스를 확인하는 것보다 새로운 환경에 빠르게 적응하고 문제를 해결하는 능력이 핵심 평가 기준이 되고 있다. 대한민국 채용은 '인재 전략 정밀화(Precision Talent Strategy)' 단계로 진입했다.

2025년 한국고용정보원이 발표한 보고서에서 주력 업종이 10개로 재편된 이유는 산업 구조 변화와 고용 전망의 차이를 더 정밀하게 반영하기 위해서이다. 과거에는 전통적인 제조업 중심으로 주력 업종을 구분했지만, 이번에는 고용 증가, 유지, 감소라는 세부 전망을 기준으로 다시 분류하였다.

실제로 반도체는 AI 수요 확산에 힘입어 2.7% 고용 증가가 예상되는 반면, 섬유는 해외 생산 이전, 수출 부진, 보호무역 강화 등의 여파로 -2.9% 감소가 전망되었다. 이처럼 업종별 고용 흐름이 뚜렷하게 갈라지면서 단순히 제조업이라는 범주로 묶기보다는 미래 고용 창출 가능성과 전략적 중요성을 함께 고려해 구분할 필요가 커진 것이다.

정부의 첨단 제조업 강화 정책, 글로벌 공급망 재편, 일자리 중심의 경제 전략과 정합성을 맞추기 위해 주력 업종을 새롭게 정의한 측면도 있다. 결국 이번 변화는 전통적인 산업 분류 방식에서 벗어나, 고용 전망과 정책적 중요성을 중심으로 한 미래 지향적 분류 체계로 전환한 결과라 할 수 있다.

대(大)평탄화, 조용한 균열 시대가 온다

2025년 들어 중간관리자들은 조직 내에서 점차 설 자리를 잃고 있다. '대평탄화(Great Flattening)'라는 흐름 속에서 불필요한 관리 계층이 제거되면서 중간관리자의 수는 줄고 담당 인원은 늘어나는 구조가 심화되고 있다. 실제로 Gusto 분석에 따르면, 소규모 기업에서 1명의 중간관리자가 맡는 직원 수는 2019년 약 3명에서 최근 거의 6명으로 늘었다.

이 현상은 특히 기술 중심 기업에서 두드러진다. 아마존, 메타, 쇼피파이 등 글로벌 빅테크 기업들은 효율화를 명분으로 관리 계층을 축소했으며, 그 결과 중간관리자들은 과중한 업무와 역할 불확실성에 시달리고 있다. 업무 범위는 넓어졌지만 권한과 자원은 줄어드는 모순 속에서 번아웃 위험이 커지고 있다. 월마트 대형 유통업체들은 비용 절감과 빠른 의사결정을 위해 중간관리자를 대거 구조조정 대상으로 삼고 있다.

그러나 이러한 전략은 단기적인 효율성을 얻는 대신, 현장 실행력과 전략 연결고리를 약화시키는 부작용을 낳고 있다. 많은 중간관리자는 '조용한 균열(Quiet Cracking)' 상태에 빠져들고 있다. 겉으로는 업무를 수행하지만 내적으로는 극심한 스트레스와 무기력에 시달리며, 조직 몰입도와 성과에도 부정적 영향을 주고 있다.

구성원 사이에서는 관리자가 되기를 꺼리는 '리더 포비아' 현상까지 퍼지고 있다. 요즘 중간관리자들은 '조직 평탄화로 인한 축소', '과중한 업무와 번아웃', '심리적 건강 악화'라는 삼중의 압박을 겪고 있다. 이는 개인의 문제가 아니라 조직 전반의 구조와 문화가 전환기를 맞고 있음을 보여 주는 신호라 할 수 있다.

주 4일 근무제, 효과는 입증됐지만 실행은 더딘 이유

병원에서 주 4일제 시범사업을 경험한 담당자는 "충분히 쉬니 삶의 만족도가 높아졌고, 업무 집중도도 달라졌습니다. 가족과 보내는 시간도 늘어 직원들의 얼굴에 여유가 생겼습니다."라고 말했다. 그는 주 4일제가 개인의 워라밸뿐 아니라 조직의 몰입도와 만족도도 함께 높였다고 평가했다. 이러한 경험은 학술지 『자연 인간 행동(Nature Human Behaviour)』에 발표된 국제 연구 결과와도 일치한다.

보스턴칼리지(Boston College) 사회학과 웬 판(Wen Fan) 부교수와 줄리엣 쇼어(Juliet Schor) 교수 연구팀은 미국, 영국, 호주, 캐나다, 아일랜드, 뉴질랜드 6개국 141개 기업, 약 2,900명을 6개월간 추적 조사했다. 그 결과, 주 4일제 시행 후 번아웃 감소, 직무 만족도 향상, 신체적·정신적 건강 개선 효과가 확인됐다. 기업의 생산성과 매출도 늘었으며, 90%의 기업은 실험 종료 후에도 제도를 유지했다.

그럼에도 실제 도입은 더디다. 일본의 '과로사(카로시)', 중국의 '996근무(오전 9시~오후 9시, 주 6일)'처럼 장시간 노동이 여전히 헌신의 상징으로 여겨지기 때문이다. 출산휴가조차 눈치 보며 쓰지 못하는 문화도 같은 맥락이다. 그러나 변화는 확산되고 있다. 아이슬란드 인구의 90%가 근무 단축 혜택을 누리고 있으며, 남아공·브라질·스페인·일본·두바이도 제도를 시험 중이다. 한국에서는 경기도가 전국 최초로 '주 4.5일제' 시범사업을 시작했다.

성공 사례도 많다. 미국 콜로라도주 골든시 경찰서는 초과근무 비용을 80% 줄이고 퇴사율을 절반으로 낮췄다. 남아공 스텔렌보스 대학교 상담센터는 병가 일수가 6개월 만에 51일에서 4일로 줄었고 상담 품질도 크게 향상됐다. 기업들이 성과를 유지할 수 있었던 비결은 '낭비 제거'였다. 불필요한 회의를 줄이고 저부가가치 업무를 최소화한 덕분이다.

마이크로소프트 일본은 시범 운영에서 직원 1인당 매출이 40% 증가했지만, 복잡한 조직 구조로 인해 영구 도입은 보류됐다. 이는 산업 구조와 조직 특성에 따라 성패가 달라질 수 있음을 보여 준다. 전문가들은 주 4일제가 모든 산업의 만능 해법은 아니라고 말한다. 농업·건설업 등 일부 분야에서는 적용이 어렵지만, 다양한 업종에서 성공 사례가 축적되면서 확산 가능성은 높아지고 있다. 특히 청년 세대가 변화를 주도한다.

최근 조사에서 임금보다 일과 삶의 균형을 더 중시한다는 응답이 처음으로 나타났고, 한국 청년층은 일부 급여 삭감도 감수하겠다고 밝혔다. 코로나19 팬데믹 이후 확산된 '대퇴사', '조용한 퇴직', 중국의 '탕핑(躺平)' 같은 흐름도 과로 문화에 대한 저항을 보여 준다. 일부 국가에서는 남성 육아휴직 사용률 증가 등 실제 변화도 나타나고 있다. 주 4일제는 단순한 근무일 축소가 아니라 불필요한 낭비를 줄이고 일과 삶의 균형을 회복하는 전략이 될 것이다.

'솔직한 피드백' 문화가 조직을 바꾼다

넷플릭스는 평균적인 인재 100명을 고용하는 대신 연봉을 10배 이상 지급하더라도 최고 성과를 내는 인재 10명을 뽑아 '인재 밀도'를 높이는 전략을 추구한다. 이는 성과가 전염성을 가진다는 전제에서 비롯한 접근이다. 실제로 조직은 팀 내 최고 성과자가 있더라도 결국 가장 성과가 낮은 직원의 영향을 받아 하향 평준화되기 쉽다.

리드 헤이스팅스 넷플릭스 회장과 함께 『규칙 없음』을 집필한 조직문화 분야 석학 에린 마이어 프랑스 인시아드 경영대학원 교수는 "기업은 최상의 기량을 갖춘 팀을 구성해 저성과가 조직 내에 전염되지 않도록 해야 한다."고 강조했다. 제조업 중심의 효율과 일관성 시대에서 혁신이 중요한 시대적 흐름으로 전환되며 새로운 조직문화가 각광받고 있다.

넷플릭스는 인재 유지와 몰입 강화를 위해 '솔직한 피드백 문화'를 제도화하고 있다. 직원들은 상대방을 돕겠다는 선의(Aim to Assist), 실행 가능한 조치(Actionable), 감사하는 태도(Appreciate), 수용 여부 결정(Accept or

Decline)이라는 '4A 원칙'에 따라 피드백을 주고받는다. 이러한 구조는 구성원이 불쾌감 없이 성장할 수 있도록 설계된 넷플릭스만의 핵심 문화로 자리 잡고 있다.

AI 시대의 인재 전쟁

빅테크들이 AI 투자 과잉론을 불식하고 자본 지출을 늘리고 있다. 인재 영입, AI 인프라 건설을 위한 '쩐의 전쟁'이 격화하고 있다는 분석이 제기된다. 메타는 2분기 월가 예상치(448억 달러)를 뛰어넘는 475억 달러(약 65조 9,000억 원)의 매출을 거두었다. 매출의 약 97.8%는 광고 수익에서 나왔다.

마크 저커버그 메타 최고경영자(CEO)는 컨퍼런스콜에서 "AI 추천 시스템의 발전으로 콘텐츠 품질이 향상됐다."라며 "페이스북과 인스타그램 사용 시간이 각각 5%, 6% 증가했다."고 설명했다. AI 투자가 매출 성장으로 이어진 것이다. 실적 발표를 앞둔 월가의 관심은 메타가 AI 인재 영입에 '얼마나 썼느냐?'와 '쓸 수 있느냐?' 2가지에 쏠렸다.

메타는 이날 2025년 자본지출 전망치를 660억~720억 달러로 전망했다. 이전 전망치(640억~720억 달러)보다 하한을 소폭 조정했다. 그러면서 2026년 총 비용 및 자본지출이 크게 증가할 것으로 전망했다. 인프라 비용 증가와 AI 이니셔티브를 지원하기 위해서다. 시티즌스은행은 2026년 메타의 자본지출이 900억 달러에 달할 수 있다고 내다봤다. 시간외 거래에서 메타 주가는 한때 전거래일보다 12% 오른 780달러에 거래됐다.

마이크로소프트(MS)는 클라우드 사업 매출이 성장하며 호실적을 거두었다. 이날 MS가 발표한 2025년 2분기 매출은 시장 전망치(738억 달러)를 웃도는 764억 달러(약 106조 원)로 나타났다. 전년 동기 대비 18% 증가한

수치다. 인텔리전트 클라우드 매출은 전년 대비 26% 증가한 298억 달러를 기록했다.

MS는 이번 실적 발표에서 처음으로 애저 등 클라우드 서비스 매출을 공개했다. MS는 2025 회계연도 기준 클라우드 서비스 매출이 750억 달러를 넘겼으며 전년 대비 34% 증가했다고 밝혔다. MS 주가는 이날 시장 외 거래에서 7% 넘게 오른 561.28달러를 기록했다. 그 결과 엔비디아에 이어 두 번째로 시가총액 4조 달러를 넘긴 기업으로 이름을 올렸다. 이번 분기 테크기업들의 실적 발표에서는 자본지출이 늘어나는 추세가 두드러진다. AI 인재 영입이 격화하고 데이터센터 및 전력 인프라 부족 현상이 심화하면서다.

에이미 후드 MS 최고재무책임자(CFO)는 이날 "2025년 1월 그 얘기(인프라 부족 현상)를 하고 6월쯤이면 수급 상황이 나아질 것이라고 생각했는데 지금은 12월까지 상황이 나아지기를 바라는 상황이다."라고 전했다. 이번 분기 MS의 자본 지출은 전기 대비 30억 달러 늘어난 240억 달러로 집계됐다. MS는 다음 분기에 이 수치가 300억 달러까지 오를 수 있다고 전망했다.

알파벳은 2025년 자본지출을 연초 발표한 750억 달러 대비 100억 달러 더 늘린다고 2024년 1월 갤럭시 언팩에서 밝혔다. 2024년과 2025년 초까지 제기되던 'AI 투자 거품론'이 사실상 자취를 감춘 셈이다.

이같은 빅테크들의 투자 증가는 '초지능 AI'를 앞서 구현하기 위한 경쟁의 결과로 풀이된다. 이날 저커버그 CEO는 블로그에 올린 글을 통해 "초지능 개발이 눈앞에 다가왔다."라고 말했다. 그는 "하지만 초지능은 새로운 안전 문제를 야기할 것"이라며 "우리는 이런 위험을 완화하기 위해 엄격해야 하며, 오픈소스로 공개할 내용을 신중하게 선택해야 한다."
고 덧붙였다. 오픈소스로 공개한 메타3, 메타4 등 대규모언어모델(LLM)과
달리 초지능 AI는 비공개 모델로 출시하겠다는 뜻으로 해석된다.

단순한 평판조회를 넘어 360도 레퍼런스 체크를 한다

스펙터는 2020년 설립 이후 평판조회를 전통적인 '비공식적 루머' 차원이 아니라 지원자의 동의와 객관적 절차를 기반으로 하는 신뢰 가능한 채용 도구로 끌어올렸다. 지원자가 지정한 전·현 직장 상사나 동료에게 객관식·주관식 문항(평균 15분 소요)을 통해 평가를 받고, 이를 웹·모바일 기반으로 간편하게 수집할 수 있도록 했다. 최근에는 '지정형'뿐 아니라 '비지정형' 평판까지 제공해 한쪽으로 치우치지 않는 입체적 인사이트를 제공한다.

이 과정에서 스펙터는 평가자의 '비밀 코멘트' 기능을 통해 솔직한 피드백을 가능하게 하고, Referee Bias Measurement 같은 검증 체계를 활용해 편향을 최소화한다. 또한 객관식·주관식 최대 65개 문항으로 구성된 정밀한 설문 구조를 통해 기존 8문항 수준의 단편적 조회를 넘어서는 심층 데이터를 확보한다.

평판 데이터는 지원자 동의 시 기업에만 공유되며, 탈퇴 시 즉시 삭제되는 등 개인정보 보호 기준도 철저하다. 이 덕분에 지원자는 여러 직장의 평판을 모아 '커리어 신분증'처럼 활용할 수 있고, 기업은 이력서나 면접에서 확인하기 어려운 업무 스타일, 팀 적합도, 성과 신뢰성을 검증할 수 있다. 채용 속도도 크게 개선된다. 평균 2~3일 내에 평판 결과를 받을 수 있어 의사결정 지연이 줄어들고, AI 기반 분석 도구 'Theo'를 활용하

면 후보자의 문화 적합도와 역량 방향성까지 직관적으로 파악할 수 있다.

실제 사용자 조사에 따르면, 스펙터를 활용한 기업들은 채용 실패율이 감소했다고 응답했으며, 최종 후보자 결정 과정에서 평균 7점(10점 만점)의 영향력이 있었다고 평가했다. 결국 스펙터는 단순한 평판조회를 넘어 채용의 정확도, 속도, 신뢰성을 강화하는 전략적 HR 솔루션으로 자리 잡고 있다. 소위 빌런이 입사해도 쉽게 해고할 수 없는 만큼 채용할 때부터 레퍼런스 체크를 신중하게 한다.

ATS에서 TRM까지 차세대 인재 관리가 중요해진다

채용의 패러다임은 단순한 ATS(Applicant Tracking System, 지원자 추적 시스템)를 넘어 TRM(Talent Relationship Management, 인재 관계 관리)으로 확장되고 있다. 두들린이 개발한 기업용 채용 관리 솔루션 '그리팅(Greeting)'은 파편화된 채용 데이터를 하나의 플랫폼에 모아 관리할 수 있도록 설계된 B2B SaaS이다. 기존에는 사람인, 잡코리아 등 여러 채용 사이트에 올라온 지원자 정보를 따로 관리해야 했지만, 그리팅은 이 모든 이력서를 자동으로 통합해 서류 검토, 평가, 면접 일정 조율, 합격 통보까지 전 과정을 원스톱으로 처리할 수 있게 한다.

이를 통해 인사담당자들은 일일이 이메일을 주고받거나 전화를 하며 조율하던 비효율에서 벗어나 채용 소요 시간을 최대 65%까지 줄일 수 있다. 특히 AI 기반 이력서 파싱과 '재발굴' 기능은 다양한 형식의 이력서를 구조화된 데이터로 변환해 조건 검색을 쉽게 하고, 과거 지원자까지 다시 탐색할 수 있도록 해 채용 주기를 평균 2주가량 단축시킨다.

보안 측면에서도 국제표준인 ISO 27017, ISO 27018 인증을 획득하며 안전한 클라우드 환경을 보장하고, 지원자들은 회원가입 절차 없이 기본 정보와 이력서만으로 간편하게 지원할 수 있어 이탈률이 낮아진다. 잡플래닛, 캐치 등 외부 플랫폼과의 연동을 통해 공고 등록과 지원자 데이터 수집을 한 번의 클릭으로 처리할 수 있어 활용 범위가 더욱 넓다.

두들린이 '2025년 채용 관리 솔루션 지원 사업' 공급기업으로 지정되면서 중소기업은 연간 이용료의 최대 80%까지 보조받으며 그리팅을 도입할 수 있게 되었고, 이는 초기 도입 부담을 크게 줄여 준다. 실제로 KT, LG디스플레이, 넥슨, SSG닷컴, 컬리 등 다양한 기업이 그리팅을 활용하고 있으며, 현재 고객사는 4,000곳을 넘어섰다. 여기에 누적 투자 유치 규모도 159억 원에 달하며 빠른 성장세를 입증했다.

그리팅은 단순한 ATS를 넘어 채용 효율성과 편의성, AI 지원 기능, 보안 강화, 비용 절감 효과까지 모두 갖춘 TRM 차세대 채용 관리 솔루션이다. 스타트업과 중견기업에서 빠르게 자리 잡은 뒤 최근에는 대기업으로도 확산되면서 앞으로는 대기업 시장 공략이 두들린 성장의 핵심 과제로 떠오르고 있다.

회식 문화가 사라지고 남긴 것들

서울 번화가의 밤거리가 예전 같지 않다. 요즘은 밤 10시만 되어도 거리가 한산하다. 치솟는 물가로 직장인들이 지갑을 닫은 데다 회식 문화까지 달라지면서 술집들도 큰 타격을 받고 있다. 2024년 문을 닫은 호프·간이주점은 2,400곳을 넘어섰으며, 특히 수도권에서 감소세가 두드러졌다. 국세통계포털 자료에 따르면, 2024년 말 기준 전국 호프주점은 2만 2,828곳, 간이주점은 9,142곳으로 전년보다 각각 1,718곳, 731곳 줄었다. 서울과 경기에서만 494곳, 485곳이 문을 닫았다.

코로나19 팬데믹을 계기로 회식 문화가 크게 변했다. 과거에는 자정을 넘겨 이어지는 회식이 흔했지만, 최근에는 '1차만 하고 9시 이전에 귀가하자.'는 이른바 '119문화'가 자리 잡았다. 실제로 대기업에서도 저녁 자리를 간소화하는 분위기가 확산되면서 술집 운영에 직격탄이 된 것이다. 이 같은 감소세는 술집에만 국한하지 않는다.

전국 PC방 수도 2024년 말 7,243곳으로 전년보다 530곳 줄었는데, 이는 모바일게임 확산으로 이용자들이 PC방을 찾는 빈도가 줄어든 결과다. 한국콘텐츠진흥원 조사에서도 주 1회 이상 PC방을 이용하는 게이머 비중이 2023년 12.1%에서 2024년 7.4%로 하락한 것으로 나타났다.

독서실도 마찬가지다. 2024년 말 6,058곳으로 전년보다 716곳(10.6%) 감소했으며, 대신 스터디카페와 '카공족'(카페에서 공부하는 사람들)이 빠르게 그 자리를 차지했다. 최근 스타벅스 코리아 본사는 전국 매장에 "개인용 데스크톱 컴퓨터를 비롯해 프린터, 칸막이, 멀티탭의 사용을 제한한다."는 공지를 보냈다. 이제는 테이블 위에 개인 물품을 두고 장시간 자리를 비우거나 여러 명이 함께 앉는 테이블을 1명이 독차지하는 경우도 다른 고객의 편의를 위해 제한될 수 있다.

나이가 들수록 허벅지를 강화해야 하는 이유

실제로 근육량은 60대 이후부터 빠르게 줄어들며 매년 1~2% 이상 감소할 수 있고, 80대 이후에는 20대의 절반 수준까지 떨어진다. 이 시기에는 근감소증으로 진단되는 경우가 많고, 보행 장애와 낙상 위험도 급격히 증가한다. 무릎 건강에서 가장 중요한 근육 중 하나가 바로 허벅지 앞쪽의 대퇴사두근이다. 이 근육은 무릎을 펴 주는 신전 작용을 담당하고, 관절을 안정화하는 핵심 역할을 한다.

특히 무릎 관절염 환자나 예방을 원하는 사람에게 의료진이 대퇴사두근 강화 운동을 권하는 이유도 여기에 있다. 근육이 튼튼하면 무릎의 안정성이 높아지고, 충격 흡수 능력이 개선되며, 연골 손상이나 관절염의 진행 속도를 늦출 수 있기 때문이다. 반대로 근력이 약해지면 무릎을 지탱하는 힘이 떨어져 걷기나 계단 오르기 같은 일상 활동에서 관절에 더 큰 부담이 가해지고, 이는 연골과 주변 조직에 과도한 압력을 주어 관절염을 앞당길 수 있다.

따라서 통증이 생기지 않는 범위에서 꾸준히 근력운동을 실시하는 것이 중요하다. 50대 이상은 관절에 무리가 적은 걷기, 수영, 실내자전거와 함께 스트레칭, 요가 같은 가동성 운동을 병행하는 것이 좋다. 70대 이후에는 근력 유지, 균형감각 강화, 낙상 예방을 위해 의자에서 일어섰다 앉기, 걷기, 다리 올리기, 발목 당기기 같은 기초 운동을 추천한다.

02

주요 업종별 채용 전망

전자 업종 트렌드

전자 업종은 소비자 전자(스마트폰, 가전, 웨어러블), 산업 전자(자동차 전장, 로봇,

의료기기), 정보통신 인프라(서버, 네트워크, 반도체) 등으로 구분된다. 최근에는 단순 소비재보다 AI 서버, 반도체, 전장·산업용 전자가 성장을 주도하는 양상이다. 공급망 측면에서 글로벌 생산기지가 중국 중심에서 인도, 베트남, 멕시코 등으로 다변화되는 중이다.

2025년 글로벌 무역 환경은 미국의 관세와 자국 중심 정책으로 불확실성이 확대될 전망이다. 그러나 IT 수요 개선이 국내 정보통신기기 생산과 수출 확대를 견인할 것으로 보인다(산업연구원, 2025년 5월).

정보통신기기는 미국 관세정책으로 성장세가 둔화되지만 생성형 AI 확산 효과로 연간 기준 생산과 수출은 증가세를 유지할 전망이다. 하반기 생산은 2.1% 증가, 내수는 5.5% 반등이 예상된다. 가전은 선진국 수요 부진과 해외 생산 확대 영향으로 수출은 소폭 감소할 전망이다(-0.5%). 다만, 소비심리 회복과 중국 브랜드의 국내 진출 가속화로 수입은 증가할 것으로 보인다.

이차전지는 전기차 판매 개선에 힘입어 내수는 6.8% 증가할 것으로 보인다. 그러나 해외 생산 확대의 영향으로 하반기 국내 생산은 2.2% 감소할 전망이며, 수입은 줄지만 감소폭은 크게 축소될 것이다. 고부가 반도체 제품 비중 증가와 AI 수요 확산에 힘입어 IT 신산업군 수출은 2025년에도 4.7% 증가세를 이어 갈 전망이다. 다만, 관세 리스크, 중국의 급성장, 해외 생산 확대는 수출 둔화 요인으로 작용할 수 있다.

한편, 2025년 하반기 전자 업종의 고용은 전년 동기와 유사한 수준을 유지할 것으로 전망된다. 전체 고용 규모는 0.7%(약 5,000명) 감소할 것으로 예상되며, 29인 이하 소규모, 30인 이상 300인 미만 중규모, 300인 이상 대규모 사업체 모두에서 고용이 줄어들 것으로 보인다. 지역별로는 경기와 서울 등 주요 권역에서 감소세가 나타날 전망이다. 결국 전자 업종은 내수 회복과 수출 확대 요인이 존재함에도 불구하고, 대외 환경 불확실성과 해외 생산 확대의 영향으로 고용 측면에서 큰 폭의 개선을 기대하기는 어려울 것으로 보인다.

#AI 에이전트

AI 에이전트(AI Agents)는 사용자의 지시 없이 상황을 인지하고 스스로 기능을 수행하는 지능형 비서 역할을 한다. CES 2025에서 핵심 키워드로 주목받으며, 사용자 경험의 새로운 패러다임으로 자리 잡고 있다. AI 에이전트의 본질은 자율성(Autonomy)과 적응성(Adaptability)에 있다. 기존 소프트웨어가 미리 정해진 규칙에 따라 작동했다면, AI 에이전트는 환경을 분석하고 스스로 판단해 행동한다.

예를 들어, 고객 서비스 챗봇(Customer Service Chatbot)은 단순 FAQ 제공을 넘어 고객의 감정을 파악하고, 과거 상호작용을 학습해 개인화된 해결책을 제시할 수 있다. 딥러닝과 생성형 AI의 발전은 AI 에이전트가 단순한 데이터 처리에서 벗어나 맥락을 이해하고 학습하는 능력을 갖추도록 만들었다. 이로써 방대한 데이터에서 패턴을 추출하고 복잡한 문제를 해결하는 역량을 확보했으며, 멀티모달 AI의 등장은 텍스트·음성·이미지 등 다양한 데이터를 통합적으로 처리할 수 있게 했다.

세계경제포럼(WEF)은 AI 에이전트가 환경(Environment), 센서(Sensors), 학습(Learning), 컨트롤 센터(Control Centre), 실행기(Effectors)로 구성되어 변화하는 요구와 환경에 적응하며 자율적으로 작동한다고 설명한다. 최근에는 LLM(Large Language Model), 코파일럿(Copilot), 자동화(Automation) 기술과 결합해 더 높은 수준의 지능과 실행력을 발휘하고 있다.

삼성전자는 갤럭시 S26을 통해 고객에게 다양한 AI 에이전트 선택권을 제공하기 위해 구글 '제미나이'와 자체 개발한 '갤럭시 AI'를 탑재했다. 이 전략은 신제품 흥행으로 이어져 삼성전자가 국내 스마트폰 시장 점유율 82%를 처음으로 돌파하는 성과를 거두었다. 더 나아가 삼성은 퍼플렉시티 AI에 투자하며 구글 의존도 줄이고 갤럭시 라인업에 해당 기술을 적용, 통합하는 방안을 AI OS 중심으로 확대, 적용하는 중이다.

금융 업종 트렌드

금융 업종은 국민경제 내에서 필요한 자금의 조달과 공급, 즉 예금의 수입, 유가증권 및 기타 채무증서의 발행 등 조달한 자금에 대한 금융중개업무, 자금 수요자에게 자금조달을 위한 다양한 솔루션을 제공하고 투자자에게는 투자기회를 제공하여 자본의 효율적 배분에 기여하고 금융정책의 수행 등 경제 발전의 중요한 기능을 담당하는 산업이다.

산업연구원(KIET)에 따르면, 2025년 하반기 금융·보험 업종의 고용 규모는 전년 동기와 비교해 전반적으로 유사한 수준을 유지할 것으로 전망된다. 다만, 세부적으로 살펴보면 약 0.3%, 즉 약 3,000명 정도 줄어드는 소폭의 감소세가 예상된다. 사업체 규모별로는 차이가 뚜렷하게 나타날 것으로 보인다. 5인 이상 10인 미만의 소규모 사업체와 300인 이상의 대규모 사업체에서는 오히려 고용이 증가할 것으로 전망되지만, 30인 이상 100인 미만의 중규모 사업체에서는 고용이 감소할 것으로 예상된다.

결과적으로 금융·보험 업종은 전체적으로는 안정적인 고용 수준을 유지하되 사업체 규모별로 상반된 흐름이 전개될 것으로 보이며, 이는 향후 인력 수급 전략과 채용 구조에 중요한 영향을 미칠 것으로 분석된다. 2025년 금융 업종은 고금리 기조가 이어지면서 은행업 수익성이 개선되는 반면, 부동산 PF 부실이 불확실성을 확대시키는 양상이 나타난다. 보험업은 고령화와 저출산의 영향으로 생명보험 신규 판매가 감소하고 보장성 보험 수요가 축소되면서 성장세가 둔화되고, 손해보험은 경제 규모 확대에 따라 성장세를 이어 가지만 경기 둔화로 성장 폭은 제한적이다. 신용카드업은 금리 상승과 조달 비용 부담으로 수익성이 악화되는 반면, 증권업은 증시 회복에 힘입어 수익성이 개선될 것으로 전망된다.

고용은 전반적으로 2024년과 유사한 수준을 유지하되, 중소 규모 사업체에서는 감소가 나타나고 대규모 사업체에서는 증가세가 이어질 것으로 보인다. 동시에 디지털 전환이 가속화되면서 Z세대와 알파세대를 겨냥한 '자이낸스(Zinance)' 서비스가 확산되고, 세대별 맞춤형 금융 콘텐츠와 라이프스타일 결합 전략이 강화될 것으로 예상된다. 이러한 흐름 속에서 금융 업종은 은행 중심의 안정적 수익성, 보험·카드업의 성장 정체, 증권업의 회복, 그리고 신세대 맞춤 금융과 디지털 신사업 발굴이라는 이중적 흐름을 동시에 경험하게 될 것이다.

#Embedded Finance

임베디드 파이낸스(Embedded Finance)는 금융 서비스가 은행이나 전통적인 금융기관의 전유물이 아니라 비(非)금융 플랫폼이나 서비스 속에 자연스럽게 녹아 들어가 제공되는 것을 말한다. 다시 말해, 소비자가 물건을 구매하거나 서비스를 이용할 때 별도로 은행 애플리케이션에 접속하지 않아도 결제, 대출, 보험, 투자와 같은 금융 기능을 이용할 수 있도록 하는 것이다. 대표적인 예로 커머스 플랫폼에 '할부 결제'나 '소액 대출' 기능이 함께 붙어 있는 것을 들 수 있다.

이렇게 되면 금융은 독립된 서비스가 아니라 고객 경험의 일부로 작동한다. 기업 입장에서는 사용자 데이터에 기반을 둔 맞춤형 금융 상품을 설계할 수 있고, 고객 입장에서는 간편하고 직관적인 금융 경험을 누릴 수 있다.

국내에서도 임베디드 파이낸스 흐름이 빠르게 확산되고 있다. 네이버파이낸셜과 카카오페이 같은 빅테크 기업들은 플랫폼 결제, 후불결제, 간편 송금 서비스를 넘어 대출과 보험으로 서비스를 확장하며 임베디드 금융 생태계를 강화하고 있다.

예를 들어, 네이버파이낸셜은 쇼핑과 연계된 후불결제 및 소상공인 대상 대출 상품을 제공하여 플랫폼 이용자와 판매자를 동시에 겨냥한다. 카카오페이는 간편결제 기반으로 신용조회, 투자, 보험 가입까지 가능하게 하면서 생활 전반에 금융을 결합시켰다. 현대자동차그룹은 차량 구독 서비스에 자동차보험과 금융리스 기능을 함께 결합하여 '자동차 이용 경험' 자체를 하나의 금융 패키지로 전환하고 있다.

이처럼 임베디드 파이낸스는 금융을 '독립된 목적'이 아니라 '생활 속 경험의 일부'로 만드는 패러다임이다. 글로벌 시장에서는 이미 아마존·애플·우버 등 빅테크가 이를 선도하고 있으며, 한국에서도 플랫폼 기업과 전통 금융기관의 협업을 통해 시장 규모가 급속히 확대되는 중이다. 특히 Z세대와 알파세대처럼 디지털 친화적 세대가 주요 금융 소비층으로 부상함에 따라 금융의 본질이 '서비스 제공'에서 '경험 융합'으로 이동하는 흐름은 앞으로 더욱 뚜렷해질 것으로 전망된다.

반도체 업종 트렌드

반도체 업종은 세계 시장 점유율 2위, 국내 수출 1위의 대표적인 국가 주력 산업으로 반도체 제조 기업 외에도 반도체 장비, 재료, 설계 기업 등의 후방산업을 포괄하는 미래 신산업 핵심 부품 산업이다. 2025년 글로벌 반도체 시장은 AI와 고부가 메모리(HBM 등) 수요 강세에도 불구하고 PC, 스마트폰 등 범용 IT 기기 수요 둔화의 영향을 받을 전망이다. 그럼에도 시장 규모는 2024년 6,305억 달러 대비 약 11.2% 증가한 7,009억 달러에 이를 것으로 예상된다(WSTS). 메모리는 AI 및 서버용 HBM 수요가 견조하게 증가해 전년 대비 20.3% 성장할 전망이다.

OMDIA에 따르면, 메모리 반도체 시장은 2024년 1,679억 달러에서 2025년 2,020억 달러로 확대될 것으로 예상된다. 세부적으로 D램은 976억 달러 → 1,254억 달러(28.5% 증가), NAND는 657억 달러 → 718억 달러(9.4% 증가)로 성장할 전망이다. 시스템 반도체는 AI와 IoT 수요 증가로 전년 대비 13.9% 성장하여 시장 규모가 4,268억 달러에서 4,861억 달러로 확대될 것으로 보인다(OMDIA).

2025년 수출도 호조세가 이어질 것으로 전망된다. 2024년 반도체 수출은 HBM, DDR5 등 첨단 메모리 호조에 힘입어 1,419억 달러로 사상 최고치를 기록했다. 2025년에는 AI 관련 수요와 DDR4 생산 종료에 따른 가격 상승 효과로 약 1,500억 달러 수준의 최고치가 다시 예상된다. 고부가 메모리 수출 증가는 이어지는 반면, 범용 메모리 수출은 감소하면서 전체 수출은 전년 대비 8.2% 증가한 955억 달러로 전망된다(2024년 883억 달러). 시스템 반도체 수출은 PC, 스마트폰 신제품 출시 효과로 수요가 일부 회복되며 1.3% 증가해 485억 달러 수준이 예상된다(2024년 479억 달러).

투자 측면에서는 글로벌 AI 수요와 첨단공정(5나노 이하) 설비 확충이 이어지며, 2025년 반도체 설비 투자는 1,869억 달러로 전년 대비 4.7% 증가할 전망이다(Gartner).

고용은 증가세를 보일 것으로 예상된다. 2025년 하반기 반도체 업종 고용 규모는 전년 동기 대비 2.7%(약 4,000명) 늘어날 전망이다. 특히 30인 이상 300인 미만 규모의 중견기업과 300인 이상 대기업을 중심으로 인력이 확대되며, 지역별로는 경기·인천 등 주요 거점 지역에서 증가세가 두드러질 것으로 보인다. 사업체 규모별로 보면 100인 이상 300인 미만 중소 규모 사업체와 300인 이상 대규모 사업체를 중심으로 고용이 증가할 것으로 전망된다.

#NAND Flash

낸드플래시(NAND Flash)는 전원을 꺼도 데이터가 유지되는 비휘발성 반도체 저장장치로 스마트폰, SSD, USB 메모리 등 다양한 전자기기에 사용된다. 이름은 논리 게이트 'Not AND'에서 유래했다. 과거 단순 저장 용도로 쓰였으나 최근에는 대규모 AI 학습·추론 데이터를 빠르게 저장·전송하는 솔루션으로 재편되고 있다. 특히 낸드 기반 eSSD(기업용 SSD)는 대용량과 고성능을 동시에 요구하는 AI 인프라 구축에 필수적이어서 고부가가치 사업으로 꼽힌다.

실제로 최근 낸드플래시 사업은 회복세를 보이고 있다. SK하이닉스는 D램과 낸드플래시 모두 출하량이 예상치를 웃돌며 역대 최대 실적을 달성했고, 2분기 낸드 출하량은 전분기 대비 70% 이상 증가했다. SK하이닉스는 2021년 인텔의 낸드 사업부 '솔리다임(Solidigm)'을 약 13조 원에 인수하며 낸드의 경쟁력 강화를 시도했다. 인수 초기에는 글로벌 과잉 공급과 가격 폭락 시장 침체로 부진이 이어져 대규모 적자를 기록했던 솔리다임은 한때 SK하이닉스의 '아픈 손가락'으로 꼽혔다. 그러나 최근 AI 수요 확대에 힘입어 기회로 삼으며 그간의 오명을 벗는 모습이다.

솔리다임은 세계 최대 용량(122TB)의 QLC 기반 eSSD 'D5-P5336'을 선보이며 글로벌 서버 기업들의 인정을 받았다. 이는 SK하이닉스 실적 개선의 주요 동력으로 작용하고 있다. 글로벌 시장 점유율을 보면, 2024년 기준 1위 삼성전자(36.9%), 2위 SK그룹(SK하이닉스 + 솔리다임, 22.1%), 3위 키옥시아(17.7%) 순으로 초격차 기술 경쟁을 이어 가고 있다.

트렌드포스(TrendForce 2024 기준)에 따르면, 2025년 낸드플래시 매출은 약 755억 달러(Gartner 기준)로 2024년 대비 약 12% 성장할 것으로 예상된다. 또 다른 조사기관(Coherent Market Insights)은 같은 해 시장 규모를 약 734억 달러로 추정하며, 2032년까지 연평균 5.8% 성장해 1,090억 달러에 이를 것으로 내다봤다. 최근 트렌드포스는 2025년 3분기 낸드 평균판매단가(ASP)가 5~10% 상승할 것이라 전망했으며, 이는 감산과 재고 조정에 따른 수급 개선 효과로 풀이된다. 결과적으로 AI 인프라 수요 확대와 고부가 메모리(eSSD, HBM) 중심의 구조 재편이 낸드플래시 시장의 장기 성장 기반을 강화하고 있다.

디스플레이 업종 트렌드

디스플레이 업종은 세계 디스플레이 패널 시장을 선도 중인 국가 주력 산업이자 IT 산업 성장의 근간을 이루는 산업으로 디스플레이 및 관련 부품소재, 장비 생산에 필요한 모든 활동을 포함한다. 삼성디스플레이, LG

디스플레이뿐 아니라 BOE(중국), JDI(일본), Sharp(일본) 등 글로벌 경쟁사와 기술 격차, 가격 경쟁이 치열하다. OLED 시장은 AI 대중화로 인한 저전력 LTPO 패널 수요 확대와 프리미엄 IT 기기용 OLED 패널 출하 증가, 그리고 2026년 상반기 올림픽과 같은 주요 이벤트를 앞둔 사전 출하 효과로 개선세가 이어질 것으로 전망된다.

스마트폰 부문에서는 2025년 9월 출시 예정인 아이폰17에 LTPO 패널이 전 모델로 확대 적용되면서 고단가 패널의 출하량이 증가할 것으로 보인다. 실제로 아이폰16 기본형 패널 단가는 LTPS 기반 6.1인치가 70달러 수준이지만, 아이폰17 기본형은 LTPO 기반 6.3인치 패널로 전환되며 96달러로 높아진다. 이러한 변화는 국내 기업 실적 개선에도 긍정적으로 작용할 것으로 기대된다.

IT 기기에서는 프리미엄 라인업에서 OLED 적용이 확대되고 대면적과 고성능, 특히 고주사율에 대한 선호가 증가하면서 출하량이 꾸준히 늘고 있다. 글로벌 IT용 OLED 출하량은 2023년 하반기 507만 대에서 2024년 하반기 1,201만 대로 크게 증가했으며, 2025년 하반기에는 1,448만 대로 전년 대비 20.5% 성장할 것으로 예상된다. TV 시장 또한 고효율 가전에 대한 관심이 높아지고 세트 기업들의 OLED 라인업 확대 기조가 맞물리면서 미국과 유럽을 중심으로 수요가 늘고 있다. 이에 따라 글로벌 TV용 OLED 출하량은 2023년 하반기 294만 대에서 2024년 하반기 376만 대로, 2025년 하반기에는 405만 대로 증가할 것으로 전망된다.

수출 전망을 보면 OLED는 LTPO, 투스택텐덤 등 고부가가치 제품의 수요 확대와 프리미엄 IT 제품 출시 효과로 성장세를 이어 갈 것으로 보인다. 2025년 하반기 OLED 수출 규모는 전년 대비 5.5% 증가한 81억 달러, LCD는 IT 교체 수요와 자동차 시장 확대에 힘입어 10.9% 증가한 24억 달러에 이를 것으로 예측된다. 이에 따라 국내 디스플레이 수출 비중은 OLED 76%, LCD 24%로 구성될 전망이다.

고용 측면에서는 2025년 하반기 디스플레이 업종 고용 규모가 전년 동기 대비 소폭 감소할 것으로 보인다. 감소율은 약 0.2%로, 인원으로 환산하면 약 200명 수준이다. 특히 30인 이상 300인 미만의 중규모 사업체와 300인 이상 대규모 사업체에서 고용이 줄어들 것으로 예상된다. 지역별로는 충남과 경기에서 감소세가 나타나지만 충북에서는 고용이 오히려 증가할 것으로 전망된다.

#LTPO

LTPO(Low Temperature Polycrystalline Oxide, 저온다결정산화물)는 디스플레이 패널에 적용되는 차세대 박막트랜지스터(TFT) 기술로 기존 LTPS(Low Temperature Poly-Silicon)와 Oxide TFT의 장점을 결합한 구조다. LTPS는 전자 이동도가 높아 고해상도·고속 구동에 적합하지만 전력 소모와 발열 문제가 크고, Oxide TFT는 전력 효율과 균일성이 뛰어나지만 전자 이동도가 낮아 고주사율 구현에 한계가 있었다.

LTPO는 두 기술의 단점을 보완하여 고해상도·고주사율과 저전력 구동을 동시에 실현하며, 특히 화면 주사율을 상황에 맞게 동적으로 조정할 수 있다는 점에서 배터리 효율을 크게 높인다. 스마트폰에서는 1Hz부터 120Hz까지 가변 주사율을 지원해 AI 활용, 게임, 영상 재생 등 다양한 환경에서 최적화된 성능을 제공한다. 또한 LTPS 기반의 고속 신호 처리 덕분에 4K 이상의 고해상도 구현이 가능하며, OLED와 결합 시 플렉서

블·폴더블 디스플레이에도 적합하다. 실제로 애플은 아이폰13 Pro 시리즈부터 LTPO OLED를 도입해 가변 주사율을 구현했고, 삼성·LG디스플레이 등 국내 기업들도 생산 확대에 나서며 스마트폰·스마트워치·태블릿·노트북 등 프리미엄 IT 기기로 적용 범위를 넓히고 있다.

2025년 이후 LTPO는 저전력과 고주사율을 동시에 충족하는 표준 기술로 자리 잡을 것으로 전망된다. 아울러 디스플레이 업계 전반은 LTPO와 같은 차세대 기술을 기반으로 AI 화질 개선, 에너지 효율(저전력), ESG·친환경 생산, 자동차 전장용 신사업 등으로 확장하며 새로운 성장 동력을 마련하고 있다.

자동차 업종 트렌드

자동차 업종은 최근 안정성 및 성능과 환경 규제가 강화되면서 자율주행, 커넥티드카, 친환경자동차 등 미래자동차로 패러다임이 변화되고 있는 산업이다. 기계, 전기, 전자, 통신, 화학, 섬유 등 5,000 종류가 넘는 다양한 공업 제품이 융합되어 제품을 생산하는 종합 제조업이다. 2025년 자동차 업종은 내수와 생산이 유지되거나 소폭 확대될 것으로 예상되지만, 국제통상 환경의 불확실성으로 수출은 감소할 전망이다. 경기 회복 지연으로 소비심리가 위축되어 신차 구매 여력은 여전히 제한적이지만, 하이브리드 차량(HEV)을 중심으로 친환경차 수요가 확대되면서 내수는 전년 대비 약 1.8% 증가한 166만 대 수준이 될 것으로 보인다(KAMA).

수출은 미국의 관세 부과, 전기차 보조금 폐지, 주요국 재고 증가, 보호무역 강화 등의 영향으로 부정적인 흐름이 예상된다. 실제로 2025년 1~5월 자동차 수출액은 전년 동기 대비 2.5% 감소한 300억 달러를 기록했으며, 하반기에는 전년 동기 대비 7.1% 감소할 것으로 전망된다(KITA 국제 무역통상연구원). 한국 자동차 수출의 34%를 차지하는 미국 시장의 관세 정책과 중국 업체의 글로벌 진출 확대가 주요 요인으로 꼽힌다.

반면, 생산은 하이브리드 중심의 친환경차 판매량 유지와 신모델 출시 효과 덕분에 안정적으로 유지될 것으로 예상된다. 2025년 하반기 국내 생산량은 약 215만 대로 상반기 수준을 유지하며, 연간 기준으로는 전년 대비 0.1% 증가한 413만 대 내외가 될 것으로 전망된다(KAMA).

고용은 큰 변동 없이 전년 동기 수준을 유지할 것으로 예상된다. 2025년 하반기 자동차 업종의 고용 규모는 전년 같은 기간 대비 0.1%(약 1,000명) 증가할 것으로 보인다. 사업체 규모별로는 29인 이하 소규모 사업체에서 고용이 다소 감소하지만, 30인 이상 300인 미만 중규모 사업체에서는 증가할 것으로 예상된다. 지역별로는 서울, 충남, 경북 등에서 고용이 늘어날 전망이다.

2025년 하반기 자동차 산업은 친환경차 확대와 신모델 출시 효과로 내수와 생산은 안정적일 것으로 보이지만, 대외 통상 환경의 불확실성으로 수출 감소 압력이 지속될 전망이며, 고용은 전년 수준을 유지할 것으로 예상된다.

#EIV(Electric Intelligent Vehicle)

2025년 자동차 산업의 핵심 트렌드는 전기차(EV)에 인공지능(AI)을 결합한 EIV(Electric Intelligent Vehicle)의 부상이다. 기존 전기차가 '친환경 모빌리티'에 집중했다면, EIV는 자율주행·차량 제어·지능형 서비스 기능을 더해 '스마트 모빌리티 플랫폼'으로 진화한 개념이다.

2025년 다보스 세계경제포럼에서 테슬라의 주요 배터리 공급업체인 CATL의 판지안 공동회장은 "우리는 더 이상 EV가 아닌 EIV라고 부른다. 여기서 'I'는 지능(Intelligent)을 의미한다."며 인공지능이 전기차 성장의 핵심 동력이 될 것임을 강조했다. 일론 머스크 테슬라 CEO 역시 자율주행차 혁신을 가속화하기 위해 미국 행정부를 상대로 규제 완화를 적극적으로 추진하고 있으며, 트럼프 정부는 중국과의 기술 경쟁 대응 차원에서 자율주행차 안전 규제를 완화하는 조치를 발표한 바 있다.

이러한 흐름은 SDV(Software-Defined Vehicle) 개념과 맞닿아 있다. 차량이 단순한 운송 수단을 넘어 OTA(Over-The-Air) 업데이트를 통해 지속적으로 기능이 확장되는 '움직이는 운영체제(Operating System)'로 인식되고 있기 때문이다. EIV 트렌드는 크게 3가지로 요약된다.

① 전기차 배터리·모터 기술과 AI 제어 시스템을 결합해 예측 정비, 지능형 내비게이션, 운전자 보조 기능을 강화한다.

② AI 센서 융합과 딥러닝 기반 인지 기술을 통해 레벨 3 이상의 자율주행 상용화가 본격화된다.

③ 차량이 단순한 이동 수단을 넘어 콘텐츠, 금융, 헬스케어 등 개인화된 서비스를 제공하는 '모바일 스마트 디바이스'로 기능하게 된다.

따라서 2025년 이후 자동차 산업은 단순한 EV 경쟁이 아니라 EIV를 중심으로 전동화, 소프트웨어, 서비스가 융합된 새로운 경쟁 구도로 재편될 것으로 전망된다.

기계 업종 트렌드

2025년 기계 업종은 수출과 내수 부진이 동시에 이어지면서 생산 감소세가 심화될 것으로 전망된다. 글로벌 경기 침체와 대외환경 불확실성 증대에 따라 연간 수출은 전년 대비 7.2% 감소한 475억 700만 달러에 머물 것으로 예상된다. 내수 역시 건설·제조업 경기 부진의 영향을 받아 약 1.7% 줄어들 것으로 보인다.

일부 수요 산업에서 경기 회복 기대감에 따른 설비투자 수요가 나타나겠지만, 건설경기 부진 장기화와 제조업 둔화로 전체 흐름을 반전시키기에는 한계가 있다. 생산 측면에서도 하반기에 3.5% 감소가 예상되며, 상반기 2.5% 감소에 이어 2년 연속 연간 생산 감소가 불가피할 전망이다.

고용은 전체적으로 전년 동기 수준을 유지하겠지만, 세부적으로 보면 2024년 하반기보다 1.0%(약 5,000명) 줄어들 것으로 예상된다. 특히 29인 이하 소규모 사업체를 중심으로 고용 감소가 뚜렷할 것으로 보이며, 지역별로는 경기와 서울 등 주요 거점 지역에서 감소세가 나타날 전망이다.

#IIoT

IIoT(Industrial Internet of Things)는 산업용 사물 인터넷의 약자로 제조, 산업 현장의 장비와 기계를 센서와 네트워크로 연결해 데이터를 실시간으로 수집, 분석하는 기술을 말한다. 이를 통해 공정 효율성을 높이고 품질을 개선하며, 설비의 예측 유지 보수까지 가능하게 한다. 기존 IoT가 스마트홈이나 웨어러블처럼 소비자 중심의 응용에 초점을 맞췄다면, IIoT는 산업 현장에서 디지털 전환과 스마트 제조를 이끄는 핵심 기술이라는 점에서 차별화된다. 특히 클라우드, 빅데이터, 인공지능, 5G, 디지털 트윈과 같은 신기술과 결합해 그 활용 범위가 더욱 넓어지고 있다.

국내에서도 IIoT는 다양한 산업 현장에 적극적으로 도입되고 있다. 삼성전자는 반도체 및 전자 제조라인에 수많은 센서를 설치해 장비의 상태와 환경 데이터를 실시간으로 수집하고, 이를 AI 기반 분석에 적용해 불량률을 줄이고 공정 효율을 극대화하고 있다. 현대자동차는 울산과 전주 공장에 IIoT를 적용해 차량 조립 데이터를 실시간 모니터링하며, 불량을 즉시 탐지하고 품질검사를 자동화하는 스마트 생산 체계를 구축했다.

포스코는 제철소 전 공정에 센서를 부착해 온도, 가스 농도, 압력 등을 수집하고 이를 분석해 품질 일관성을 확보하는 동시에 에너지 낭비를 최소화하고 있다. LG에너지솔루션은 배터리 셀 생산 공정에 디지털 트윈과 빅데이터 분석을 결합해 공정 불량률을 낮추고 수율을 개선하고 있으며, 정부가 추진하는 스마트공장 보급 사업을 통해 중소기업들도 IIoT 기반 생산 관리 시스템을 도입해 생산성을 높이고 있다.

이처럼 IIoT는 단순히 장비를 연결하는 수준을 넘어 예측 유지 보수, 서비스화, 디지털 트윈과 같은 확장된 비즈니스 모델을 만들어 내며 제조업의 경쟁력을 좌우하는 핵심 기술로 자리 잡고 있다.

조선 업종 트렌드

2025년 하반기 조선 업종 고용은 전년 동기와 비슷한 수준을 유지할 것으로 보인다. 다만, 세부적으로는 2024년 하반기 대비 1.4%(약 2,000명) 증가가 예상된다. 사업체 규모별로 보면 29인 이하 소규모 사업체에서는 고용이 다소 줄어드는 반면, 30인 이상 300인 미만의 중규모 기업과 300인 이상 대규모 기업에서는 고용이 늘어날 전망이다. 지역별로는 경남을 중심으로 채용이 확대될 것으로 예상된다.

생산 측면에서는 2025년 1~5월 국내 조선소 건조량이 전년 동기 대비

8.4% 증가한 516만 CGT를 기록했으며, 기존에 확보한 수주 물량을 바탕으로 하반기에도 증가세가 이어질 전망이다. 수출은 같은 해 267.6억 달러로 전년 대비 4.4% 늘어날 것으로 보이며, 5월 기준 선박 수출액은 22.3억 달러로 전년 동월 대비 4.3% 증가했다.

또한 수주 잔량은 2025년 5월 말 기준 3,571만 CGT로 전년 동월 대비 7.5% 늘어나, 국내 조선소들이 약 3~4년 치 안정적인 일감을 확보한 상태다. 다만, 선가(Ship Price Index)는 2024년 9월 189.96pt까지 오르다가 이후 완만한 하락세로 전환해, 2025년 5월에는 186.69pt를 기록하며 2024년 말 대비 2.51pt 낮아졌다.

종합하면, 조선업은 수주 물량 증가와 안정적 일감 확보에 힘입어 건조와 수출이 모두 개선되고 있으며, 이에 따라 고용도 일부 확대될 것으로 전망된다.

#MASS

자율운항선박(MASS, Maritime Autonomous Surface Ship)은 인공지능, 센서, 위성항법 등 첨단 기술을 활용해 사람의 직접 조종 없이 운항이 가능한 차세대 선박이다. 해상 안전, 인력 부족 문제 해결, 연료 효율성, 탄소 배출 절감 등에서 혁신 효과가 크다. 국내에서는 현대중공업(HiNAS 2.0), 삼성중공업(SAS), 한화오션(DS4) 등 주요 조선사가 독자 기술을 개발하며 세계 시장을 선도하고 있다. 정부도 2030년까지 상용화 세계 1위 달성을 목표로 시험사업(KASS)과 성능검증센터를 추진 중이다. 이에 따라 조선업 인재에게는 전통적 설계·제조 기술뿐 아니라 AI, 데이터 분석, IoT, 원격 관제 등 디지털 역량이 필수로 요구되고 있다.

섬유 업종 트렌드

섬유 업종은 2025년 하반기에 전반적으로 어려운 흐름이 이어질 전망이다. 고용 규모는 전년 같은 기간 대비 2.9%(약 4,000명) 감소할 것으로 보이며, 소규모(29인 이하), 중규모(30~299인), 대규모(300인 이상) 사업체 전반에서 모두 고용 축소가 예상된다. 지역별로는 서울, 경기, 대구 등을 중심으로 감소세가 나타날 것으로 전망된다. 수출은 교역 불확실성이 일부 해소되었으나 범용 소재 판매 부진이 이어지고 있다. 중국의 대미 수출 감소에 따른 반사이익과 한한령 해제에 따른 K-패션 수요 회복, 산업용 섬유 수요 회복 등은 긍정적 요인이다.

2024년 기준 국가별 의류 수출은 중국 28%(5억 달러), 베트남 17%(3억 달러), 미국 14%(3억 달러) 순으로 나타났다. 그러나 미국의 관세 부과로 공급망(베트남, 아세안)의 변화 가능성이 높아지고, 이로 인한 수익성 악화 및 국내 생산 감축은 수출 감소 요인으로 작용할 수 있다. 수입은 해외 생산 비중 확대와 중국산 의류 유입으로 증가세를 보인다. 국내 인건비 상승과 채산성 악화로 기업의 해외 생산이 늘면서 역수입도 확대되며, C-커머스를 통한 중국산 의류의 내수 점유율이 높아지고 있다. 실제로 2025년 1~4월 기준 국내 e커머스 월평균 이용자는 쿠팡 3,329만 명, 알리 895만 명, 11번가 827만 명, 테무 821만 명, G마켓 640만 명, 컬리 339만 명으로 온라인 플랫폼을 통한 중국산 제품 유입 확대가 확인된다.

생산 측면에서는 해외 생산 확대로 범용 원사, 직물, 염색·가공 등 전방산업이 연쇄적으로 부진을 겪고 있다. 다만, 아라미드·탄소섬유 등 고기능성 소재의 증설이 본격 가동되며 일부 품목은 회복세를 보이고 있다. 2025년 국내 첨단소재 설비 생산능력은 전년 대비 23% 증가할 전망이다.

내수는 정부의 경기부양책과 소비 심리 개선으로 일부 소비재 판매가 활성화될 것으로 기대된다. 그러나 상반기 자산 시장 급등 이후 조정 가능성, 유통업체 의무휴업 도입 등은 내수 회복세를 제약할 수 있는 요인으로 지목된다. 섬유 업종은 고용·수출·생산에서 전반적으로 하락 압력을 받고 있으나, 고기능성 소재와 내수 일부 개선이 제한적인 완충 역할을 하고 있는 상황이다.

#Sustainable Materials

지속가능 소재(Sustainable Materials)는 이제 단순한 친환경 흐름을 넘어 ESG 경영과 소비자 의식에 직접적인 변화를 일으키는 핵심 트렌드로 자리 잡고 있다. 화석연료 기반 합성섬유 의존도를 줄이고, 자원을 재활용하거나 재생 가능한 원료를 활용하는 방식이 대표적이다. 바이오 기반 섬유(옥수수, 사탕수수, 대나무, 해조류 등), 폐페트병이나 폐의류를 재활용한 리사이클 섬유, 사용 후 자연에서 분해되는 생분해성 소재가 이에 속한다. 이러한 소재는 탄소 배출을 줄이고 자원 효율성을 높이는 동시에 기업의 지속가능 전략과도 직결된다.

국내 사례로는 효성티앤씨의 '리젠(Regent)' 원사가 대표적이다. 제주와 서울 등 지방자치단체와 협력해 수거한 투명 페트병을 원사로 재생산하고, 이를 나이키·아디다스·K2 등 글로벌 브랜드에 공급하며 순환경제 모델을 실현하고 있다. 코오롱FnC, LF, 삼성물산 패션 부문 등은 오가닉 코튼과 리사이클 폴리에스터를 활용한 친환경 컬렉션을 선보이며 소비자 선택지를 확대하고 있다. 결국 지속가능 소재는 기술 혁신과 환경 책임을 동시에 요구하는 미래 전략으로 섬유 산업이 글로벌 시장 경쟁력을 강화하고 ESG 트렌드로 장기적 성장을 이어 갈 전망이다.

철강 업종 트렌드

2025년 하반기 철강 업종은 내수, 수출 환경이 다소 어려움에도 불구하고 전반적으로 전년 동기 수준의 고용을 유지할 것으로 전망된다. 다만, 전체 고용 규모는 전년 동기 대비 1.0%(약 1,000명) 감소할 것으로 보인다. 지역별로는 경북, 경기, 인천을 중심으로 감소세가 나타날 것으로 예상된다. 내수는 정부의 경기부양책과 건설경기 회복의 영향으로 전년 동기 대비 0.3% 소폭 증가한 2,270만 톤이 예상된다. 반면, 수출은 중국산 철강의 아세안 시장 유입 확대와 미국의 철강 관세 부담으로 전년 동기 대비 3.8% 줄어든 1,420만 톤 수준에 그칠 전망이다.

생산량은 내수 회복에도 불구하고 수출 부진이 이어지면서 전년 동기 대비 0.7% 감소한 3,270만 톤에 이를 것으로 보인다. 수입 역시 중국산 제품에 대한 AD(반덤핑) 검토 등 방어 조치로 인해 전년 동기 대비 4.0% 줄어든 650만 톤 수준이 전망된다. 사업체 규모별로는 30인 이상 300인 미만의 중규모 사업체에서는 고용이 늘어나지만, 대규모 사업체를 중심으로 감소세가 뚜렷할 것으로 예상된다.

#Hydrogen-based Steelmaking

수소환원제철(Hydrogen-based Steelmaking)은 전통적인 고로(Blast Furnace) 방식에서 석탄(코크스)을 사용해 철광석을 환원하던 과정을 대체하는 차세대 제철 기술이다. 이 방식에서는 환원제로 석탄 대신 수소를 활용해 철광석을 환원하며, 그 결과 이산화탄소(CO_2)가 아닌 물(H_2O)이 배출된다. 즉 제철 과정의 탄소 배출을 근본적으로 줄일 수 있다는 점에서 '탈탄소 제철'의 핵심 기술로 꼽힌다. 현재 전 세계 철강산업의 온실가스 배출량은 전체 산업 배출의 약 7%를 차지할 정도로 큰 비중을 차지하고 있어서 각국 철강사와 정부는 수소환원제철을 미래 생존 전략으로 적극 추진하고 있다.

국내에서는 포스코가 대표적이다. 포스코는 세계 최초로 독자 기술인 '하이렉스(HyREX, Hydrogen Reduction by Electrons)' 개발을 추진하고 있으며, 이는 수소만을 환원제로 사용하는 상용화 가능한 기술로 평가받고 있다. 2021년에는 2050년까지 탄소중립 제철소 달성을 목표로 '탄소중립 로드맵'을 발표했고, 현재 포항제철소와 광양제철소에서 실증 프로젝트를 진행 중이다.

정부도 수소경제 활성화 전략과 맞물려 수소환원제철을 국가 차원의 핵심 과제로 지원하고 있으며, 한국철강협회 등 산업계 전반이 연구개발과 인프라 구축에 힘을 싣고 있다. 결국 수소환원제철은 '친환경·저탄소' 흐름 속에서 철강 산업의 패러다임 전환을 이끌 기술로 글로벌 시장에서도 아르셀로미탈(ArcelorMittal), SSAB, 포스코 같은 선도 기업들이 경쟁적으로 상용화에 나서고 있다. 이는 단순한 기술 혁신을 넘어 ESG 경영, 국제 탄소 규제 대응, 에너지 전환이라는 산업 전반의 대전환과 맞닿아 있으며, 국내 철강업계에도 장기적 경쟁력을 좌우할 핵심 전략으로 자리 잡고 있다.

금속가공 업종 트렌드

금속가공 업종은 금속을 절단, 성형, 조립 및 가공하여 구조용 금속 제품, 탱크 및 유사 저장용기, 증기 발생기 및 난방용 보일러, 수공구 및 일반 철물, 금속 파스너 및 철선 제품, 가정용 금속 제품 및 기타 금속가공 제품 등을 제조하는 산업으로 주로 자동차, 기계, 전자 제품 등 다양한 산업에 필요한 핵심 부품을 공급하는 업종이다.

2025년 하반기 금속가공 업종은 내수와 수출 부진이 동시에 이어지며 전반적으로 하락세가 예상된다. 건설경기 침체와 제조업 둔화로 내수 수요가 위축될 전망이며, 일부 설비투자 증가 가능성이 있어도 기계·건설 등 전방산업의 수요 정체로 인해 내수 반등 여력은 제한적이다. 특히 금속가공 제품이 설비·기계류 및 건설 구조물 등에 투입되는 점을 감안할 때 내수 감소세는 불가피하다.

수출 역시 글로벌 수요 둔화와 미국의 고관세 정책 등 교역 환경 불확실성으로 정체되거나 소폭 감소할 가능성이 크다. 이에 따라 생산량도 하락세를 이어 갈 전망이며, 기계산업 생산이 –3.5%로 예상되는 만큼 금속가공업도 유사한 폭의 감소가 예상된다.

고용 측면에서는 전반적으로 2024년 하반기 수준을 유지하겠으나, 전년 동기 대비로는 0.6%(약 2,000명) 감소할 것으로 보인다. 사업체 규모별로는 중규모(30-299인) 사업체에서만 고용이 소폭 늘고, 소규모(29인 이하)와 대규모(300인 이상) 사업체에서는 감소가 전망된다. 지역별로는 경기와 인천을 중심으로 고용이 줄어들 것으로 예상된다.

#High-value Precision Machining

고부가가치 정밀가공(High-value Precision Machining)은 단순한 금속가공을 넘어선 첨단 제조 기술로 반도체, 항공, 의료기기와 같은 고부가가치 산업의 핵심 기반으로 자리 잡고 있다. 이 기술은 금속을 마이크로 단위까지 오차 없이 가공하여 정밀도와 품질을 극대화하는 것을 목표로 한다. 단순 절단이나 절곡 수준이 아닌 나노 단위 정밀도, 복합 형상 가공, 특수 합금 처리 등을 통해 부품의 내구성과 안정성을 보장하는 것이 특징이다.

반도체 분야에서는 웨이퍼 핸들링 장치, 진공 챔버와 같은 초정밀 부품에 적용되고, 항공우주 분야에서는 엔진 터빈 블레이드나 경량 합금 구조재, 고내열 합금 부품 제작에 활용된다. 또한 의료기기에서는 임플란트와 수술 기구, 미세유체 장치 등과 같은 고정밀 금속 부품 생산에 필수적이다.

국내에서도 관련 사례가 활발하다. 두산에너빌리티는 발전용 가스터빈 블레이드와 같은 고내열·고압 환경에 필요한 정밀 부품을 생산하고 있으며, 세아베스틸은 반도체 장비에 필요한 고강도·고청정 특수강을 가공해 공급하고 있다. 현대위아는 항공기 엔진 부품과 자동차 정밀 부품에서 경쟁력을 확보하고 있으며, 오스템임플란트와 덴티움 같은 의료기기 기업들은 초정밀 CNC 가공과 3D 프린팅 기술을 결합해 고부가가치 의료 제품을 양산하고 있다. 특히 경남과 인천 지역의 중소기업들은 반도체, 항공 부품 전문 초정밀 가공 클러스터를 형성해 글로벌 장비사와 협력하고 있다.

결국 고부가가치 정밀가공은 금속가공 업종이 단순 하청형 제조에서 벗어나 첨단 산업의 글로벌 공급망에 진입할 수 있는 전략적 돌파구다. 이는 기술 혁신과 전문 인력 확보가 동시에 요구되는 분야로서 한국 제조업의 미래 경쟁력을 좌우하는 핵심축으로 평가된다.

석유화학 업종 트렌드

석유화학 업종은 석유와 천연가스를 원료로 플라스틱, 합성고무, 화학

비료 등 다양한 화학 제품을 생산하는 산업이다. 원유, 천연가스에서 추출한 탄화수소 등을 합성 원료로 해서 유기화학물과 무기화학물, 유도체를 제조하는 구조로 구성된다. 2025년 하반기는 글로벌 공급 과잉, 중국의 내수 중심 공급망 확대, 수요 둔화, 보호무역주의 강화 등의 영향으로 인해 불황이 이어질 전망이다. 다만, 미국과 EU의 금리 인하, 중국의 경기 부양책 등은 일부 글로벌 수요 회복의 긍정 요인으로 작용할 수 있다. 그러나 공급과잉 장기화, 환경 규제 강화로 인한 수출 환경 악화 가능성은 여전히 부담 요인으로 남는다.

고용 측면에서 석유화학 업종은 전년 동기 수준을 유지할 것으로 보이며, 2024년 하반기 대비 0.8%(약 2,000명) 증가할 것으로 예상된다. 사업체 규모별로는 29인 이하 소규모 기업에서 고용이 줄어드는 반면, 30인 이상 300인 미만 중규모 기업에서는 증가가 전망된다. 지역별로는 경기와 충북을 중심으로 고용이 확대될 가능성이 크다. 즉 석유화학 산업은 구조적 공급 과잉과 수요 둔화 속에서도 일부 정책적·거시경제적 요인에 따라 단기적인 회복 가능성이 존재하며, 고용은 안정적 흐름을 이어 갈 것으로 전망된다.

#Diversification

탈석유(Diversification)는 석유화학 산업이 전통적인 석유 의존 구조에서 벗어나 다양한 원료를 활용하는 전략을 의미한다. 기존의 석유 기반 원료는 국제 유가 변동성과 환경 규제 강화로 인해 공급 안정성과 지속가능성 측면에서 한계가 커지고 있다. 이에 따라 기업들은 셰일가스, 바이오매스, 수소 등 대체 자원을 원료로 활용해 생산 체계를 다변화하고 있다. 셰일가스 기반 에탄(Ethane)을 원료로 한 석유화학 생산, 옥수수·사탕수수 등에서 추출한 바이오 원료 기반 플라스틱 및 화학소재, 그리고 수소를 활용한 청정 생산공정 등이 대표적인 방향이다.

국내에서도 이러한 흐름은 본격화되고 있다. 롯데케미칼은 북미 셰일가스를 원료로 한 에탄 크래커(ECC)를 가동하며 원료 경쟁력을 강화했고, LG화학은 바이오 기반 원료(Bio-Balance 인증 원료)를 활용한 친환경 플라스틱 생산을 확대하고 있다. 한화솔루션은 수소 에너지 사업과 연계해 석유화학 공정의 청정화를 추진 중이며, SK지오센트릭은 폐플라스틱을 재활용해 원료화하는 화학적 재활용(Chemical Recycling) 사업에 속도를 내고 있다.

결국 탈석유는 '원료의 안정적 확보와 ESG 경영 강화'라는 2가지 목표를 동시에 달성하기 위한 전략이다. 국내 기업들은 글로벌 석유화학 시장의 불확실성을 줄이고, 친환경 전환을 가속화하기 위해 석유 외 자원으로의 다변화를 점차 확대하고 있으며, 이는 장기적으로 경쟁력 확보의 핵심 열쇠로 자리 잡고 있다.

바이오헬스 업종 트렌드

바이오헬스 업종은 의약품, 의료기기, 헬스케어 서비스 등 생명과학과 의학을 기반으로 한 산업 전반을 포괄한다. 이 업종은 고령화·만성질환 증가, 개인 맞춤형 헬스케어 수요 확대, 디지털 헬스 기술 발전 등으로 인해 빠른 성장을 보이고 있다. 특히 의약품에서는 바이오시밀러와 혁신 신약, 의료기기에서는 정밀 임플란트와 디지털 진단기기, 서비스 분야에서는 원격의료와 AI 기반 헬스케어 솔루션이 핵심 영역을 이루며 글로벌 시장에서의 경쟁력도 강화되고 있다. 또한 국가 차원에서 미래 성장

동력 산업으로 전략적 지원을 받고 있어 R&D 투자와 규제 혁신이 활발히 이루어지고 있는 점도 특징이다.

2025년 하반기 바이오헬스 업종의 고용 규모는 전년 동기 대비 증가세를 이어 갈 것으로 전망된다. 실제로 2025년 1분기 기준 바이오헬스산업 종사자 수는 약 110만 명으로 전년 동기 대비 4.3% 늘었고, 2024년 4분기 신규 일자리 수도 7,000여 개를 기록하며 전년보다 22.9% 증가하는 등 성장세가 확인된 바 있다. 특히 의료서비스 분야에서만 6,000명 가까운 신규 일자리가 창출되며 고용 확장의 중심축을 형성했다.

산업 측면에서는 바이오시밀러와 임플란트 등 주력 품목의 수출 증가가 지속되고 내수 회복세도 동반되면서 양호한 실적과 함께 안정적인 성장 흐름이 유지되고 있다. 이러한 산업 성장 기반을 고려할 때 2025년 하반기에도 고용 규모는 전년 동기 대비 완만하나 긍정적인 증가세를 지속할 가능성이 크며, 사업체 규모별 세부적인 차이는 아직 공식적으로 제시되지 않았지만 전반적으로는 대규모 및 의료서비스 중심 기업을 중심으로 고용 증가가 두드러질 것으로 예상된다.

#AI Drug Discovery

AI 신약 개발(AI Drug Discovery)은 방대한 생물학, 화학 데이터를 기반으로 인공지능 알고리즘을 활용해 신약 후보 물질을 발굴하고 약효, 독성을 예측하며 임상시험 설계까지 효율화하는 기술이다. 기존 신약 개발에 10~15년, 수조 원이 소요되는 한계를 극복할 수 있어 제약, 바이오 산업의 혁신 동력으로 주목받고 있다. 특히 머신러닝과 딥러닝이 결합되어 타깃 발굴, 가상 스크리닝, 약물 재창출 등 다양한 단계에 적용되고 있다.

국내에서는 스탠다임이 자체 AI 플랫폼으로 신약 후보 물질을 설계하고 글로벌 제약사와 협업을 진행하며, 심플렉스는 단백질 구조 기반의 AI 신약 개발 플랫폼을 운영 중이다. 뷰노는 의료 AI를 넘어 신약 개발 데이터 분석으로 확장하고 있고, 삼성바이오로직스와 셀트리온은 글로벌 AI 기업과 협력해 임상 효율성을 높이고 있다. 국립보건연구원과 KIST 등 공공기관도 희귀질환과 감염병 대응을 위한 AI 신약 개발 플랫폼을 구축하고 있다. 이처럼 국내 바이오헬스 분야는 스타트업, 대기업, 연구 기관이 함께 AI 신약 개발 생태계를 확산시키며 글로벌 공동 연구와 기술 이전을 통해 성장세를 이어 가고 있다.

참고문헌

- 김신영, 해운대구-해운대여성인력개발센터, 2025년 여성리턴십 사업 운영, 부산일보사, 2025. 7. 16.
- 김영호, 'LTPO·슬림' 아이폰17 OLED, 삼성·LG가 맡는다, 전자신문, 2024. 10. 27.
- 김익환, "회식 1차에 끝내고 9시 귀가"…직장인들 돌변하자 벌어진 일, 한국경제, 2025. 3. 9.
- 김인엽, 빅테크 실적, '인재 쇼핑'하던 메타가 웃었다…주가 12% 급등, 2025. 7. 31.
- 김재형, 테슬라, 세계 최초 완전무인 신차배송…30분간 완전자율주행, 동아일보, 2025. 6. 29.
- 배근미, 삼양사, 일본 식품박람회서 알룰로스 등 고기능성 식품소재 알렸다, 이투데이, 2025. 5. 22.
- 변현경, HBM 끌고 낸드플래시 밀고…SK하이닉스, 시장 순풍 속 '질주', 2025. 8. 14.
- 선재관, 안방 80% 뚫었다…'갤럭시 AI' 앞세운 삼성, 애플과 격차 벌려, 이코노믹 데일리, 2025. 8. 15.
- 소피아 베티자, 주 4일 근무제, 효과 입증됐지만 실행 더딘 이유, BBC 뉴스 코리아, 2025. 8. 16.
- 유정근, 1분기 카드부문 온라인 관심도 1위 삼성이 차지…신한·KB국민 뒤이어, 오늘경제, 2025. 4. 5
- 윤예원, 삼성전자, 퍼플렉시티에 투자…구글 의존도 줄이고 AI OS 확대, 조선비즈, 2025. 6. 2.
- 이상호, '지속가능 소재 혁신'…친환경 플라스틱 콘퍼런스, OBS TV, 2025. 8. 8.
- 장석환, 포항시, 수소환원제철로 탄소중립 도전…9월 4일 '2025 탄소중립 & 수소환원제철 포항포럼' 개최, 퍼블릭뉴스통신, 2025. 8. 16.
- 정용환, 김민정, "쟤 일 잘해?" 대놓고 묻는다…이직 때 필수된 '앞담화', 중앙일보, 2024. 11. 13.
- 최서은, 이재명 정부 4.5일제는 성공할 수 있을까…세브란스병원 주4일제 실험 2년, 경향신문, 2025. 8. 19.

- 최호진, "직원 피드백 문화 만든 넷플릭스, 인재 모으기 성공", 동아일보, 2024. 12. 5.
- 황민규, SK하이닉스 '아픈 손가락' 솔리다임, 하반기 생산량 확대 공세, 조선비즈, 2025. 8. 13.
- 황정수, 최원준 삼성전자 사장 "갤S26에 새로운 AI 에이전트 적용…엑시노스 2600 탑재 평가 중", 한국경제, 2025. 7. 2.
- 고용정보원, 『2025년 하반기 주요 업종 일자리 전망』, 고용정보원, 2024.
- KIET산업연구원, 『2025년 하반기 경제 산업 전망』, KIET산업연구원, 2025.5.

https://www.samsungsds.com/kr/insights/what-are-ai-agents.html

https://www.businessinsider.com/quiet-cracking-warning-signs-work-employees-for-2025-8

https://www.bbc.com/korean/articles/cx29njdgzw5o

부록

팀핏 인터뷰 질문

"팀에서 일할 때 가장 중요하게 생각하는 것은 무엇입니까?"

"동료들과 협업할 때 본인이 가장 기여할 수 있는 강점은 무엇입니까?"

지원자 입장에서 가장 어려운 것이 바로 팀 적합성 면접 질문이다. 특정 직무 역량이나 조직문화와의 일치는 비교적 구체적이라 알아보기 쉽지만, 팀핏 인터뷰(Team Fit Interview)는 생각보다 까다롭다. 단순히 개인 성과가 아니라 협업 과정에서 어떤 행동과 태도를 보이는지가 핵심이기 때문이다.

팀워크는 개인 역량 못지않게 중요한 평가 기준이다. 협업 방식과 커뮤니케이션 스타일이 팀의 일하는 방식과 잘 맞을수록 지원자가 해당 직무에서 오래 머물고 높은 성과를 낼 가능성이 높다. 면접관은 '일을 잘하는 직원'뿐만 아니라 '함께 일하기 좋은 직원'을 뽑아야 팀 성과와 조직 안정성을 동시에 확보할 수 있다.

팀핏은 모든 면접 과정에서 중요한 요소다. 팀워크 적합성에 대한 질문을 하지 않으면 지원자가 협업에서 무엇을 선호하고 무엇을 힘들어하는지에 대한 핵심 정보를 놓칠 수 있다. 팀워크 적합성은 직무 만족도, 협업 성과, 이직률에서 중요한 예측 요인으로 작용한다. 지원자 입장에서는 이런 질문 앞에서 긴장할 수밖에 없다. 팀핏 인터뷰를 잘 보기 위해서는 '내가 면접관이라면 어떤 동료와 일하고 싶은가?'를 생각해 보는 역지사지가 필요하다.

TEAM 인터뷰 프레임

오늘날 채용은 단순히 개인의 역량만으로 설명되지 않는다. 진짜 중요한 것은 "이 사람이 팀 안에서 어떻게 행동할 것인가?"이다. 이를 확인하기 위해 고안된 것이 바로 TEAM(Trust-Empathy-Alignment-Mediation) 프레임이다. 행동면접(Behavioral Interview) 질문에 응답할 때 실무적으로 사용할 수 있다.

Trust(신뢰)는 약속을 지키고, 이견을 존중하며, 투명하게 소통하는 능력을 본다. 비공개 자리에서 근거와 대안을 제시하고, 이후 팔로업으로 신뢰를 쌓는 태도가 핵심이다. 합류 초기에는 규범과 프로세스를 스스로 익히고 작은 성과를 만들어 내는지가 중요한데, 답변은 STAR(Situation-Task-Action-Result) 구조로 정리하면 효과적이다.

Empathy(공감)는 협력과 지원의 태도로 나타난다. 갈등 상황에서 감정이 아닌 데이터와 목표로 문제를 조율하는가, 성과가 부진한 동료를 실제로 지원하는가가 관건이다. 경청·재진술·합의 기준 제시를 통해 문제를 풀어내며, 개인 맞춤형 지원과 심리적 안전을 보장하는 태도가 필요하다. 답변은 STAR 구조와 Timing(언제, 어떤 순서로 해결했는가)을 강조하면 설득력이 높다.

Alignment(정렬)는 개인 목표와 팀 목표가 충돌할 때 드러난다. 목표계단화(Company→Team→Me)와 OKR 일치 여부가 핵심이며, 단순히 '한 일'뿐 아니라 '하지 않기로 한 것'까지 설명하는 것이 중요하다. 팀 성과와 개인 기여를 연결하고, 성과를 수치화해 학습까지 포함하면 답변의 무게가 달라진다. 특히 Target(구체적으로 달성하려던 목표)을 분명히 하면 답변이 선명해진다.

Mediation(조정)은 갈등 해결과 재발 방지 능력을 평가한다. 갈등 원인을 과업·역할·관계로 구분하고, 해결 절차와 재발 방지 장치를 어떻게 설계했는지가 관건이다. 재정의, 우선순위 조정, 의사결정 기준 공개, 그리고 기록과 팔로업까지 포함해야 한다. 답변은 STAR 구조에 Trouble(어떤 어려움이 있었는가)을 구체적으로 담아내면 문제 해결 역량이 잘 드러난다.

결국 TEAM 질문은 지원자가 팀 안에서 어떤 역할을 하고, 위기를 어떻게 기회로 전환하며, 팀 성과에 얼마나 기여할 수 있는지를 보여 준다. 면접관은 이를 통해 기술 역량을 넘어선 '팀 적합성(Team Fit)'을 평가하고, 채용 이후 온보딩과 코칭까지 이어지는 일관된 기준을 마련할 수 있다. 면접은 단순한 Q&A가 아니라 조직문화와 미래 성과를 예측하는 도구가 되는 것이다.

다음은 면접관들이 실제로 주로 묻는 질문들이다. 질문의 의도를 잘 파악하고, 지원하는 회사의 팀 환경에 맞는 답변을 준비해 두는 것이 좋다.

팀핏 인터뷰 질문과 예시 답변

TEAM		팀핏 인터뷰
T Trust (신뢰)	질문	리더가 내린 결정에 동의하지 않을 때 어떻게 행동했나요?
	질문 의도	권위에 대한 태도, 건설적 이견 제시 여부 확인
	예시 답변	리더의 결정 중 일부가 프로젝트 리스크를 키울 수 있다고 판단된 적이 있습니다. 저는 회의석상에서 즉시 반대하지 않고, 사적인 자리에서 데이터를 근거로 제 의견을 전달했습니다. 다행히 리더는 제 의견을 일부 반영했고, 결과적으로 프로젝트의 위험 요인을 줄일 수 있었습니다. 저는 리더십에 대한 존중과 건설적 대안 제시가 동시에 필요하다고 믿습니다.
	질문	새로운 팀에 합류했을 때 빠르게 적응하기 위해 어떤 노력을 하셨나요?
	질문 의도	적응력, 관찰력, 주도적 학습 태도 확인
	예시 답변	새로운 팀에 합류했을 때, 저는 먼저 팀의 소통 방식과 의사결정 구조를 관찰했습니다. 초기에는 질문보다는 경청에 집중하며 회의 기록과 업무 프로세스를 파악했습니다. 동시에 팀에서 자주 쓰는 문서 템플릿과 협업 툴을 빠르게 익혀 초반부터 기여할 수 있었습니다. 덕분에 합류 2주 만에 작은 과제를 단독으로 맡아 처리했고, 팀원들에게 신뢰를 얻을 수 있었습니다.
E Empathy (공감)	질문	의견 차이가 큰 동료와 협업한 경험을 말해 주세요. 어떻게 조율했습니까?
	질문 의도	소통 능력, 타협·설득 방식 파악
	예시 답변	한 프로젝트에서 디자인 방향을 두고 팀원과 이견이 있었습니다. 저는 양쪽의 안을 모두 시제품 형태로 제작해 실제 사용자 테스트를 진행하자고 제안했습니다. 데이터를 근거로 선택하니 누구의 주장이 옳다를 따지는 대신 객관적 결과로 결정을 내릴 수 있었고, 동료도 수용했습니다. 덕분에 갈등 없이 프로젝트를 성공적으로 진행할 수 있었고, 오히려 협업 과정이 강화되는 계기가 되었습니다.
	질문	성과가 부진한 팀원을 도와야 했던 상황이 있었나요? 어떻게 대응했습니까?
	질문 의도	동료 지원 태도, 팀 성과 우선 가치 확인
	예시 답변	신입 팀원이 새로운 도구 사용에 익숙하지 않아 전체 프로젝트 진행 속도가 지연되는 상황이 있었습니다. 저는 단순히 지적하기보다는 가이드를 제작해 팀 전체에 공유했고, 개인적으로 시간을 내어 튜토리얼 세션도 진행했습니다. 이 지원 덕분에 해당 팀원은 빠르게 적응했고, 전체 팀의 진행 속도도 회복되었습니다. 혼자 성과를 내는 것보다 팀 전체 성과를 높이는 것이 중요하다는 교훈을 얻었습니다.

TEAM		팀핏 인터뷰
A Alignment (정렬)	질문	팀의 목표와 개인의 목표가 충돌했을 때 어떤 선택을 했습니까?
	질문 의도	조직 우선 가치와 개인 성과 균형 파악
	예시 답변	개인적으로는 단기 성과를 내고 싶었지만, 당시 팀 전체 일정이 늦어지고 있었습니다. 저는 제 업무 일정을 조정해 팀 지원에 집중했고, 결과적으로 팀 프로젝트가 성공적으로 마무리되었습니다. 흥미로운 점은, 이 경험이 제 성과 평가에도 긍정적으로 반영되어 장기적으로는 개인 성과에도 도움이 되었다는 것입니다. 팀 목표를 우선하는 것이 결국 개인 성장에도 기여할 수 있다는 교훈을 얻었습니다.
	질문	지금까지 경험한 팀 프로젝트 중 가장 성과가 좋았던 사례를 설명해 주세요. 본인의 기여는 무엇이었나요?
	질문 의도	성과 중심의 협업 경험, 개인의 기여도 확인
	예시 답변	대학교 시절 참여한 마케팅 공모전에서 팀장을 맡아 전략을 총괄한 경험이 있습니다. 당시 소비자 조사를 통해 핵심 타깃을 재정의했고, 이를 기반으로 차별화된 전략을 설계했습니다. 이 과정에서 팀원들이 제안한 다양한 아이디어를 정리해 실행 로드맵으로 구체화했습니다. 최종적으로 저희 팀은 대회에서 수상했고, 특히 데이터 기반으로 의사결정을 하는 프로세스를 팀에 도입한 것이 제 기여였습니다. 이후 이 방식은 다른 과제에도 적용되어 좋은 성과를 냈습니다.
M Mediation (조율·갈등 관리)	질문	팀워크 상황에서 갈등이 발생했을 때 본인은 어떤 방식으로 문제를 해결했는지 사례를 말해 주세요.
	질문 의도	갈등 관리 능력, 협업 태도, 감정 조율 방식 확인
	예시 답변	과거 대형 프로젝트에서 일정 지연 문제로 팀원과 의견 충돌이 있었습니다. 처음에는 서로 감정이 격해졌지만, 저는 상대방의 우려를 먼저 충분히 경청한 뒤, 일정을 다시 구조화해 우선순위를 재조정하는 대안을 제시했습니다. 특히 개인의 부담이 커지는 부분은 제가 추가로 담당해 균형을 맞췄습니다. 결과적으로 팀 전체가 납기 내에 과제를 마무리했고, 갈등을 협업의 기회로 전환할 수 있었습니다.
	질문	본인이 생각하는 '좋은 팀 플레이어'의 핵심 자질은 무엇이라고 보나요?
	질문 의도	지원자의 팀워크 정의와 가치관이 조직 문화와 맞는지 검증
	예시 답변	좋은 팀 플레이어는 자기 역할을 충실히 수행하면서도 팀 전체 성과를 우선시하는 사람이라고 생각합니다. 동료가 어려움을 겪을 때 기꺼이 지원하고, 팀원 모두가 목표를 공유하도록 돕는 태도가 중요합니다. 실제로 저는 전 직장에서 마케팅 캠페인을 진행할 때 제 업무 외에도 동료의 고객 데이터 정리를 지원했는데, 그 덕분에 캠페인이 원활히 진행되었습니다. 이 경험을 통해 '나의 성과'보다 '우리의 성과'를 우선하는 태도의 가치를 실감했습니다.